OS MANDARINS DA ECONOMIA

PRESIDENTES E DIRETORES DO BANCO CENTRAL DO BRASIL

OS MANDARINS DA ECONOMIA

PRESIDENTES E DIRETORES DO BANCO CENTRAL DO BRASIL

ORGANIZADORES
ADRIANO CODATO
MATEUS DE ALBUQUERQUE

70

OS MANDARINS DA ECONOMIA
PRESIDENTES E DIRETORES DO BANCO CENTRAL DO BRASIL

ORGANIZADORES: Adriano Codato e Mateus de Albuquerque

DIRETOR DA ALMEDINA BRASIL: Rodrigo Mentz
EDITOR: Marco Pace
ASSISTENTES EDITORIAIS: Larissa Nogueira e Rafael Fulanetti
ESTAGIÁRIA DE PRODUÇÃO: Laura Roberti
REVISÃO: Élcio Carvalho e Gabriela Leite

DIAGRAMAÇÃO: Almedina
DESIGN DE CAPA: Gabriela Koentopp

ISBN: 9786554270496
Janeiro, 2023

Dados Internacionais de Catalogação na Publicação (CIP)
(Câmara Brasileira do Livro, SP, Brasil)

Os mandarins da economia : presidentes e diretores
do Banco Central do Brasil / organizadores
Adriano Codato, Mateus de Albuquerque.
São Paulo, SP : Edições 70, 2023.

Bibliografia.
ISBN 978-65-5427-049-6

1. Banco Central do Brasil 2. Brasil – Política econômica
3. Economia – Brasil 4. Política monetária – Brasil
I. Codato, Adriano. II. Albuquerque, Mateus de.

22-137211 CDD-332.10920981

Índices para catálogo sistemático:

1. Brasil : Banco Central : Presidentes e diretores :
Economia : História 332.10920981

Eliete Marques da Silva – Bibliotecária – CRB-8/9380

Este livro segue as regras do novo Acordo Ortográfico da Língua Portuguesa (1990).

EDITORA: Almedina Brasil
Rua José Maria Lisboa, 860, Conj. 131 e 132, Jardim Paulista | 01423-001 São Paulo | Brasil
www.almedina.com.br

SUMÁRIO

SOBRE OS ORGANIZADORES

Adriano Codato é Doutor em Ciência Política pela Universidade Estadual de Campinas. Realizou pós-doutorado na *Université Paris 1 Pantheon-Sorbonne.* Professor do Departamento de Ciência Política da Universidade Federal do Paraná, coordena o *Observatório de Elites Políticas e Sociais do Brasil* e é pesquisador do CNPq.

Mateus de Albuquerque é Mestre em Ciências Sociais pela Universidade Federal de Santa Maria e doutorando em Ciência Política na Universidade Federal do Paraná.

SOBRE OS AUTORES

Alessandro Tokumoto é Doutor em Ciência Política pela Universidade Federal do Paraná.

Eric Gil Dantas é Doutor em Ciência Política pela Universidade Federal do Paraná e realiza estágio de pós-doutorado na Fundação Getúlio Vargas de São Paulo.

José Carlos Martines Belieiro Junior é Doutor em Ciência Política pela Universidade Federal do Paraná e Professor no Departamento de Ciências Sociais da Universidade Federal de Santa Maria.

Marco Cavalieri é Doutor em Economia pela Universidade Federal de Minas Gerais. Realizou pós-doutorado na *University of Chicago*. É professor no Departamento de Economia da Universidade Federal do Paraná e pesquisador do CNPq.

Paulo Franz Jr. é pesquisador do *Observatório das Elites Sociais e Políticas do Brasil* e Doutor em Ciência Política pela Universidade Federal do Paraná.

Pedro Rodrigues Alves é Mestre em Ciência Política pela Universidade Federal do Paraná.

Renato Perissinotto é Doutor em Ciências Sociais pela Universidade Estadual de Campinas. Realizou pós-doutorado na *University of Oxford*. Professor no Departamento de Ciência Política da Universidade Federal do Paraná, coordena o Núcleo de Pesquisa em Sociologia Política da UFPR e é pesquisador do CNPq.

Rodolfo Palazzo Dias é Doutor em Sociologia Política pela Universidade Federal de Santa Catarina (UFSC). Realiza pós-doutorado na Universidade Federal do Rio de Janeiro. É professor de Ciência Política na UFSC.

Wellington Nunes é Doutor em Sociologia pela Universidade Federal do Paraná e professor-visitante no Programa de Pós-Graduação em Ciência Política da Universidade Federal do Paraná. É professor também no curso de Administração Pública e Políticas Públicas da Universidade Federal da Integração Latino-Americana (Unila).

PREFÁCIO

Os mandarins da economia reúne artigos de um grupo de pesquisadores coordenado por Adriano Codato e Renato Perissinotto, da Universidade Federal do Paraná, que têm se dedicado ao estudo de elites no Brasil contemporâneo.

No livro são analisadas as elites que tomam decisões no núcleo central de política econômica do País. Esse núcleo é constituído não só de ministros de Estado, mas também de dirigentes do Banco Central e do Banco Nacional de Desenvolvimento Econômico e Social (BNDES).

O Banco Central e o BNDES já foram objeto de vários estudos, não só de economistas, mas também de sociólogos e cientistas políticos. Todavia, diferentemente daqueles estudos que analisaram essas agências pelas funções que desempenham na gestão de políticas econômicas e na promoção do desenvolvimento, agora são elas examinadas pela ótica de suas elites dirigentes. Ou seja, interessa entender quem são e como agem esses atores, seja em suas instituições, seja no sistema político e social mais amplo.

Assim, neste volume emergem novas temáticas e uma nova forma de abordar questões já tratadas. Utilizando análise estatística e abrangendo longo período histórico, os trabalhos exploram uma profusão de dados relativos às trajetórias de carreiras dos dirigentes do Banco Central e do BNDES, o trânsito que eles realizam do setor privado para o público e seu retorno posterior (pela "porta giratória") para o mundo das empresas de consultoria ou dos bancos de investimento, trazendo com eles informações relevantes. São também destrinchados o recrutamento e as redes de relações construídas ao longo da carreira daqueles que serão os futuros mandarins da economia brasileira.

Como temas inéditos, aparecem as sabatinas dos candidatos à presidência do Banco Central efetuadas pelo Senado Federal; a influência do partido político do presidente da República sobre o perfil desses quadros e ainda a vinculação entre os *think tanks* difusores da ideologia neoliberal e os membros do Conselho Monetário Nacional (CMN), colegiado que decide a taxa de juros básica da economia. A problemática da instabilidade das equipes econômicas é igualmente objeto de um amplo estudo estatístico, com dados de mais de cinco décadas, tanto da ditadura militar, quanto do período democrático até 2016.

Inédito ainda é o enfoque dado à discussão da autonomia do Banco Central, tema crucial nessa área, envolvendo a própria ordem democrática, na medida em que a sua institucionalização solapa a soberania popular e a dos Estados nacionais. Os autores inovam porque examinam se os dirigentes do Banco Central são autônomos não frente ao governo ou aos políticos eleitos, como é mais frequente, mas sim frente ao mercado financeiro. Como se sabe, uma ampla literatura discute essa problemática orientada pelo viés tecnocrático. Considera normativamente necessário "proteger" as decisões dos dirigentes do Banco – tidas sempre como exclusivamente técnicas, neutras em relação a interesses ou valores e, portanto, melhores ou mais desejáveis – contra a influência da política. Essa, ao contrário, é sempre vista de forma negativa, como espaço de interesses espúrios e tratada com desprezo. Além de rejeitar o estereótipo, os estudos procuram também superar a avaliação meramente dicotômica e a escrutinam do ponto de vista quantitativo: assim, mensuram os níveis ou graus de autonomia dos dirigentes frente ao mercado financeiro entre governos que expressam diferentes orientações ideológicas relativas ao papel do Estado no mercado, liberais ou desenvolvimentistas.

A dimensão longitudinal é um dos aspectos diferenciadores do conjunto dos estudos. Se essa abordagem só foi possível com a disponibilização de dados garantida por lei em 2011, isso não diminui o esforço dos pesquisadores para reuni-los todos e, com isso, contribuir para o avanço do conhecimento a partir de adequado cotejo entre empiria e teoria. Um bom exemplo pode ser encontrado, de novo, na questão da independência do Banco Central: diferenciando-se dos estudos que tomam apenas o critério jurídico formal de existência de legislação para afirmar a autonomia do órgão, a análise aqui vai mais longe e é mais complexa. Examinando as redes de relações dos dirigentes e o recrutamento para a direção do Banco Central, os autores levam em conta também a posição dessas elites no sistema de poder e suas conexões com outras instituições no sistema social mais amplo, como as universidades. Assim, é afirmado:

> "A formação acadêmica dos que chegam à instituição [BC], partindo do campo de ensino universitário amplamente dominado pelo *mainstream* econômico, pode induzir o Banco Central a atuar num determinado sentido em função da orientação intelectual e cognitiva de seus diretores, ainda que, como instituição, não seja diretamente instrumentalizado por nenhum grupo de interesse específico – as instituições privadas do setor financeiro, por exemplo" (capítulo 4).

É possível questionar o último trecho dessa afirmação, relativa à "neutralidade" institucional do Banco Central frente a interesses específicos. Primeiramente, porque não se pode desconhecer os processos histórico-estruturais que levaram à criação dos Bancos Centrais relacionados ao desenvolvimento da economia capitalista sob dominância financeira. Além disso, no plano mais concreto da realidade brasileira, basta examinar as atas do Comitê de Política Monetária do Banco Central. Elas são o exemplo claro da instrumentalização, explicitando a ligação umbilical desse órgão ao mercado financeiro. Basta observar como as atas são elaboradas e publicadas sistematicamente, após cada reunião do colegiado, para sinalizar e orientar os investidores. Na verdade, trata-se de elites orgânicas do Estado brasileiro que tomam decisão para melhor servir à valorização daquele capital.

A despeito desse questionamento específico, a citação é interessante, pois ajuda explicitar a orientação teórico-metodológica que fundamenta o conjunto das análises políticas do livro. Ela é pautada pela junção do marxismo com o elitismo, tal como formulada por alguns autores marxistas. Ao aderir a essa proposta, Codato e Perissinotto se dispõem a construir procedimentos metodológicos para operacionalizar essa conexão.

Assim, na esteira de teóricos como Ralph Miliband e Göran Therborn, os autores brasileiros reconhecem explicitamente as limitações da teoria das elites (em particular aquelas apontadas por Nicos Poulantzas), mas consideram que elas não constituem razão para suspender a ponte entre ambas as perspectivas teóricas. Reiteram que o conceito de classe só pode ser analiticamente rentável se for abandonada a ideia de que a classe age diretamente na política e afirmam que o conceito de elite (as "minorias politicamente ativas") pode ser complementar ao marxismo e mesmo importante para operacionalizar a análise de classe, tornando-a efetiva na ciência social. A partir dessas premissas, o programa de pesquisa sobre as elites é colocado nesses termos:

> "Se as elites políticas não detêm o poder político [...] elas possuem em alguma medida *a ser determinada empiricamente* autoridade, força, prestígio, enfim 'influência política' capaz de produzir efeitos que valem a pena ser examinados [...] Se isso é correto, então temos que nos dedicar a pensar e forjar conceitos que nos permitam analisar, a partir de uma perspectiva classista, as interações políticas 'superficiais', isto é, os fenômenos políticos que não estão diretamente ligados ao problema da reprodução social 'a longo prazo" (Codato e Perissinotto, "Marxismo ou elitismo?" In: *Marxismo como ciência social*, Editora UFPR, 2011, pp. 242-243, grifos no original).

Tal programa se reafirma ainda, de forma explícita, em outros capítulos do livro, como, por exemplo, aquele sobre as sabatinas no Senado dos indicados a dirigentes do Banco Central, no qual os autores fazem o seguinte esclarecimento:

> "Ao escolher essas sabatinas como microcosmo, pudemos observar elementos interessantes da relação entre o Estado e o mercado na

democracia brasileira. Uma relação constantemente tensa e cheia de nuances por vezes ignoradas em duas frações científicas que aqui pretendemos evitar: a de neutralizar os agentes políticos e as instituições das relações socioeconômicas a ponto de criar uma teoria utilitária do fazer político; e a de constituir relações pré-determinadas estruturalmente a ponto que os detalhes da disputa política se tornem irrelevantes para a análise" (capítulo 5).

Em suma, a proposta do grupo de pesquisadores implica uma dupla tomada de posição: de um lado, a recusa tanto da *concepção determinista da política*, quanto do *elitismo* e do *institucionalismo* que supõem os atores agindo sempre autonomamente em um vácuo social e as instituições neutralizadas ou desconectadas das relações socioeconômicas; de outro lado, e mais importante, implica recuperar criticamente as contribuições do marxismo para a análise política e ainda construir procedimentos metodológicos para operacionalizar a junção entre marxismo e elitismo. Sem dúvida, trata-se de uma das mais desafiantes propostas no cenário empírico e teórico contemporâneo das ciências sociais no Brasil. E seu enfrentamento constitui a grande virtude dos textos aqui reunidos.

Tal constatação nos permite esperar que os estudos decorrentes dessa proposição teórico-metodológica avancem e ultrapassem o amplo mergulho no mundo das estatísticas e nos tragam uma síntese. Síntese que, realçando os traços essenciais dos processos macroestruturais em curso na sociedade brasileira, permita alcançar a explicação mais completa da ação dos *mandarins da Economia*. E estabeleça sua conexão com as bases estruturais que a sustentam, buscando inclusive compreender o papel que eles desempenham na direção do Estado, seja reproduzindo ou transformando a ordem social. Em outras palavras, as análises "das interações políticas 'superficiais', isto é, (d)os fenômenos políticos que não estão diretamente ligados ao problema da reprodução social 'a longo prazo'", serão sempre insuficientes se não forem relacionadas à totalidade do processo de reprodução social que lhe dá significado. Pelo menos na perspectiva do marxismo tributário de Gramsci e dos teóricos da escola de Frankfurt. Acredito estar pedindo algo que os autores certamente poderão oferecer. Afinal, se as estruturas devem ser explicadas a partir das práticas sociais, como bem supõem as análises do livro, é preciso sempre retomá-las para o mais completo entendimento dessas práticas.

Por fim, e fora dos objetivos colocados pelos textos (considerando a própria temporalidade em que foram elaborados), é pertinente supor, inclusive para reconhecer o valor da empreitada realizada, que essa síntese interpretativa contribuiria muito para aprofundar a compreensão da cena política brasileira atual e do desmoronamento em curso das instituições democráticas tão penosamente construídas com a Constituição de 1988. Como bem lembrou Norberto Bobbio, refletindo sobre o papel dos intelectuais na vida política italiana do pós-guerra, "o intelectual tem o dever da síntese (...) e nesse dever sintético prepara o futuro".

MARIA RITA LOUREIRO
Fundação Getúlio Vargas
São Paulo, setembro de 2022

O ESTADO DA ARTE DOS ESTUDOS BRASILEIROS SOBRE A BUROCRACIA DO ESTADO

Adriano Codato e Mateus de Albuquerque

Este é um livro sobre aqueles que decidem sobre a política econômica: juros, câmbio, taxas de inflação, reservas internacionais, balança comercial e condições de liquidez da economia. São os diretores e presidentes do Banco Central do Brasil (BC). O BC funciona como banco do governo, como banco dos bancos (através do seu papel regulatório) e como gerente do meio circulante (dinheiro). Trata-se de uma abordagem "centrada nos agentes" e não na organização. Contudo, ainda que o nosso foco seja nos tomadores de decisões, não é uma história biográfica de personalidades individuais. As análises sobre os banqueiros centrais recaem em suas formações intelectuais, movimentos de carreira, redes de relacionamento dentro e fora do Estado, taxas de nomeações e demissões.

Tradicionalmente, pode-se referir a esse grupo como a burocracia do Estado, mas uma locução mais precisa seria a *elite estatal*. São indivíduos situados nas cúpulas do aparelho do Estado que ocupam e controlam recursos estratégicos de poder. Abordagens estruturais sobre o Estado frequentemente se esquecem (ou explicitamente negam) que o processo real de governo depende muito do pessoal que o dirige (Birnbaum, 1994, p. 11). Por sua vez, também as preferências diante de opções de políticas públicas estão intimamente ligadas aos perfis dos "burocratas", isto é, suas ideias econômicas, *backgrounds* de carreira, competências profissionais e contextos (Adolph, 2013, pp. 2-3).

Esta introdução faz um balanço abrangente da literatura brasileira sobre a burocracia pública publicada desde a década de 1960 até hoje. A finalidade dessa longa excursão é dupla: mostrar tanto a ausência de uma tradição acumulada de estudos do tipo dos que são reunidos neste livro, como de inserir as nossas pesquisas em uma agenda que é bastante recente, mas muito pouco explorada.

1. As gerações da literatura sobre os agentes do Estado[1]

A literatura sobre a burocracia do Estado no Brasil é extensa e antiga, mas nem por isso conseguiu acumular um grande volume de conhecimento empírico sobre a elite estatal propriamente dita, isto é, os dirigentes públicos dos níveis superiores, os ministros de Estado, o alto escalão dos governos nacionais ou regionais, assessores especiais, presidentes do Banco Central, dirigentes dos Bancos de Desenvolvimento, quadros das agências reguladoras etc. Pesquisas sobre grupos burocráticos com grande poder de decisão, sua influência política, formas de recrutamento, desenho de carreiras, redes de relações com outros agentes políticos (tais como partidos, parlamentares, grupos de interesses, movimentos sociais) só se tornaram mais frequentes na década passada. Há inúmeras razões para isso e mencionaremos algumas delas.

De maneira esquemática, poderíamos dividir a produção bibliográfica sobre as elites estatais brasileiras em quatro gerações. Todavia, essas gerações não estão distribuídas de maneira estritamente cronológica

[1] Esta e as próximas seções retomam parte do ensaio de Codato, A., Perissinotto, R., Bolognesi, L. D. C., Massimo, L. e Costa, P. "La sociología política de las elites políticas y estatales de Brasil: un balance de cincuenta años de estúdios". *In*: Vommaro, G. e Gené, M. (ed.). *Las élites políticas en el Sur: un estado de la cuestión de los estudios sobre la Argentina, Brasil y Chile*. Buenos Aires: Ediciones UNGS, 2018. pp. 21-89. Disponível em: <https://www.ungs.edu.ar/wp-content/uploads/2019/08/9789876303651-completo-1.pdf>. Acesso em: 31 out. 2022.

porque algumas problemáticas (isto é, temas, objetos de análise, questões de pesquisa e teorias de base) perduraram mais do que outras ou foram retomadas em novo registro, com métodos diferentes e em contextos intelectuais distintos.

A primeira geração de estudos publicados entre os anos 1960 a 1980 foi grandemente influenciada pelos economistas e pelo papel instrumental conferido à burocracia de Estado. A segunda geração, entre os anos 1980 e 1990, não foi propriamente uma reação intelectual à primeira, mas uma variação do objeto de estudo: os dirigentes estatais, o pessoal político de alguns ministérios e os chefes de certas divisões do setor público, em especial aqueles encarregados da política econômica, passaram enfim a ser estudados por si mesmos, mas fora de um programa coordenado e cumulativo de pesquisas. A terceira geração de trabalhos, escritos entre os anos 1990 e 2000, representa uma outra virada temática: trata-se então de fazer o diagnóstico sobre o (mal) funcionamento do Estado brasileiro, suas formas de captura pela sociedade e perversões burocráticas e, com isso, avançar propostas e políticas para reformá-lo (é a geração de estudos sobre a reforma do Estado). A quarta geração de estudos, produzidos nas décadas de 2000 e 2010, têm por sua vez um perfil teórico e metodológico muito diferente. Essa geração consiste em estudos empíricos a respeito de várias facções da elite estatal, ou mais propriamente, daqueles dirigentes públicos, ministros de Estado, o alto escalão dos governos, os assessores especiais etc. que nunca haviam sido diagnosticados de forma sistemática pelos cientistas políticos.

2. Primeira geração: a problemática do "Estado e sociedade"

A primeira geração de pesquisas da Ciência Política e da Sociologia Política brasileiras a respeito da burocracia em sentido amplo esteve subsumida às análises sobre o que se convencionou chamar de "relações entre o Estado e a sociedade". A maior parte dos estudos disponíveis sobre o setor público eram, basicamente, análises históricas sobre as funções do Estado capitalista brasileiro e as conexões "objetivas" (isto é, estruturais) que esse Estado teria de estabelecer com os interesses e os negócios das classes dominantes nacionais.

Essa literatura enfocou quase que exclusivamente a ação do Estado como promotor e/ou ator do processo de desenvolvimento econômico[2]. A burocracia do Estado entrou aí sem que fosse nem o assunto principal, nem o objeto de enquetes empíricas. Para a maior parte dos estudiosos, os dirigentes estatais eram apenas uma parte obrigatória, mas acessória do Estado, sendo este entendido em termos mais teóricos que empíricos: como o fator (mais importante) do processo de acumulação capitalista em países periféricos como o Brasil. Por isso mesmo, interessava mais compreender e explicar a lógica da ação do aparelho do Estado e sua intervenção na economia do que suas dinâmicas internas ("burocráticas") e os papéis desempenhados por seus dirigentes. Um livro que sintetiza e exemplifica esse gênero de abordagem é *Estado e planejamento econômico no Brasil* (Ianni, 1971). Alguns outros trabalhos tentaram ampliar essa agenda de pesquisas, mas, ainda que tivessem privilegiado o exame histórico e minucioso da "ossatura material do Estado" na era de Vargas (Draibe, 1985), ou feito o diagnóstico dos seus centros de poder e decisão durante o regime ditatorial-militar (Codato, 1997), permaneceram basicamente no mesmo registro: as elites estatais não eram (nem precisavam ser) o objeto prioritário de estudo. Assim, o empenho dedicado à radiografia dos diferentes governos a partir de 1930 serviu muito mais a uma discussão sobre os modos do Estado dependente cumprir a sua função geral no processo de acumulação capitalista e industrialização periférica do que ao entendimento dos papeis de agentes burocráticos e da relação entre os seus perfis e as tomadas de decisão.

A grande e extraordinária exceção a esse padrão de investigações, embora inserida na mesma problemática do desenvolvimento e do papel econômico do Estado, foi a pesquisa de Luciano Martins sobre a criação do Banco Nacional de Desenvolvimento Econômico, da Petrobrás e da indústria siderúrgica nacional publicada na França como *Pouvoir et développement économique: formation et évolution des*

---

[2] Para uma síntese desse debate, ver Bresser-Pereira (2007).

structures politiques au Brésil (Martins, 1976). Focado nos agentes que conduziram a política de industrialização entre os anos 1930 e 1950, sua pesquisa jogou luz sobre dois profissionais que funcionaram como protagonistas nesse contexto:

> "O *militar* e o *engenheiro*, tomados aqui como 'tipos ideais' são os dois novos atores – e esses dois personagens frequentemente se confundem – que emergem [dos] setores [sociais] médios no curso das duas últimas décadas do século passado [século XIX] e das primeiras deste [século XX]. Eles irão, enquanto atores políticos, se opor ao *bacharel*. Os militares em geral para contestar os políticos; o engenheiro, a economia política da oligarquia – sem que estes dois se constituam como aliados necessários dos industriais" (Martins, 1976, p. 83)[3].

Mas esse trabalho não inspirou uma agenda de pesquisas empíricas consistentes e novos estudos de caso, e a literatura em Ciência Política e Sociologia Política continuou, até pelo menos o fim dos anos 1980, a olhar exclusivamente para o aparelho do Estado em termos abstratos e para suas relações com o movimento geral da economia capitalista. Nessa linha, é possível separar, de forma muito esquemática, a imensa bibliografia a respeito da relação entre o Estado capitalista e a sociedade capitalista no Brasil, produzida por essa primeira geração de estudos, em quatro tipos de abordagens. A burocracia pública foi vista e descrita a partir de quatro perspectivas: (*i*) a *histórico-organizacional*; (*ii*) a *jurídico-institucional*; (*iii*) a *econômica*; e (*iv*) a *sociológica-política*.

A perspectiva histórico-organizacional comportava análises sobre a evolução da capacidade regulatória do Estado brasileiro e estudos monográficos sobre os planos de ação governamental no período do desenvolvimentismo (entre 1930 e 1980). Eram ou discussões mais gerais sobre o planejamento, tendo como pano de fundo o debate sobre a superação do "atraso" através da industrialização, suas funções e

[3] Para uma atualização desse tipo ambicioso de análise, mas agora destacando as ações estratégicas dos burocratas, ver Perissinotto (2021).

disfunções[4]; ou trabalhos monográficos sobre uma experiência de planificação[5]. Todavia, os planejadores propriamente ditos – isto é, a elite estatal que pensou e implementou esses planos – nunca entraram na equação.

A perspectiva jurídico-institucional consistiu, de um lado, em descrições detalhadas dos aspectos legais e organizacionais das experiências de regulação e intervenção do Estado na economia nacional[6], de outro, se resumiu ao estudo formal e comentário do ordenamento jurídico da administração pública, principalmente depois de 1930[7]. A maioria desses estudos funcionaram bastante bem para se entender a história administrativa do Brasil, com ênfase nos seus aspectos econômicos, os complexos organogramas dos vários governos e suas subdivisões administrativas, mas com ênfase no arranjo formal do processo decisório[8].

A perspectiva econômica, mais dedicada ao estudo dos modos e das formas concretas de intervenção do Estado na economia e seus impactos sobre a dinâmica do setor privado, foi representada pelos estudos do *Instituto de Planejamento Econômico e Social* (IPEA)[9].

---

[4] Ver Daland (1967, 1981); Souza (1984); Ianni (1971); Campos (1974), entre outros.

[5] Como, por exemplo, os reunidos em Lafer (1970). Cf. também os estudos de Celso Lafer sobre o Plano de Metas (Lafer, 1970) e de Carlos Lessa sobre o II PND (Lessa, 1998). Uma visão alternativa do II PND pode ser encontrada em (Castro e Souza, 1985). Sobre o Plano Trienal de Celso Furtado, ver, por exemplo, Silva (2000).

[6] Ver Venancio Filho (1968); Costa (1971).

[7] Confira Cunha (1963). Outro trabalho útil a esse respeito é Avellar (1976). Para uma visão mais abrangente, v. Avellar (1962), vários volumes.

[8] A referência básica aqui é Wahrlich (1983). Para uma perspectiva atualizada, ver Paiva (2009).

[9] Cf. Baer, Kerstenetzky, Villela (1973); Doellinger, Faria, Cavalcanti (1974); Silva (1974); Silva *et al.* (1976); Villela (1984). Sobre o papel do IPEA e de outras instituições na formação de uma burocracia técnica especializada em Economia, ver Durand (1997). A autora analisa o Ibre (Instituto Brasileiro de Economia) da Fundação Getúlio Vargas, o Ipea (Instituto de Pesquisa Econômica Aplicada), do Ministério do Planejamento, e a Fipe (Fundação Instituto de Pesquisas Econômicas) da Universidade de São Paulo.

Por último, essa grande bibliografia sobre "Estado e sociedade" pode ser reunida sob a perspectiva da Sociologia Política. Ela compreendeu, por sua vez, duas grandes linhas de investigação: *a*) o estudo menos preocupado com as burocracias públicas e mais com o *contexto organizacional* do processo decisório, antes e depois de 1964[10], através de uma série de trabalhos sobre o modo de funcionamento das repartições estatais (com foco em certos departamentos, conselhos e comissões mais importantes); e *b*) a análise das estruturas de representação dos interesses dos grupos empresariais junto ao Estado.

Análises específicas sobre alguns aparelhos que formavam o sistema institucional estatal no Brasil, em especial durante o primeiro governo de Vargas (1930-1945) e no regime ditatorial-militar (1964-1985), começaram a aparecer nos anos 1970 e foram publicadas com alguma regularidade até os anos 1980[11]. Apesar do número, poucos estudos ambicionavam oferecer uma análise mais abrangente, como Martins (1985), que tentou explicar o modo de expansão do Estado ditatorial brasileiro, ou Codato (1997), que através do estudo de um conselho econômico no governo Geisel pretendia entender a estrutura do regime militar e suas desconexões com o empresariado nacional. A literatura a esse respeito limitava-se a uma série de competentes estudos de caso[12].

---

[10] Monteiro, Cunha (1973, 1974); Diniz (1978); Abranches (1978); Draibe (1985); Martins (1985).

[11] Sobre o modo de operação dos aparelhos do Estado ditatorial são ilustrativos os estudos do IUPERJ sobre o Conselho Interministerial de Preços (CIP), sobre o Conselho de Não-Ferrosos e de Siderurgia (CONSIDER) e o trabalho a respeito do Conselho de Política Aduaneira (CPA). Cf. respectivamente: Eli Diniz e Renato Raul Boschi, "Burocracia, clientelismo e oligopólio: o Conselho Interministerial de Preços"; Sérgio Abranches, "Governo, empresa estatal e política siderúrgica: 1930-1975"; e Olavo Brasil de Lima Jr. e Maria Regina Soares de Lima, "Autonomia organizacional e policentrismo decisório: a política de comércio exterior". Todos os três estudos foram publicados em Lima Júnior, Abranches (1987).

[12] Sobre o Conselho Federal de Comércio Exterior (CFCE), o Conselho Técnico de Economia e Finanças (CTEF), o Conselho Nacional de Política Industrial e Comercial (CNPIC) e a Comissão de Planejamento Econômico

A literatura sobre o segundo ponto – a representação de interesses no interior do Estado brasileiro – transformou-se na referência para a análise dos modos de relação entre o aparelho estatal e as frações das classes dominantes[13]. Segundo todos os autores, o padrão histórico de formulação de políticas públicas no Brasil e, portanto, o padrão de atuação das burocracias públicas, foi condicionado por dois tipos de estruturas de representação dos interesses: as formais e as informais.

As estruturas formais correspondiam à representação corporativa. Essa noção indica, simultaneamente, uma configuração particular de intermediação de interesses entre a sociedade e o Estado e o modo específico de formação e gestão das opções políticas, medidas sociais e decisões econômicas por parte desse mesmo Estado. De um lado, ele se refere ao tipo de estrutura que institui e organiza a representação de interesses, distinta, por exemplo, das instituições do pluralismo (partidos, parlamentos associações etc.); de outro, às formas pelas quais as políticas são constituídas e processadas pela burocracia a partir de relações institucionalizadas de consulta a organizações representativas do empresariado nacional que mantêm acesso privilegiado às arenas políticas decisórias mais importantes.

As estruturas informais de representação de interesses e pressão sobre as burocracias públicas são, conforme os autores, os *lobbies* e os contatos informais de interessados (políticos poderosos, empresários

---

(CPE), v. Diniz (1978). Sobre o Conselho Nacional de Educação (CNE), cf. Miceli (1982). A respeito da Coordenação da Mobilização Econômica (CME), ver Correia, Nogueira (1976). Sobre o Conselho Consultivo de Planejamento, cf. Cruz (1997). Sobre o Conselho Monetário Nacional (CMN), cf. Lafer (1975); Vianna (1987). O único trabalho a respeito do Conselho de Segurança Nacional (CSN) é o de Walder de Góes (1978). Luciano Martins discutiu a "prática do Estado" durante o regime dos generais através do estudo do Banco Nacional de Desenvolvimento Econômico (BNDE), do Conselho de Desenvolvimento Industrial (CDI) e da Carteira de Comércio Exterior (CACEX) do Banco do Brasil. Cf. Martins (1985), pp. 83-194.

[13] É o caso dos seguintes trabalhos: Leff (1968); Martins (1968, 1976); Lafer (1970); Schmitter (1971); Cardoso (1975); Diniz (1978); Diniz, Boschi (1978); Benevides (1979); Boschi (1979).

influentes) em alguma decisão, mas também os "anéis burocráticos". Essa noção foi proposta por Cardoso em seu livro *Autoritarismo e democratização* (1975). Anéis burocráticos são estruturas não institucionalizadas que, durante o regime ditatorial-militar, reuniam representantes das grandes empresas privadas e setores importantes das burocracias públicas, o que envolvia desde empresas estatais, ministérios, comissões governamentais, conselhos burocráticos até parcelas do aparelho militar. Tratava-se de uma aliança transitória em torno de uma decisão específica (política ou econômica), que garantia, através de um intenso processo de barganha e negociação entre as partes privadas e públicas desse arranjo, a presença das frações de classes dominantes no processo decisório do Estado (Cardoso, 1975, pp. 182-184).

3. Segunda e terceira gerações: a burocracia econômica do Estado e a crise do Estado nacional

A segunda geração de estudos sobre as elites burocráticas do Brasil, aí sim centradas na análise dos dirigentes estatais, entretanto não formou uma agenda coerente e continuada de pesquisas.

As grandes investigações que foram então publicadas nas décadas de 1980 e 1990[14], e os estudos empíricos de Loureiro e Abrucio sobre o pessoal político dos governos pós-ditatoriais (1998), a monografia de Novelli (1999) sobre os dirigentes do Banco Central do Brasil, ou ainda a extensa pesquisa de Mathias (2004) sobre a burocracia dos Ministérios das Comunicações e da Educação durante a ditadura militar, constituíram uma nova fase, mas não chegaram a motivar o campo das Ciências Sociais. As pesquisas sobre a alta administração permaneceram restritas a iniciativas individuais[15]. Toda essa literatura

---

[14] Ver especialmente Martins (1985); Gouvêa (1994); Schneider (1994); Loureiro (1997). Para um resumo rápido dessa literatura, ver Figueiredo (2010).

[15] Barroso estudou as mulheres em cargos de cúpula (1988), Cheibub (1989) o Ministério das Relações Exteriores, Loureiro e sua equipe, o Ministério da Fazenda (Loureiro, Abrucio, Rosa, 1998; Loureiro, Abrucio, 1999).

acabou completamente eclipsada pela discussão sobre a crise do Estado brasileiro, a nova onda que centralizou as investigações sobre a burocracia.

O tema da "crise do Estado" invadiu o mercado editorial e distraiu a atenção daqueles que poderiam se interessar pela burocracia como tal e pelos processos de recrutamento e decisão do Estado, acabando por polarizar cientistas sociais e economistas em torno de duas problemáticas interligadas. Uma tinha a ver com a crise do Estado desenvolvimentista e o esgotamento de um modelo de acumulação gestado a partir dos anos 1930 (Fiori, 1985; Bresser-Pereira, 1996; Diniz, 1997). A outra fonte de preocupações vinha da literatura internacional sobre as novas funções dos Estados nacionais numa economia globalizada e a ascensão e a imposição, aos países em desenvolvimento, das políticas neoliberais. Os estudos tornaram a ser então análises muito gerais sobre o modo histórico de desenvolvimento e acumulação do capitalismo (Cano, 1997; Moraes, 2006) e, naturalmente, o papel do Estado nesse processo. Uma exceção tanto ao primeiro gênero de trabalhos (elites estatais), quanto ao segundo (crise do Estado) foi o livro de Edson Nunes, *A gramática política do Brasil* (1997).

Nunes identificou a dominância de quatro "gramáticas políticas" no século XX, isto é, quatro conjuntos de regras que caracterizariam os modos do Estado brasileiro abrir-se para a sociedade: o clientelismo, o corporativismo, o insulamento burocrático e o universalismo de procedimentos. O *clientelismo* é definido como uma forma de conexão entre atores políticos em que um deles concede benefícios públicos (favores, cargos nos governos etc.) em troca de apoio político, em geral na forma de votos. O *corporativismo*, como vimos na seção anterior, é a forma pela qual as corporações profissionais de empresários participam do processo de tomadas de decisões do governo através do seu acesso direto às burocracias públicas. O que Nunes chamou de *insulamento burocrático* é uma espécie de vacina contra as duas perversões acima. Ele consiste na criação, pelos tecnocratas, de "ilhas de racionalidade" administrativa no interior do Estado, onde os decisores conseguem manter grande margem de manobra em relação aos políticos e à sua política de clientela e em relação aos empresários e às suas pressões sobre o processo decisório em busca de benefícios. Por fim, o *universalismo de procedimentos* corresponde à burocratização das rotinas administrativas do Estado cuja marca seria o recrutamento meritocrático e o caráter impessoal das decisões dos governos. Para que se tenha uma ideia mais concreta desses padrões de relação do Estado com a sociedade, é possível afirmar que, embora essas quatro gramáticas tenham convivido em diferentes momentos do tempo, o corporativismo foi a grande marca distintiva do primeiro governo de Vargas (1930-1945), o clientelismo a marca dos governos populistas (1950-1960), o insulamento burocrático, o expediente mais utilizado pela ditadura militar (1964-1985) e o universalismo de procedimentos, então circunscrito a poucas regiões da burocracia, seria o grande desafio que o Estado brasileiro teria de enfrentar, na passagem dos anos 1990 aos 2000, para se reformar e se tornar mais eficiente e responsivo.

Essa conclusão nos conduz à quarta fase de estudos em que dividimos as pesquisas sobre as elites burocráticas ou estatais no Brasil.

4. A quarta geração: a elite do Estado, nomeações políticas e perfil burocrático

A quarta geração de pesquisas sobre a burocracia brasileira corresponde, agora sim, a inquéritos empíricos mais sistemáticos sobre a elite estatal nas suas diversas modalidades[16].

A especialização dessa agenda de investigação, o interesse pelo Executivo federal e seu pessoal, os assessores políticos (desde ministros de Estado a burocratas nomeados pelos partidos políticos) e o foco, mais recente, em alguns subgrupos com muito poder (como diretores do Banco Central, tal como os estudos reunidos neste livro) foi facilitado por duas ordens de fatores combinados.

Em primeiro plano, pela ampliação e institucionalização dos estudos pós-graduados em Ciência Política no Brasil na última década

[16] Uma comprovação dessa nova disposição foi o volume organizado por Loureiro, Abrucio, Pacheco (2010).

(Marenco, Villa, Beirão, 2016; Fernandes, Codato, Moreira, 2019): há mais pesquisadores, mais grupos de pesquisa, mais periódicos acadêmicos onde se publicar os resultados das investigações. Em segundo plano, mas tão importante quanto, pela maior facilidade de acesso aos dados[17]. Por outro lado, a relativa demora para aparecerem análises especificamente sobre as elites burocráticas nacionais deveu-se, em alguma medida, ao surgimento e à consolidação, na segunda metade dos 1990, dos estudos legislativos, o que, no caso do Brasil, significou estudar os poderes legislativos do presidente da República (excepcionalmente altos), as votações congressuais, a capacidade de coordenação dos partidos na arena legislativa e os mecanismos para formação da base parlamentar dos governos multipartidários (Limongi, 2010). Esse rol de problemas, a grande produção científica sobre eles (artigos, dissertações e teses), aliado ao predomínio intelectual do neoinstitucionalismo na Ciência Política brasileira (Limongi, Almeida, Freitas, 2016), acabou por adiar um pouco a emergência de pesquisas mais sistemáticas sobre a burocracia do Estado.

Podemos ordenar a literatura sobre as elites burocráticas da quarta geração conforme suas temáticas em cinco grupos: (*i*) pesquisas sobre perfis e recrutamento de ministros[18]; (*ii*) análises sobre as lógicas políticas de formação de gabinetes[19]; (*iii*) trabalhos sobre a passagem

---

17 O potencial de crescimento de estudos sobre a burocracia é imenso graças à "Lei de Acesso à Informação" (LAI) (Lei 12.527, de novembro de 2011). Em vigor desde 2012, a legislação faculta a qualquer cidadão brasileiro acesso a informações produzidas ou detidas pelos governos e demais órgãos da administração pública. Isso compreende desde dados institucionais dos órgãos e entidades dos poderes Executivos (federal, estadual, municipal) até os registros de quaisquer repasses ou transferências de recursos financeiros. Para um balanço das dificuldades de implementação da LAI, ver Resende, Nassif (2015).

18 Ver Loureiro, Abrucio (1999); D'Araujo (2009); Cardozo, Pratti (2016); Cavalcante, Palotti (2016); Codato, Franz (2017) e D'Araujo, Ribeiro (2018); Palotti, Cavalcante (2019). Dentre os estudos mais recentes podemos citar Amorim Neto, Malamud (2020), Gitirana, Kreuz (2020), Perissinotto, Codato, Gené (2020).

19 Conferir Amorim Neto (2000); Vasselai (2009); Batista (2013); Inácio (2013); Inácio, Llanos (2015).

dos burocratas públicos para o mundo da política partidária[20]; (*iv*) pesquisas sobre o alto escalão do governo, especialmente os cargos de nomeação política, como assessores diretos, diretores de departamentos etc.[21]; (*v*) pesquisas sobre o médio escalão do governo[22]; e enfim (*vi*) pesquisas sobre a alta burocracia econômica do Estado brasileiro, especificamente os dirigentes do Banco Central do Brasil e o Banco de Desenvolvimento Econômico e Social[23], o assunto deste livro.

Cada uma dessas linhas de pesquisa – sobre ministros de Estado, dirigentes de alto e médio escalões do governo e a relação dos burocratas com a política eleitoral – começa a inspirar mais estudos empíricos e é possível que, ainda nesta década, essa seja uma área onde as análises sobre elites no Brasil mais avancem.

*

Este livro reúne estudos do sexto grupo referido acima, a alta burocracia incumbida da política econômica do Estado brasileiro. São pesquisas desenvolvidas na última década no Núcleo de Pesquisa em Sociologia Política e no Observatório de Elites Políticas e Sociais do Brasil, da Universidade Federal do Paraná.

O capítulo 1, *Os diretores do Banco Central sob o PSDB e o PT*, analisa os perfis dos 39 diretores que serviram no Banco Central durante os dois governos de Fernando Henrique Cardoso, os dois governos de Luís Inácio Lula da Silva e o primeiro mandato da administração de

---

20 É o caso de Soares (2008); Codato, Ferreira, Costa (2015). Uma ausência notável é o estudo sobre o pessoal político-administrativo no nível dos estados, como os secretários estaduais. Uma exceção é a pesquisa pioneira de Berlatto (2016).

21 Ver principalmente D'Araujo (2007, 2014); D'Araujo, Lameirão (2009); Santos (2009) e também Praça, Freitas, Hoepers (2012); Lopez, Bugarin, Bugarin, (2014); Lopez (2015).

22 Especificamente, Cardoso Jr. (2011); Cavalcante, Lotta (2015).

23 Podemos citar Loureiro (1997); Olivieri (2007); Codato, Cavalieri, Perissinotto e Dantas (2016); Codato, Perissinotto, Dantas e Cavalieri (2019); Tokumoto, Dias, Dantas e Perissinotto (2021).

Dilma Rousseff. A variável sociológica analisada é o *background* educacional. Nosso interesse é, em resumo, saber se a formação econômica no *mainstream* da disciplina (*economistas ortodoxos*, em definição imprecisa) implica em ocupar posições de maior poder sobre a definição da política econômica dentro do BC.

A porta-giratória do Banco Central do Brasil, o capítulo 2, mapeia o trânsito entre o mundo público e o mundo das finanças de 25 presidentes do BC, desde a sua criação, em 1964, até 2016. Tradicionalmente, entende-se como porta-giratória o processo pelo qual um agente público é recrutado do setor privado e, após o término de seu mandato no setor público, retorna para o mercado com informações, *expertise* e o prestígio decorrente da posição que havia ocupado. Insistimos que a captura desses agentes reguladores do setor público se dá não apenas em nome de recompensas materiais tangíveis ("captura econômica"), mas pode ocorrer também pela via cognitiva – isto é, pode assumir a forma de uma "captura cultural". Isso significa o processo, até mais poderoso e efetivo, do compartilhamento do entendimento com o mundo das finanças sobre a boa política econômica.

No capítulo 3, *Medindo a autonomia do Banco Central brasileiro diante do mercado* entre os governos de Sarney e de Rousseff, construímos um índice de autonomia a partir de variáveis biográficas dos seus 89 diretores. A literatura sempre pensa autonomia ou independência dos Bancos Centrais em relação aos políticos eleitos. Aqui nós queremos medir seus graus de afastamento e proximidade em relação ao mercado das finanças. Propusemos então o *A-index*, que leva em conta três variáveis componentes: (*i*) *origem profissional* do diretor; (*ii*) *formação econômica*; e (iii) *passagem pela porta-giratória* em direção ao mercado privado. Cada um desses aspectos impacta na autonomia dos dirigentes estatais. Foi então possível observar que quanto mais liberal for um governo do ponto de vista econômico ("ortodoxo"), menos autônomos serão os diretores em relação ao mercado financeiro privado.

As redes sociais do Banco Central do Brasil (capítulo 4) estudou as redes de recrutamento e de relacionamento de 40 diretores e seis presidentes do BC com instituições profissionais e universitárias.

Ao contrário do que é mais usual em estudos de elites, não utilizamos apenas a última instituição frequentada pelo agente exatamente porque se quis captar as conexões entre o setor público e o privado simultaneamente e como uma teia de relações abundantes. Ao contrário das simplificações mais usuais, foi possível detectar que a maioria dos dirigentes possuem trajetórias mistas, o que torna complicada a separação entre mercado e Estado. Foi também possível observar o papel central das instituições de ensino nas trajetórias dos chefes do BC. Sociologicamente falando, esses são *loci* de produção dos esquemas informacionais que orientam os dirigentes do Banco Central em questões de política econômica e, por essa razão, o lugar das instituições universitárias no sistema de decisões em questão não pode ser minimizado.

O capítulo 5, *Sabatinas no Senado brasileiro dos banqueiros centrais*, revisita as discussões na Comissão de Assuntos Econômicos do Senado Federal para aprovação dos presidentes indicados ao Banco Central nos governos de Fernando Henrique Cardoso e de Luís Inácio Lula da Silva. Os debates dos candidatos ao BC com os senadores foram analisados através de análise de conteúdo. A questões giraram em torno de denúncias envolvendo problemas éticos na relação público-privada dos indicados e de seus antecessores e conflitos provocados pelas críticas à condução da política monetária. A questão central do capítulo é: como a atuação política dos senadores durante as sessões de sabatina reflete os conflitos macroeconômicos da época?

Ideias e tanque de ideias do Conselho Monetário Nacional (capítulo 6) esquadrinha vínculos dos membros do Conselho Monetário Nacional (CMN) de Cardoso a Temer com *think tanks* privados. O CMN é uma agência de Estado, central na política econômica, que reúne o Ministro da Fazenda, o do Planejamento (antes das duas pastas serem fundidas no Ministério da Economia no governo Bolsonaro) e o presidente do Banco Central. O estudo revela que determinados *think tanks* funcionam como verdadeiros trampolins para o recrutamento para essas posições. Isso vale para ministros/presidentes ortodoxos e não ortodoxos. Todavia, os primeiros estão mais presentes nos *think tanks* do tipo *advocacy,* que atuam de maneira mais tenaz na proposição de políticas públicas e na disputa política aberta.

O capítulo 7, *A instabilidade no comando do Branco Central do Brasil*, analisa o tempo de permanência e os motivos de saída dos ministros das pastas econômicas de 1964 até 2016 (incluindo aí o Ministério da Fazenda, o Ministério do Planejamento, o Ministério do Desenvolvimento e o Banco Central do Brasil). Estabelecendo uma base empírica para mensurar a precariedade dos mandatos dos chefes das políticas econômicas do governo, mostrou-se que o *perfil dos ministros* foi pouco relevante para as constantes trocas de titulares, um achado que contraria a percepção segundo a qual *experts* com perfil técnico ou peritos em Economia seriam menos sujeitos à demissão do que os titulares com *background* só político. Nessa coreografia do primeiro escalão, chama a atenção o intenso *turnover* de presidentes do BC brasileiro. O Banco Central concentra a grande maioria dos casos de saída por escândalos, o que talvez tenha a ver com a proximidade dos seus presidentes com o mercado financeiro. Mas a principal razão que motiva demissões dos presidentes do BC nos governos civis após a redemocratização são os conflitos ocorridos no interior das equipes econômicas.

Por fim, o capítulo 8 faz uma espécie de contraponto aos sete anteriores que, de uma forma ou de outra, analisaram um tema em comum: a "porosidade" do Banco Central do Brasil a influências externas, sejam elas econômicas, de ideologias econômicas ou de perfil de carreira. *A política dos especialistas: o caso do BNDES*, analisa as trajetórias dos presidentes e diretores do Banco Nacional de Desenvolvimento Econômico e Social nas décadas de 1990, 2000 e 2010. O objetivo é entender por quais instituições esses indivíduos passaram antes de chegar ao seu posto no BNDES e revelar se há diferenças entre os que serviram nas gestões do PSDB ou do PT. Quanto à primeira questão, observamos que a maioria dos indivíduos vem do próprio Banco, indicando um altíssimo nível de insulamento da instituição. Quanto à segunda questão, é possível observar que no governo FHC houve maior abertura a setores do mercado em comparação com as administrações Lula e Dilma Rousseff. Nos governos de Fernando Henrique Cardoso, o recrutamento para as chefias do BNDES foi fortemente marcado pelas conexões com instituições financeiras.

Já nos governos de Lula, a mudança é significativa, pois os pontos dominantes da rede de relações vêm do Estado e de universidades e centros de pesquisa. Ao lado disso, notamos um recrutamento partidarizado, sendo o Partido dos Trabalhadores um ponto de intermediação importante na rede. Já a rede de Dilma é acentuadamente estatal, sem vínculos significativos com instituições de pesquisa, com o partido da presidente nem, muito menos, com o mercado.

Referências

Abranches, S. *The Divided Leviathan: State and Economic Policy Formation in Authoritarian Brazil.* 1978. Dissertação (Doutorado em Ciências Políticas) – University of Cornell, Ithaca, 1978.

Adolph, C. *Bankers, Bureaucrates, and Central Bank Politics: the Myth of Neutrality.* New York: Cambridge University Press, 2013.

Amorim Neto, O. "Gabinetes presidenciais, ciclos eleitorais e disciplina legislativa no Brasil", *Dados*. Rio de Janeiro: Scielo Brasil, ano 43, nº 3 (2000), pp. 479-519. Disponível em: <https://doi.org/10.1590/S0011-52582000000300003> Acesso em: 19 out. 2022.

Amorim Neto, O. e Malamud, A. "Presidential Delegation to Foreign Ministries: A Study of Argentina, Brazil, and Mexico (1946–2015)", *Journal of Politics in Latin America.* Sage journals: [*S.l.*], ano 12, nº 2 (2020), pp. 123-154. Disponível em: <https://doi.org/10.1177/1866802X20944184>. Acesso em: 19 out. 2022.

Avellar, H. de A. *História administrativa e econômica do Brasil.* Rio de Janeiro: Ministério da Educação e Cultura, Fundação Nacional de Material Escolar, 1976.

Avellar, H. de A. (ed.). *História administrativa do Brasil.* Rio de Janeiro: DASP (Serviço de Documentação), 1962.

Baer, W., Kerstenetzky, I. e Villela, A. "As modificações no papel do Estado na economia brasileira". *Pesquisa e Planejamento Econômico.* Rio de Janeiro, ano 3, nº 4 (1973), pp. 883-912. Disponível em: <http://repositorio.ipea.gov.br/handle/11058/3708>. Acesso em: 19 out. 2022.

Barroso, C. "As mulheres nos altos escalões da administração pública no Brasil". *Revista do Serviço Público*. Brasília, ano 166, nº 3 (1988). Disponível em: <https://doi.org/10.21874/rsp.v66i1.796>. Acesso em: 19 out. 2022.

Batista, M. "O poder no Executivo: uma análise do papel da Presidência e dos Ministérios no presidencialismo de coalizão brasileiro (1995-2010)". *Opinião Pública*. Campinas: Scielo Brasil, ano 19, nº 2 (2013), pp. 449-473. Disponível em: <https://doi.org/10.1590/S0104-62762013000200009>. Acesso em: 19 out. 2022.

Benevides, M. V. de M. *O governo Kubitschek: desenvolvimento econômico e estabilidade política, 1956-1961*. Rio de Janeiro: Paz e Terra, 1979.

Berlatto, F. (2016) "Origens profissionais dos secretários estaduais de Segurança Pública". *Newsletter. Observatório de elites políticas e sociais do Brasil*. [*S.l.*], ano 3, nº 8 (2016), pp. 1-20. Disponível em: <https://doi.org/10.13140/RG.2.1.3746.0089>. Acesso em: 19 out. 2022.

Birnbaum, P. *Les sommets de l'Etat: Essai sur élite du pouvoir en France*. Paris: Seuil, 1994.

Boschi, R. R. *Elites industriais e democracia*. Rio de Janeiro: Graal, 1979.

Bresser-Pereira, L. C. *Crise econômica e reforma do estado no Brasil: para uma nova interpretação da América Latina*. São Paulo: Editora 34, 1996.

Bresser-Pereira, L. C. "Burocracia pública e classes dirigentes no Brasil". *Revista de Sociologia e Política*. Scielo Brasil: Curitiba, ano 28 (2007), pp. 9-30. Disponível em: <https://doi.org/10.1590/S0104-44782007000100003>. Acesso em: 19 out. 2022.

Campos, R. de O. "A experiência brasileira de planejamento". *In*: Simonsen, M. H. e Campos, R. de O. (ed.). *A nova economia brasileira*. Rio de Janeiro: Livraria José Olympio Editora, 1974.

Cano, W. *Dilemas da atualidade: globalização, neoliberalismo, crise do Estado, reestruturação produtiva, questão agrária e desafios do sindicalismo*. CES, 1997.

Cardoso, F. H. *Autoritarismo e democratização*. Rio de Janeiro: Paz e Terra, 1975.

Cardoso Jr., J. C. (ed.). *Burocracia e ocupação no setor público brasileiro*. Rio de Janeiro: IPEA, 2011.

Cardozo, H. A. B. e Pratti, L. P. "Perfil e trajetória política da elite ministerial brasileira de 1995 a 2015". *In*: Associação Brasileira de Ciência Política

– ABCP (ed.). *10º. Encontro da ABCP.* Belo Horizonte – MG, Brasil: ABCP, 2016, pp. 1-24.

Castro, A. B. de e Souza, F. E. P. *A economia brasileira em marcha forçada.* Rio de Janeiro: Paz e Terra, 1985.

Cavalcante, P. e Lotta, G. *Burocracia de médio escalão: perfil, trajetória e atuação.* Brasília: ENAP, 2015.

Cavalcante, P. e Palotti, P. "Entre a política e a técnica: quem são os Ministros dos governos democráticos no Brasil (1990 a 2014)?". *In*: Associação Brasileira de Ciência Política – ABCP (ed.). *10º. Encontro da ABCP.* Belo Horizonte – MG, Brasil: ABCP, 2016, pp. 1-31.

Cheibub, Z. B. "A carreira diplomática no Brasil: o processo de burocratização do Itamarati". *Revista de Administração Pública.* Brasília, ano 23, nº 2 (1989), pp. 97-128. Disponível em: http://bibliotecadigital.fgv.br/ojs/index.php/rap/article/viewArticle/9157 (Acesso em: 10 ago 2014).

Codato, A. *Sistema estatal e política econômica no Brasil pós-64.* São Paulo: Hucitec; ANPOCS; Ed. UFPR, 1997.

Codato, A., Cavalieri, M., Perissinotto, R., e Dantas, E. G. "Economic mainstream and power: a profile analysis of Central Bank directors during PSDB and PT governments in Brazil". *Nova Economia.* Scielo Brasil: Belo Horizonte, ano 26, nº 3 (2016), pp. 687-720. Disponível em: <https://doi.org/10.1590/0103-6351/2845>. Acesso em: 19 out. 2022.

Codato, A., Perissinotto, R., Dantas, E. e Cavalieri, M . "La connexion financière: le pantouflage dans la Banque centrale du Brésil". *Gouvernement et action publique.* Cairn.info: Paris, ano 8, nº 1 (2019), pp. 137-155. Disponível em: <https://doi.org/10.3917/gap.191.0137>. Acesso em: 19 out. 2022.

Codato, A., Ferreira, A. P. L. e Costa, L. D. "Do serviço público à Câmara dos Deputados: os parlamentares originários do funcionalismo público no Brasil". *Revista do Serviço Público.* Brasília, ano 66, nº 4, 2015, pp. 605-626. Disponível em: <https://doi.org/10.21874/rsp.v66i4.615>. Acesso em: 19 out. 2022.

Codato, A. e Franz, P. "Recrutamento ministerial no Brasil: comparando as presidências de FHC e Lula". *E-Legis.* Brasília, ano 10, nº 22 (2017), pp. 42-67. Disponível em: <https://e-legis.camara.leg.br/cefor/index.php/e-legis/article/view/294/374>. Acesso em: 19 out. 2022.

Correia, A. dos S. e Nogueira, R. M. E. "A intervenção do Estado no domínio económico: o caso da Coordenação da Mobilização Econômica". *Dados.*

Rio de Janeiro, nº 13 (1976), pp. 134-150. Disponível em: <http://dados.iesp.uerj.br/edicoes/?vn=13>. Acesso em: 19 out. 2022.

Costa, J. G. *Planejamento governamental: a experiência brasileira*. Rio de Janeiro: FGV, 1971.

Cruz, S. C. V. "Interesses de classe e organização estatal: o caso da CONSPLAN". *In*: *O presente como História: Economia e Política no Brasil pós-64*. Campinas: Unicamp, Instituto de Filosofia e Ciências Humanas, 1997.

Cunha, M. W. V. *O sistema administrativo brasileiro (1930-1950)*. Rio de Janeiro: Instituto Nacional de Estudos Pedagógicos, 1963.

D'Araujo, M. C. *Governo Lula: contornos sociais e políticos da elite do poder*. Rio de Janeiro, Brasil: CPDOC, 2007.

D'Araujo, M. C. "Os ministros da Nova República. Notas para entender a democratização do Poder Executivo". *In*: *II Congresso Consad de Gestão Pública*. Brasília – DF, 2009, pp. 1-36. Disponível em: https://www.consad.org.br/wp-content/uploads/2013/02/OS-MINISTROS-DA-NOVA-REP%C3%9ABLICA-%C2%96-NOTAS-PARA-ENTENDER-A-DEMOCRATIZA%C3%87%C3%83O-DO-PODER-EXECUTIVO.pdf. Acesso em: 9 nov. 2022

D'Araujo, M. C. "Elites burocráticas, dirigentes públicos e politica no Poder Executivo do Brasil (1995-2012)". *In*: D'Araujo, M. C. (ed.). *Redemocratização e mudança social no Brasil*. Rio de Janeiro: Editora FGV, 2014, pp. 205-229.

D'Araujo, M. C. e Lameirão, C. "Social Scientists and Public Administration in the Lula da Silva Government". *Brazilian Political Science Review*. Scielo: Rio de Janeiro, ano 3, nº 1 (2009), pp. 11-39. Disponível em: <http://socialsciences.scielo.org/pdf/s_bpsr/v4nse/a03.pdf>. Acesso em: 19 out. 2022.

D'Araujo, M. C. S. e Ribeiro, G. L. "Trajetória socioeducacional dos ministros brasileiros na Nova República (1985-2014)". *Revista de Sociologia e Politica*. Scielo Brasil: [*S.l*], ano 26, nº 65 (2018), pp. 39-61. Disponível em: <https://doi.org/10.1590/1678-987317266503>. Acesso em: 19 out. 2022.

Daland, R. T. *Brazilian Planning: Development, Politics and Administration*. Chapel Hill: University of North Carolina Press, 1967.

Daland, R. T. *Exploring Brazilian Bureaucracy: Performance and Pathology*. Washington, DC: University Press of America, 1981.

Diniz, E. *Crise, reforma do Estado e governabilidade: Brasil, 1985-95*. Rio de Janeiro: Editora Fundação Getulio Vargas, 1997.

Diniz, E. *Empresário, estado e capitalismo no Brasil: 1930-1945*. Rio de Janeiro: Paz e Terra, 1978.

Diniz, E. e Boschi, R. R. *Empresariado nacional e Estado no Brasil*. Rio de Janeiro: Forense-Universitária, 1978.

Doellinger, C. von, Faria, H. de B. C. e Cavalcanti, L. C. *A política brasileira de comércio exterior e seus efeitos, 1967/73*. Rio de Janeiro: IPEA/INPES, 1974.

Draibe, S. *Rumos e metamorfoses: um estudo sobre a constituição do Estado e as alternativas da industrialização no Brasil, 1930-1960*. Rio de Janeiro: Paz e Terra, 1985.

Durand, M. R. G. L. "Formação das elites político-administrativas no Brasil: as instituições de pesquisa econômica aplicada". *Revista do Serviço Público*. Brasília, ano 48, nº 2 (1997), pp. 100-122. Disponível em: <https://doi.org/10.21874/rsp.v48i2.385>. Acesso em: 19 out. 2022.

Fernandes, L. M. R., Codato, A. N. e Moreira, W. de S. *Documento de Área: Ciência Política e Relações Internacionais (2019)*. Brasília: CAPES. Disponível em: https://www.capes.gov.br/images/Documento_de_área_2019/ciencia_politica_rel_internacionais.pdf. Acesso em: 14 jan. 2020.

Figueiredo, A. "Executivo e burocracia". *In*: Lessa, R. (ed.). *Horizontes das ciências sociais: Ciência Política*. São Paulo: Anpocs; Instituto Ciência Hoje, Editora Barcarolla; Discurso Editorial, 2010, pp. 191-216.

Fiori, J. L. *O vôo da coruja: uma leitura não liberal da crise do estado desenvolvimentista*. Rio de Janeiro: EdUERJ, 1985.

Gitirana, J. H. S. e Kreuz, L. R. C. "Ministras de Estado : uma análise prosopográfica das mulheres nos cargos máximos da República de 1985 a 2019". *Revista da Faculdade de Direito da UFRGS*. Porto Alegre, ano 43, (2020), pp. 245-266. Disponível em: <https://doi.org/10.22456/0104-6594.94386>. Acesso em: 19 out. 2022.

Góes, W. *O Brasil do General Geisel: estudo do proceso de tomada de decisão no regime militar-burocrático*. Rio de Janeiro: Nova Fronteira, 1978.

Gouvêa, G. P. *Burocracia e elites burocráticas no Brasil*. São Paulo: Editora Paulicéia, 1994.

Ianni, O. *Estado e planejamento econômico no Brasil (1930-1970)*. Rio de Janeiro: Civilização Brasileira, 1971.

Inácio, M. "Escogiendo ministros y formando políticos: los partidos en gabinetes multipartidistas". *América Latina Hoy.* USAL Revistas: Salamanca, ano 64 (2013), pp. 41-66. Disponível em: <https://doi.org/10.14201/alh.10231. Acesso em: 19 out. 2022.

Inácio, M. e Llanos, M. "The Institutional Presidency from a Comparative Perspective: Argentina and Brazil since the 1980s". *Brazilian Political Science Review.* São Paulo, ano 9, nº 1 (2015), pp. 39-64. Disponível em: <https://doi.org/10.1590/1981-38212014000200002. Acesso em: 19 out. 2022.

Lafer, B. M. *Planejamento no Brasil.* São Paulo: Pespectiva, 1970.

Lafer, C. *The planning process and the political system in Brazil: a study of Kubitschek's target plan – 1956-1961.* Cornell University, 1970.

Lafer, C. *O sistema político brasileiro: estrutura e processo.* São Paulo: Perspectiva, 1975.

Leff, N. H. *Economic policy-making and development in Brazil, 1947-1964.* New York: Wiley, 1968.

Lessa, C. *A estratégia de desenvolvimento, 1974/76: sonho e fracasso.* Universidade Estadual de Campinas, Instituto de Economia, 1998.

Lima Júnior, O. B. de e Abranches, S. H. (ed.). *As origens da crise: Estado autoritário e planejamento no Brasil.* São Paulo: Vértice; Instituto Universitário de Pesquisas do Rio de Janeiro, 1987.

Limongi, F. "Estudos legislativos". *In*: Lessa, R. (ed.). *Horizontes das ciências sociais: Ciência Política.* São Paulo: Anpocs; Instituto Ciência Hoje, Editora Barcarolla; Discurso Editorial, 2010, pp. 163-189.

Limongi, F., Almeida, M. H. T. de e Freitas, A. "Da sociologia política ao (neo) institucionalismo: trinta anos que mudaram a Ciência Política no Brasil". *In*: Avritzer, L., Milani, C. R. S., and Braga, M. do S. (ed.). *A ciência política no Brasil: 1960-2015.* Rio de Janeiro: FGV Editora, 2016, pp. 61-91.

Lopez, F., Bugarin, M. e Bugarin, K. (2014) "Rotatividade nos cargos de confiança da administração federal brasileira (1999-2013)". *Revista do Serviço Público.* Brasília, ano 65, nº 4, (2014), pp. 439-461. Disponível em: <https://doi.org/10.21874/rsp.v65i4.658>. Acesso em: 19 out. 2022.

Lopez, F. G. (ed.). *Cargos de confiança no presidencialismo de coalizão brasileiro.* Brasília: IPEA, 2015. Disponível em: http://www.ipea.gov.br/portal/images/stories/PDFs/livros/livros/150914_livro_cargos_confianca.pdf. Acesso em: 19 out. 2022.

Loureiro, M. R. *Os economistas no governo: gestão econômica e democracia.* Rio de Janeiro: Editora Fundação Getulio Vargas, 1997.

Loureiro, M. R. e Abrucio, F. L. *Burocracia e política na nova ordem democrática brasileira: o provimento de cargos no alto escalão do governo federal (governos Sarney, Collor, Itamar Franco e FHC).* 9. São Paulo: EAESP – Escola de Administração de Empresas de São Paulo; Fundação Getúlio Vargas, 1998. Disponível em: <http://hdl.handle.net/10438/3074>.

Loureiro, M. R. e Abrucio, F. L. "Política e burocracia no presidencialismo brasileiro: o papel do Ministério da Fazenda no primeiro governo Fernando Henrique Cardoso". *Revista Brasileira de Ciências Sociais.* Scielo Brasil: São Paulo, ano 14, nº 41 (1999), pp. 69-89. Disponível em: <https://doi.org/10.1590/S0102-69091999000300005>. Acesso em: 19 out. 2022.

Loureiro, M. R., Abrucio, F. L. e Pacheco, R. S. (ed.). *Burocracia e política no Brasil: desafios para o Estado democrático no século XXI.* Rio de Janeiro: Editora FGV, 2010.

Loureiro, M. R., Abrucio, F. L. e Rosa, C. A. "Radiografia da alta burocracia federal brasileira: o caso do Ministério da Fazenda". *Revista do Serviço Público.* Brasília, ano 49, nº 4 (1998), pp. 46-82. Disponível em: <https://doi.org/10.21874/rsp.v49i4.400>. Acesso em: 19 out. 2022.

Marenco, A., Villa, R. A. D. e Beirão, A. P. *Documento de Área: Ciência Política e Relações Internacionais.* Editado pelo Ministério da Educação. Coordenação de Aperfeiçoamento de Pessoal de Nível Superior. Diretoria de Avaliação. Brasília, DF: CAPES, 2016. Disponível em: http://www.capes.gov.br/images/documentos/Documentos_de_area_2017/39_cpol_docarea_2016.pdf. Acesso em:

Martins, L. *Industrialização, burguesia nacional e desenvolvimento: introdução à crise brasileira.* Rio de Janeiro: Saga, 1968.

Martins, L. *Pouvoir et développement économique. Formation et évolution des structures politiques au Brésil.* Paris: Anthropos, 1976.

Martins, L. *Estado capitalista e burocracia no Brasil pós-64.* Rio de Janeiro: Paz e Terra, 1985.

Mathias, S. K. *A militarização da burocracia. A participação militar na administração federal das Comunicações e da Educação – 1963-1990.* São Paulo: Ed. UNESP, 2004.

Miceli, S. "O Conselho Nacional de Educação: esboço de análise de um aparelho do Estado, 1931-1937". *In*: *Revolução de 30. Seminário Internacional.* Brasília: Editora Universidade de Brasília, 1982, pp. 399-435.

Monteiro, J. V. e Cunha, L. R. A. "A organização do planejamento econômico: o caso brasileiro". *Pesquisa e Planejamento Econômico*. Repositório do Conhecimento do IPEA: Rio de Janeiro, ano 3, nº 4 (1973), pp. 1045-1064. Disponível em: <http://repositorio.ipea.gov.br/handle/11058/6579>. Acesso em: 30 set. 2015.

Monteiro, J. V. e Cunha, L. R. A. "Alguns aspectos da evolução do planejamento econômico no Brasil (1934-1963)". *Pesquisa e Planejamento Econômico*. ano 4, nº 1 (1974), pp. 1-23. Disponível em: < http://repositorio.ipea.gov.br/handle/11058/6567>. Acesso em: 19 out. 2022.

Moraes, R. C. C. *Estado, desenvolvimento e globalização*. São Paulo: UNESP, 2006.

Novelli, J. M. N. *Burocracia, dirigentes estatais e idéias econômicas: o caso do Banco Central do Brasil (1965-1998)*. Universidade Estadual de Campinas, 1999.

Nunes, E. *A gramática política do Brasil: clientelismo e insulamento burocrático*. Rio de Janeiro; Brasília: Jorge Zahar; ENAP, 1997.

Olivieri, C. "Política, burocracia e redes sociais: as nomeações para o alto escalão do Banco Central do Brasil". *Revista de Sociologia e Política*. Scielo Brasil: Curitiba, ano 29, (2007), pp. 147-168. Disponível em: <https://doi.org/10.1590/S0104-44782007000200011>. Acesso em: 19 out. 2022.

Paiva, C. H. A. "A burocracia no Brasil: as bases da administração pública nacional em perspectiva histórica (1920-1945)". *História*. Scielo Brasil: São Paulo, ano 28, nº 2 (2009), pp. 775-796. Disponível em: http://www.scielo.br/pdf/his/v28n2/27.pdf. Acesso em: 19 ago. 2013.

Palotti, P. L. de M. e Cavalcante, P. L. C. "Estratégias de Nomeações Ministeriais: entre a política e as políticas públicas". *Revista de Sociologia e Política*. Scielo Brasil: [*S.l.*], ano 27, nº 70, (2019), pp. 1-20. Disponível em: <https://doi.org/10.1590/1678987319277001>. Acesso em: 19 out. 2022.

Perissinotto, R. *Ideas, burocracia e industrialización en Argentina y Brasil*. Buenos Aires: Lenguaje claro, 2021.

Perissinotto, R., Codato, A. e Gené, M. (2020) "Quando o contexto importa: análise do turnover ministerial na Argentina e no Brasil após a redemocratização". *Revista Brasileira de Ciências Sociais*. Scielo Brasil:

[*S.l.*], ano 35, nº 104 (2020), p. e3510412. Disponível em: <https://doi.org/10.1590/3510412/2020>. Acesso em: 19 out. 2022.

Praça, S., Freitas, A. e Hoepers, B. "A rotatividade dos servidores de confiança no governo federal brasileiro, 2010-2011". *Novos Estudos CEBRAP*. Scielo Brasil: São Paulo, ano 94 (2012), pp. 91-107. Disponível em: <https://doi.org/10.1590/S0101-33002012000300004>. Acesso em: 19 out. 2022.

Resende, W. D. C. e Nassif, M. E. "Aplicação da lei de acesso à informação em portais de transparência governamentais brasileiros". *Encontros Bibli: revista eletrônica de biblioteconomia e ciência da informação*. Florianóplois, ano 20, nº 42 (2015), pp. 1-16. Disponível em: <https://doi.org/10.5007/1518-2924.2015v20n42p1>. Acesso em: 19 out. 2022.

Santos, L. A. "Burocracia profissional e a livre nomeação para cargos de confiança no Brasil e nos EUA". *Revista do Serviço Público*. Brasília, ano 60, nº 1, (2009), pp. 5-28. Disponível em: <https://doi.org/10.21874/rsp.v60i1.8>. Acesso em: 19 out. 2022.

Schmitter, P. C. *Interest Conflict and Political Change in Brazil*. Stanford: Stanford University Press, 1971.

Schneider, B. R. *Burocracia pública e política industrial no Brasil*. São Paulo: Sumaré, 1994.

Silva, F. A. R. *Avaliação do setor público na economia brasileira: estrutura funcional da despesa*. Rio de Janeiro: IPEA/INPES, 1974.

Silva, F. A. R. da *et al. Aspectos da participação do governo na economia*. Rio de Janeiro: IPEA/INPES, 1976. Disponível em: <http://repositorio.ipea.gov.br/handle/11058/7874>. Acesso em 9 nov. 2022.

Silva, R. "Planejamento econômico e crise política: do esgotamento do plano de desenvolvimento ao malogro dos programas de estabilização". *Revista de Sociologia e Política*. Scielo Brasil: Curitiba, ano 14 (2000), pp. 77-101. Disponível em: <https://doi.org/10.1590/S0104-44782000000100005>. Acesso em: 19 out. 2022

Soares, N. C. R. *A presença e o comportamento de políticos oriundos da burocracia do setor público na Câmara dos Deputados nas 51ª e 52ª legislaturas*. Universidade do Legislativo Brasileiro; Universidade Federal de Mato Grosso do Sul, 2008.

Souza, N. M. "O planejamento econômico no Brasil: considerações críticas". *Revista de Administração Pública*. Scielo Brasil: Rio de Janeiro, ano 18, nº 4 (1984), pp. 25-71. Disponível em: <https://bibliotecadigital.fgv.br/ojs/index.php/rap/article/view/10405>. Acesso em: 19 out. 2022.

Tokumoto, A., Dias, R., Dantas, E. G. e Perissinotto, R. "Specialists and Politics: The Recruitment of Presidents and Directors of BNDES in the PSDB and PT Administrations". *Brazilian Political Science Review*. Scielo Brasil: [*S.l.*], ano 15, nº 2 (2021), pp. 1-30. Disponível em: <https://doi.org/10.1590/1981-3821202100020005>. Acesso em: 19 out. 2022.

Vasselai, F. "Nomeações ministeriais e importância partidária na democracia de 1946-64: análises comparativas em relação à democracia atual". *Perspectivas*. São Paulo, ano 35, pp. 173-210. Disponível em: https://periodicos.fclar.unesp.br/perspectivas/article/view/2292/1860. Acesso em: 19 out. 2022.

Venancio Filho, A. *A intervenção do Estado no domínio econômico: o Direito público econômico no Brasil.* Rio de Janeiro: Fundação Getúlio Vargas, 1968

Vianna, M. L. T. W. *A administração do "milagre": o Conselho Monetário Nacional (1964/1974)*. Petrópolis: Vozes, 1987.

Villela, A. V. *Empresas do governo como instrumento de política econômica: os sistemas SIDERBRÁS, ELETROBRÁS, PETROBRÁS e TELEBRÁS*. Rio de Janeiro: IPEA/INPES, 1984.

Wahrlich, B. M. de S. *Reforma administrativa na era de Vargas*. Rio de Janeiro: Editora FGV, 1983.

1.

OS DIRETORES DO BANCO CENTRAL SOB O PSDB E O PT[1]

Adriano Codato, Marco Cavalieri, Renato Perissinotto, Eric Gil Dantas

Na literatura econômica, a discussão sobre a ação dos Bancos Centrais é enorme. Essa variedade compreende tanto trabalhos teóricos como empíricos, tais como os que discutem o uso de instrumentos de política monetária ou o papel regulatório da agência, a gestão de crises financeiras e há mesmo histórias institucionais de Bancos Centrais específicos. Em cada tópico, Bancos Centrais são debatidos pela Ciência Econômica a partir de perspectivas teóricas e metodológicas diferentes. Contudo, é mais incomum investigações sistemáticas sobre Bancos Centrais nas áreas de Ciência e Sociologia Política. Nesse registo, eles são analisados como instituições de governo onde burocracias estáveis e especializadas, supervisionadas ou comandadas por elites políticas, possuem o poder sobre decisões que influenciam toda a sociedade (inflação de preços, juros, câmbio, desenvolvimento econômico etc.).

Grosso modo, podemos dividir a literatura de Ciência Política em duas grandes áreas de interesse.

---

[1] Publicado originalmente em inglês como: Codato, A., Cavalieri, M., Perissinotto, R. e Dantas, E. G. "Economic mainstream and power: a profile analysis of Central Bank directors during PSDB and PT governments in Brazil". *Nova Economia*. Scielo Brasil: [*S.l.*], ano 26, nº 3 (2016), pp. 687-720. Disponível em: < https://doi.org/10.1590/0103-6351/2845>. Acesso em: 29 out. 2022.

De um lado, existem trabalhos que discutem se Bancos Centrais podem, ou devem, possuir mecanismos de *accountability* horizontal diante de outras divisões mais políticas dos governos (ministérios, a Presidência, o Presidente, comissões parlamentares, o Senado etc.); ou se devem ter algum tipo de mecanismo de *accountability* vertical em relação à sociedade[2]. Nesse domínio, como observam Sola, Garman e Marques, trata-se de saber a quem os banqueiros centrais devem prestar contas (2002, p. 121). Dessa questão deriva o debate sobre autonomia decisória dos Bancos Centrais em poliarquias institucionalizadas[3].

Por outro lado, há sociografias descritivas dos governadores dos Bancos Centrais que investigam as formações acadêmicas, carreiras no governo, no mercado e/ou em agências internacionais desses agentes antes de serem recrutados para a autoridade monetária[4]. Dessas pesquisas sobre o perfil dos indivíduos que integram diretorias e presidências dos Bancos Centrais derivam os debates sobre laços ou redes de interesses econômicos e sociais nos quais eles estão implicados. Este capítulo contribui com novas informações e análises para essa segunda perspectiva. As conclusões, contudo, podem servir de subsídio para o debate sobre a questão central que empolga pesquisadores da primeira área (controles sobre Bancos Centrais autônomos). Não é muito razoável discutir graus de independência funcional de uma instituição de governo sem conhecer a quem se deve dar autonomia.

Este ensaio descreve e analisa o *background* educacional dos dirigentes do Banco Central do Brasil (BC) comparando os retratos das equipes que serviram nos governos FHC I (1995-1998), FHC II (1999-2002), Lula I (2003-2006), Lula II (2007-2010) e Dilma I

---

[2] "*Accountability*" é um termo em inglês amplamente utilizado na literatura e que significa responsabilização. Ele designa mecanismos ou processos de controle e prestação de contas por parte dos gestores públicos das suas ações, seja para outros órgãos do Estado, seja para a sociedade civil.

[3] Ver Sola, Garman e Marques (2002), Raposo (2011) e Albuquerque (2008). Sobre a questão da independência dos Bancos Centrais, ver o capítulo 3 deste livro e Dantas (2019).

[4] Ver (Loureiro, 1992; Novelli, 1999; Olivieri, 2007; Farvaque, Hammadou e Stanek, 2009; Lebaron, 2010; Adolph, 2013).

(2011-2014). Além disso, verificamos se existe algum padrão entre a natureza das diretorias do BC – diretorias mais ligadas à formulação de políticas econômicas e diretorias mais ligadas a questões de gestão interna e administrativa – e o perfil dos seus membros. O trabalho não apenas pretende inovar atualizando informações e ampliando análises anteriores dos perfis dos diretores do Banco Central do Brasil, mas também busca olhar mais detidamente a filiação dos atores envolvidos na gestão do BC a tendências do pensamento econômico a partir de suas respectivas formações universitárias em Economia. Para Göhlmann e Vaubel (2007) e Farvaque, Hammadou e Stanek (2009), tanto o *perfil profissional* como o tipo de *formação intelectual* recebido nas faculdades de Economia implicam em filiação a tendências do pensamento econômico ora menos, ora mais conservadoras em termos de tolerância à inflação. Partindo do fato de que a academia brasileira tem uma pluralidade *sui generis* em termos de preparações e filiações a escolas do pensamento econômico, adicionamos aqui a literatura do campo da metodologia da Economia para prever orientações teóricas dos diretores do Banco Central, se mais *mainstream* e ortodoxa ou mais heterodoxa. Incorporar essa temática aos estudos de Ciência Política, assim como trazer para os estudos de Economia a ênfase sobre o perfil dos dirigentes da autoridade monetária, é uma forma de constituir um campo multidisciplinar que pode representar um avanço para a literatura de ambas as áreas.

Testamos a suposição segundo a qual o perfil dos membros do Banco Central do Brasil varia significativamente de acordo com a responsabilidade funcional das diretorias que ocupam, isto é, se são responsáveis pela formulação de política econômica ou por questões internas, principalmente de caráter organizacional. Para ser mais específico, a nossa hipótese sugere que no caso das diretorias responsáveis pela política econômica do governo, seus diretores tendem a ser recrutados fora dos quadros do Banco, principalmente no sistema financeiro, e serem formados predominantemente em escolas do *mainstream* econômico. Ao contrário, para as diretorias responsáveis por assuntos internos, os seus diretores tendem a ser recrutados entre os quadros concursados do próprio BC, no caminho do que já sugeriu Olivieri (2007).

O capítulo está dividido em quatro partes. A primeira resume e discute a literatura de Ciência Política disponível até aqui sobre dirigentes de Bancos Centrais, incluindo os dados de pesquisas anteriores sobre o assunto no Brasil. Logo depois, apresentamos nossos dados sobre as trajetórias profissionais dos diretores do BC. Na terceira parte, focalizamos mais detidamente os seus *backgrounds* educacionais. Essa seção inicia-se com uma recensão da literatura do campo da metodologia da Economia para apoiar a classificação das instituições de ensino de Economia (*mainstream* ou não) cursadas pelos diretores do Banco no Brasil e no exterior. Utilizamos dados de *rankings* e estudos empíricos sobre perfis de departamentos de Economia e a produção científica de economistas para suportar nossas classificações. Na seção final, expomos os achados da pesquisa e debatemos o seu significado. Analisamos aqui, calcados em base de dados inédita, os atributos de 39 diretores do Banco Central do Brasil em cinco governos, dos quais 21 serviram nas administrações do PT, em doze anos de comando sobre a instituição, e 18 nos governos do PSDB, em oito anos[5].

A pesquisa dos perfis biográficos dos diretores do Banco Central do Brasil foi feita nos currículos disponíveis no *Diário do Senado Federal* e no seu banco de Mensagens Oficiais, disponibilizados pela Secretaria Especial de Editoração e Publicações. Após a Constituição de 1988, o Senado deve aprovar as indicações do Presidente da República dos presidentes e dirigentes do BC (Artigos 52 e 84). Apenas alguns poucos casos estudados exigiram outras fontes, como notas na imprensa, a plataforma de currículos *Lattes* do CNPq, documentos de Comissão

---

[5] Nesse intervalo de tempo (1995-2014), muitos desses gestores foram nomeados para mais de uma diretoria. Consideramos aqui apenas a primeira nomeação. Nesse sentido, os cinco diretores que foram indicados para o BC durante o governo Itamar Franco (ministros da Fazenda: Fernando Henrique Cardoso e Eliseu Resende), e continuaram no primeiro governo de Cardoso, foram computados para esse último. Há o caso de quatro diretores que são nomeados no segundo governo Cardoso e permanecem poucos meses em alguma diretoria no primeiro governo Lula. Apenas um dirigente, nomeado em 1997, ficou até 2006 (governos do PSDB e do PT, respectivamente).

Parlamentar de Inquérito da Câmara dos Deputados e relatórios anuais sobre doutoramentos nos Estados Unidos elaborados pela *American Economic Association.*

1. Dirigentes dos Bancos Centrais: um resumo bibliográfico

1.1. Origens profissionais e decisões econômicas: a literatura internacional

Em *Bankers, Bureaucrats, and Central Bank Politics,* Adolph (2013), ao analisar o processo de recrutamento de *policy makers* de Bancos Centrais ao redor do mundo, trata da influência que as carreiras anterior e posterior ao ingresso nessas instituições tem sobre a formação das preferências individuais e, consequentemente, sobre a formulação da política monetária. Há basicamente duas fontes de recrutamento desses dirigentes, o setor financeiro e o governo. Os Bancos Centrais normalmente são estágios de passagem entre um e outro. Para Adolph, estudos de "trajetórias de carreira nos informam onde esses agentes estiveram e para onde eles provavelmente irão" (2013, p. 15). Daí as constantes mudanças entre temporadas na administração pública e no mercado financeiro com passagens pelos Bancos Centrais.

Perfis profissionais de dirigentes estatais são elementos de análise para apreender o funcionamento de instituições de governo e para estimar o sentido de suas decisões. Carreiras com origem exclusiva no "Estado" (i.e., na burocracia pública) ou no "mercado" (no setor financeiro e de negócios em geral) são decisivas para se entender a natureza das deliberações fundamentais dos Bancos Centrais e os graus de autonomia que desfrutam. A circulação constante dos dirigentes entre o Estado e o mercado explicaria, em parte, o comportamento dos Bancos Centrais em relação à política monetária, por exemplo. Por isso, segundo Adolph,

> "Para entendermos as preferências dos banqueiros centrais sobre política monetária devemos começar por suas trajetórias profissionais e

pelas preocupações com a própria carreira. O histórico profissional de um banqueiro central pode influenciar crenças pessoais sobre o *tradeoff* ideal entre inflação e estabilidade, ao mesmo tempo em que embasa uma negociação: o *shadow principal* fornece o futuro emprego para o banqueiro central em nome de influenciar as decisões desse último no presente" (Adolph, 2013, pp. 27-28).

Para Adolph (2013), planos de carreiras dos dirigentes de Bancos Centrais, o desejo de progredir, de ser bem-sucedido e obter reconhecimento profissional, podem influenciar indiretamente suas preferências teóricas e suas decisões em matéria de política econômica. A perspectiva de ascensão, seja dentro da organização, seja para outra instituição, pública ou privada, cria um incentivo para agradar não só seus superiores diretos, mas qualquer um que possa ajudar em seu êxito profissional e pessoal futuro[6].

Ao lado disso, tipos de estudos universitários e *background* ocupacional são fatores que também induzem políticas adotadas pelos dirigentes dos Bancos Centrais. Ao analisarem a *origem profissional* e a *formação intelectual* dos membros dos conselhos dos BCs (órgãos equivalentes às diretorias do Banco Central do Brasil) em dez países da Europa, nos Estados Unidos e no Banco Central Europeu, Göhlmann e Vaubel enfatizaram que essas duas variáveis poderiam explicar tanto a *performance* desses Bancos Centrais diante da inflação, como a formação de lealdades pessoais com determinados grupos de interesses, fossem eles um partido, uma burocracia, um setor da economia, um grupo de renda etc. (2007, p. 926).

O estudo de Farvaque, Hammadou e Stanek (2009), feito com 175 presidentes de nove Bancos Centrais entre 1999 e 2008, mostrou de forma convincente que o tipo de experiência profissional (no setor privado, na academia ou na burocracia do próprio Banco Central) dos integrantes dos comitês de política monetária dos principais países da Organização para a Cooperação e Desenvolvimento Econômico (OCDE), e mesmo o sexo do dirigente, se homem ou mulher, também

[6] Tratamos desse ponto com mais detalhes no capítulo 2 deste livro.

impactam decisões relativas a mecanismos de controle da inflação de preços. Os autores descobriram que há predomínio de diferentes tipos de conselheiros nesses comitês. O conselho do Banco Central Europeu é dominado por "economistas do setor público", enquanto na Austrália o predomínio é de "economistas do setor privado" e no Banco do Canadá de "banqueiros centrais" (isto é, agentes provenientes da própria instituição).

Lebaron (2010) acrescentou a essa discussão o impacto que experiências biográficas distintas têm sobre escolhas políticas, disposições cognitivas e diferenças culturais. Segundo ele, "os comportamentos dos Bancos Centrais são explicados, pelo menos em parte, pelas características dos membros de seus comitês, o tipo de ativos sociais que acumularam e as disposições [subjetivas] que acompanham esses ativos" (Lebaron 2010, p. 298). Ele revelou um aumento do recrutamento endógeno aos Bancos Centrais desde a década de 1980, sugerindo que isso teria a ver com a valorização da independência dessas agências diante dos mercados financeiros.

Todavia, estudos não consideraram a formação dos atores envolvidos em termos de filiação a correntes do pensamento econômico de modo mais sistemático, apenas analisam se há formação específica em Economia ou se ela foi feita em outras especialidades. Duas ordens de considerações nos levam a pensar que esse esquema simples de análise necessita aprimoramento. Primeiro, a Ciência Econômica e, em especial, os estudos de Macroeconomia e/ou Economia Monetária dividem-se em diversas correntes, entre as quais encontram-se várias posições diferentes a respeito da inflação e da "boa" atuação dos Bancos Centrais. Há uma divisão que separa o *mainstream* das abordagens heterodoxas em Economia. Porém, no próprio *mainstream* existem divergências. Esse último aspecto será deixado de lado aqui, justamente em razão da segunda consideração. É preciso ter em consideração que no Brasil há uma pluralidade intelectual e institucional *sui generis* no ensino universitário de Economia. Nas escolas de graduação e pós-graduação, diferentes perspectivas são aprendidas, em um quadro completamente oposto ao da academia norte-americana e europeia. Dessa maneira, separar os economistas formados em escolas estritamente *mainstream* dos que travaram contato – principalmente em nível de pós-graduação – com correntes que se opõem a elas é de especial interesse para compreender o caso nacional. No Brasil, além da escolha de dirigentes do BC poder ser feita entre economistas e não economistas, os primeiros podem ser selecionados em um *pool* mais amplo dentro do espectro método-teoria da Economia.

1.2. A lógica de seleção dos diretores do Banco Central do Brasil

Loureiro (1997), Novelli (1999) e Olivieri (2007) analisaram o perfil e a origem dos diretores do Banco Central do Brasil em distintos períodos, além do tipo de recrutamento predominante, formação acadêmica e construção de redes sociais nos processos seleção e indicação para o posto.

Loureiro (1997) reconstruiu a origem tanto de diretores como de presidentes do BC desde sua criação até 1995. Tomando apenas o caso dos diretores, ela demonstra que entre 1965, o primeiro ano de funcionamento da agência, e 1995, dos 50 diretores que passaram pelo Banco, 28% eram acadêmicos, 26% tinham origem na iniciativa privada, enquanto 46% foram recrutados dentro da própria instituição, em sua burocracia. Destes, 64% possuíam pós-graduação, sendo quase a metade (43,7%) nos Estados Unidos.

Esses dados, se tomados em um nível muito agregado, tendem a esconder a mudança no perfil dos diretores que serviram nos diferentes governos após o regime ditatorial-militar. Novelli observou que

> "dos 73 diretores que passaram pelo BC desde o governo Figueiredo, nota-se que 30 deles (41%) – independentemente de onde tenham iniciado sua carreira – apresentaram algum vínculo com o sistema financeiro privado. Os diretores que tinham este vínculo representavam, no governo Figueiredo, três (25% do total); na 'equipe' escolhida pelo presidente eleito Tancredo Neves, cinco (62%); no Governo Sarney, nove (43%); no Governo Collor, cinco (50%); no Governo Itamar Franco, cinco (38%); e no Governo Fernando Henrique, três (33%)" (1999, p. 118).

O governo Figueiredo marcou uma mudança decisiva nos quadros do Banco Central brasileiro. Eles deixaram de ser funcionários do Banco do Brasil cedidos à Superintendência da Moeda e do Crédito e houve um crescimento importante do que Loureiro (1997) chamou de "iniciativa privada" no Banco e Novelli (1999) precisou como sendo agentes na realidade oriundos do sistema financeiro privado.

Olivieri (2007) deu um passo adiante nessas pesquisas ao sugerir uma explicação para a lógica do processo de nomeação burocrática do Banco Central do Brasil e para a seleção dos seus diretores. Seu estudo reconstruiu o perfil de 13 presidentes e 55 comandantes do BC de 1985 a 2000, dividindo as diretorias em duas categorias: (*i*) diretorias de políticas monetária e cambial[7]; e (*ii*) diretorias de fiscalização, normatização e administração[8]. As primeiras seriam responsáveis pela elaboração de fato de políticas econômicas e, por isso, estariam ligadas informalmente à própria Presidência da República, que se interessaria pela indicação dos seus comandantes diretamente. Já as segundas estariam mais envolvidas com as atividades de fiscalização e normatização bancária e com assuntos organizacionais internos do próprio Banco Central. Essas teriam mais autonomia política e administrativa em relação ao Executivo.

Conforme Olivieri (2007, p. 154), os *policymakers* da diretoria de políticas monetária e cambial vieram, em sua maioria, de fora do Banco Central, tanto do sistema financeiro, quanto de instituições de ensino, compondo 78% do total (25 de 32 indivíduos). Já no caso dos diretores de Fiscalização, de Normas e de Administração, a maioria foi recrutada entre o corpo funcional do próprio BC (75% das ocorrências ou 18 dos 24). No total, entre 1985 e 2000, 56% dos diretores foram recrutados fora do BC, enquanto os outros 46% eram burocratas concursados, mas com essa diferença decisiva entre fonte de origem e tipo de diretoria

[7] Inclui as diretorias Bancária (Diban), de Mercado de Capitais (Dimec), da Área Externa (Direx), de Política Monetária (Dipom) e de Política Econômica (Dipec).

[8] Inclui as diretorias de Fiscalização (Difis), de Administração (Dirad) e de Normas (Dinor).

ocupada. Olivieri analisou também as redes sociais responsáveis por selecionar os diretores do BC, destacando alguns ex-presidentes da República, ex-presidentes do próprio Banco e ex-ministros da Fazenda como detentores do maior poder de indicação. Podemos concluir que o BC pode ter critérios diferentes para o preenchimento das suas diferentes diretorias, informação que se perde quando tratamos o corpo de dirigentes da instituição de maneira agregada (Loureiro, 1997; Novelli, 1999).

No entanto, a análise da trajetória profissional (as *fontes de recrutamento*) não esgota o estudo das variáveis envolvidas no processo de investidura dos diretores de Bancos Centrais. Uma visão mais complexa desse processo exige levar em consideração também o papel que a *educação universitária* e as *ideias econômicas* dominantes podem vir a desempenhar na formação dos administradores, nas *expertises* que desenvolvem e na visão sobre a economia que põem em prática no seu trabalho no Banco. Quanto a esse ponto, Loureiro (1997) classifica duas escolas mais frequentes no treinamento dos dirigentes do BC – a Fundação Getúlio Vargas (isto é, a Escola de Pós-graduação em Economia, EPGE) do Rio de Janeiro e a PUC-Rio (mais especificamente, seu Departamento de Economia) – como privatistas e próximas aos interesses dos bancos privados.

> "Em termos de diferenciação das estratégias profissionais, o polo constituído pela EPGE e pela PUC-Rio pode ser denominado 'privatista', não só pelo fato de os dois centros serem estabelecimentos de ensino privado, mas sobretudo por valorizarem teoricamente o papel do mercado no sistema econômico. Além disso, também por estabelecerem laços estreitos com empresas privadas, particularmente com bancos, onde [seus integrantes] são consultores" (Loureiro, 1997, pp. 76-77).

Essa anotação é importante para verificarmos se essas duas instituições ainda são, hoje, centrais no processo de recrutamento para o Banco. Loureiro não se apoia em nenhuma análise específica de visões de Economia para fazer a separação entre *backgrounds* educacionais. Suas conclusões sobre a EPGE-FGV e o Departamento de

Economia da PUC-Rio parecem estabelecer uma conexão automática entre treinamento intelectual em instituições de ensino privadas, o tipo de educação em Economia aí adquirido e as credenciais de seleção para a direção do BC. Neste capítulo, nós avançamos os critérios de classificação, que não se limitam a variáveis do tipo "formação ou não em Economia", frequentação de "instituição de ensino particular ou estatal", mas que discute em detalhe o tipo de *background* em Economia à luz da literatura sobre metodologia da Economia.

Na seção seguinte, trataremos dos perfis de recrutamento dos diretores do BC nomeados nos governos do PSDB (1995-2002) e do PT (2003-2014), analisando o setor de origem e a natureza da diretoria que cada perfil de dirigente tende a ocupar. Na terceira seção aprofundamos a discussão a respeito de escolas de Economia, instituições de ensino superior e pós-graduação e fortunas intelectuais.

2. As origens profissionais dos diretores do Banco Central do Brasil

O Quadro 1 apresenta o número de diretores do Banco Central do Brasil que foram nomeados desde os anos 1990 e que serviram respectivamente nos governos FHC I e II, Lula I e II e Dilma I. Foram considerados todos os 39 indivíduos que passaram ao menos uma vez pelas diretorias do BC. Desse total de 39, 21 foram indicados pelo PT em 12 anos de governo (2003-2014), e 18 pelo PSDB, incluídos aqui aqueles que foram nomeados no governo Itamar Franco, mas que seguiram no Banco nos governos de Cardoso.

O primeiro governo Lula (2003-2006) foi o que escolheu mais diretores em toda a série considerada (dez), um a mais que o segundo governo Cardoso. No caso de Lula I, isso se deve à troca de partido na Presidência da República e, consequentemente, à troca de comando na presidência do BC, além da passagem de dois ministros da Fazenda (Antonio Palocci e Guido Mantega) com perfis distintos, mudando a direção da política de governo (Barbosa e Souza, 2010; Morais e Saad-Filho, 2011). O governo Dilma I foi o que menos nomeou, apenas

Quadro 1. **Número de diretores nomeados para o Banco Central do Brasil conforme o partido dominante no governo, o Presidente da República e o Ministro da Fazenda**

<table>
<tr><th>Partido</th><th>Presidente da República</th><th>Ministros da Fazenda</th><th>Nº de diretores nomeados</th><th>% do total</th><th>Total</th></tr>
<tr><td rowspan="5">PMDB</td><td rowspan="5">Itamar (1992-1995)</td><td>Paulo Haddad (16/12/1992-1/3/1993)</td><td>0</td><td rowspan="5">12,8</td><td rowspan="5">5</td></tr>
<tr><td>Eliseu Resende (1/3/1993- 19/5/1993)</td><td>2</td></tr>
<tr><td>Fernando H. Cardoso (19/5/1993-30/3/1994)</td><td>3</td></tr>
<tr><td>Rubens Ricupero (30/3/1994-6/7/1994)</td><td>0</td></tr>
<tr><td>Ciro Gomes (6/7/1994-1/1/1995)</td><td>0</td></tr>
<tr><td rowspan="2">PSDB</td><td>FHC I (1995-1998)</td><td rowspan="2">Pedro Malan (1/1/1995-1/1/2003)</td><td>4</td><td rowspan="2">33,3</td><td rowspan="2">13</td></tr>
<tr><td>FHC II (1999-2002)</td><td>9</td></tr>
<tr><td rowspan="4">PT</td><td rowspan="2">Lula I (2003-2006)</td><td>Antonio Palocci (1/1/2003-27/3/2006)</td><td>8</td><td rowspan="4">53,8</td><td rowspan="2">10</td></tr>
<tr><td rowspan="3">Guido Mantega (27/3/2006-1/1/2015)</td><td>2</td></tr>
<tr><td>Lula II (2007-2010)</td><td>8</td><td>8</td></tr>
<tr><td>Dilma I (2011-2014)</td><td>3</td><td>3</td></tr>
<tr><td colspan="5">Total geral</td><td>39</td></tr>
</table>

Fonte: Observatório de elites políticas e sociais do Brasil (UFPR).

três diretores. Isso se deveu, possivelmente, à continuidade do mesmo Ministro da Fazenda do governo Lula II (Guido Mantega), apesar da mudança na presidência do Banco Central (de Henrique Meirelles para Alexandre Tombini).

Tomando esse grupo de 39 indivíduos, pode-se dizer que o perfil dominante ou o "diretor-tipo" possui as seguintes características: a quase totalidade deles são homens (37 de 39) que entram no cargo de diretor entre os 40 e os 50 anos de idade (embora pudessem ter ingressado no próprio BC antes disso). A idade mínima registrada na investidura na função foi 35 anos e a máxima 60. Das duas mulheres, uma foi nomeada nos governos do PT, outra nos do PSDB.

Dirigentes do BC podem vir do quadro próprio da instituição, de outros órgãos da administração pública, de agências internacionais, da universidade ou do mercado financeiro. Durante o período analisado, 77% dos diretores passaram por algum órgão internacional antes de chegar ao Banco Central (Banco Mundial, FMI, PNUD etc.). Não é incomum um indivíduo ocupar mais de uma diretoria em sequência ou sair e depois voltar aos quadros de direção do Banco. Antes de tornar-se presidente na gestão de Dilma Rousseff, Alexandre Tombini passou sucessivamente por três diretorias (Dinor, Direc e Direx). Alkimar Moura serviu, entre 1994 e 1997, em duas diferentes diretorias (Dinor e Dipom).

A Tabela 1 cruza o partido no governo no momento da nomeação com a trajetória profissional de origem. Como as biografias dos diretores são muito extensas e variadas, tendo passado por várias instituições públicas e privadas, bem como instituições de vários tipos (burocráticas, governamentais, financeiras etc.), com diferentes formas de investidura (instituições públicas por concurso, agências internacionais por indicação governamental, órgão internacionais com mecanismos de recrutamento próprios), condensamos as experiências dos diretores em apenas três categorias, *governo, mercado* e *academia.* Essas categorias englobantes diminuem a especificidade das trajetórias individuais, mas, para um universo de apenas 39 indivíduos, a multiplicação de classificações implicaria numa dispersão exagerada dos dados, o que na prática inviabilizaria a determinação de tendências dominantes de perfis coletivos. Sabemos que a diversidade de setores presentes nas trajetórias de *decison-markers* desse tipo é uma característica importante das suas biografias (Marcussen, 2000 *apud* Lebaron, 2010) e esse atributo está na origem da ampla rede de contatos e influências que conseguem mobilizar inclusive para viabilizar suas próprias indicações.

Conforme estudos sobre recrutamento, consideramos apenas a origem profissional imediatamente anterior ao ingresso no Banco Central. Metodologicamente, essa opção justifica-se porque, dada a heterogeneidade das trajetórias, seria difícil formular uma medida inequívoca acerca de um único setor de origem (ou um setor de origem predominante) em comparação com a fornecida pela posição ocupada logo antes de começar na instituição. Por essa razão, essa é a alternativa seguida por vários estudos sobre elites políticas que usam a variável "setor profissional de origem" em suas análises (Daalder e Beerg, 1982; Rodrigues, 2002; Perissinotto, Codato, Braga, e Fuks, 2007). Assim, podemos perceber que, para a categoria "governo", a imensa maioria provém do próprio BC, mas também em menor medida de órgãos internacionais como o Programa das Nações Unidas para o Desenvolvimento da ONU, o Banco Mundial e o Fundo Monetário Internacional. Já em "mercado" a quase totalidade vem de empresas ligadas ao sistema financeiro, desde bancos até consultorias. Por fim, a categoria "academia" é formada por instituições universitárias, predominantemente a PUC-Rio.

Tabela 1. **Origem profissional do diretor nomeado para o Banco Central por partido pelo qual foi indicado**

<table>
<tr><th colspan="3" rowspan="2"></th><th colspan="3">Trajetória profissional anterior</th><th rowspan="2">Total</th></tr>
<tr><th>Academia</th><th>Governo</th><th>Mercado</th></tr>
<tr><td rowspan="6">Partido</td><td rowspan="3">PSDB</td><td>Nº</td><td>5</td><td>8</td><td>5</td><td>18</td></tr>
<tr><td>%</td><td>27,8%</td><td>44,4%</td><td>27,8%</td><td>100,0%</td></tr>
<tr><td>Resíduo ajustado</td><td>1,5</td><td>-0,8</td><td>-0,4</td><td></td></tr>
<tr><td rowspan="3">PT</td><td>Nº</td><td>2</td><td>12</td><td>7</td><td>21</td></tr>
<tr><td>%</td><td>9,5%</td><td>57,1%</td><td>33,3%</td><td>100,0%</td></tr>
<tr><td>Resíduo ajustado</td><td>-1,5</td><td>0,8</td><td>0,4</td><td></td></tr>
<tr><td colspan="2" rowspan="2">Total</td><td>Nº</td><td>7</td><td>20</td><td>12</td><td>39</td></tr>
<tr><td>%</td><td>17,9%</td><td>51,3%</td><td>30,8%</td><td>100,0%</td></tr>
</table>

Fonte: Observatório de elites políticas e sociais do Brasil (UFPR)

Governos do PT recrutam a maioria dos diretores nos quadros do próprio Banco (57%), seguidos pelos que são oriundos do mercado financeiro (33%) e muito pouco na universidade (9,5%). Governos do PSDB também vão buscar a maioria dos diretores entre os dirigentes da instituição (44%), mas conduzem a essas posições muito mais acadêmicos (28%) do que o PT. O PSDB escolheu um percentual menor de indivíduos oriundos do sistema financeiro do que o PT (28% contra 33,3%). Os resíduos padronizados ajustados entre os limites críticos[9] revelam que não há concentração importante de casos nas categorias profissionais. Esse achado é em alguma medida contraintuitivo, já que, no caso, governos de centro-esquerda (PT) e de centro-direita (PSDB) não se diferenciam significativamente.

A falta de associação entre o partido dominante que comanda a coalizão de governo e a procedência profissional dos diretores poderia sugerir duas coisas. Em primeiro lugar, que a manutenção da orientação geral da política econômica ("ortodoxa") entre os governos FHC II e a primeira fase do governo Lula I, ainda que tenham provocado uma substituição de indivíduos nas diretorias (como detectado pelo Quadro 1), não produziram uma mudança no diretor-tipo do BC[10]. Em segundo

---

[9] Se os resíduos padronizados ajustados se situam no intervalo entre –1,96 a 1,96 isso significa que a contagem observada dessa célula é semelhante à contagem esperada ou semelhante à média. Quando esses resíduos estão abaixo de –1,96, a célula "tem um comportamento significativamente inferior ao esperado. [...] Quando estes resíduos se situam [...] acima de 1,96 significa que essa célula tem um comportamento significativamente superior ao esperado, ou superior à média" (Pestana e Gageiro, 2008, p. 133). Assim, quanto maiores os resíduos, maior a associação (negativa ou positiva).

[10] Novelli (2010, p. 235) relata esse processo de troca de diretores, mas de manutenção da política do BC em função das origens profissionais e intelectuais dos novos titulares: "Beny Parnes, economista formado pela PUC-Rio e diretor do banco BBM, foi nomeado durante o governo Cardoso em 2002 para a Diretoria de Assuntos Internacionais e permaneceu até novembro de 2003, sendo substituído por Alexandre Schwartsman, Doutor em Economia pela University of California-Berkeley e economista-chefe de corretoras de títulos e de bancos. Schwartsman foi substituído por Paulo Vieira da Cunha, Doutor em Economia pela University of California-Berkeley, economista do Banco Mundial, do FMI e de instituições financeiras privadas (Lehman Brothers e HSBC). A diretoria de

lugar, poderia sugerir que o Banco Central do Brasil já está em estágio importante de institucionalização e, por conseguinte, de autonomia relativa diante das injunções políticas do Poder Executivo, daí o perfil uniforme. Além disso, a especialização técnica do trabalho dos bancos centrais tende a produzir e impor a necessidade de autorrecrutamento dos seus quadros dirigentes (no total, 20 diretores sobre 39 vêm do setor governo). O estudo de Lebaron com 308 dirigentes de Bancos Centrais europeus, por exemplo, mostrou que perto de 30% deles começaram suas carreiras nas próprias instituições e, no total, 40% do universo já possuía alguma experiência em Bancos Centrais (Lebaron, 2010).

Quando analisamos as trajetórias dos diretores por tipo de posição ocupada do BC, há, todavia, diferenças importantes. Como mostra a Tabela 2, nas divisões responsáveis pela formulação das linhas gerais da política econômica do governo – *Diretorias de Política Econômica, de Política Monetária, de Assuntos Internacionais e de Gestão de Riscos Corporativos* – predominam aqueles vindos do setor das finanças privadas (50%), em detrimento dos burocratas (20%) e dos acadêmicos (30%).

O contrário é válido para as diretorias não encarregadas da política econômica, em que a presença de funcionários de carreira do BC é amplamente dominante (84%), com resíduo ajustado de 4,0 (muito

---

Política Econômica foi ocupada por Afonso Bevilaqua, professor da PUC-Rio, Doutor em Economia pela University of California-Berkeley e consultor de instituições financeiras multilaterais. Bevilaqua foi substituído por Mario Mesquita, Doutor em Economia pela University of Oxford (Reino Unido), economista do FMI e de instituições financeiras privadas (ABN AMRO), que também acumula o cargo de Diretor de Estudos Especiais desde junho de 2006. A Diretoria de Política Monetária foi ocupada por Luiz Augusto Candiota, economista formado pela PUC-Rio e ex-diretor do Citibank. Foi substituído por Rodrigo Azevedo, Doutor em Economia pela University of Illinois e ex-Diretor do Credit Suisse First Boston. A Diretoria de Estudos Especiais foi ocupada por Eduardo Loyo, economista formado pela PUC-Rio e com doutorado em Economia pela Universidade de Princeton. Foi substituído por Alexandre Tombini, funcionário de carreira do BC, que ocupava o cargo de assessor sênior do Brasil no Fundo Monetário Internacional (FMI)".

acima de limite crítico de 1,96). Os testes mostraram uma associação moderadamente forte entre as variáveis (V de Cramer = 0,642 e *p* valor < 0,000).

Tabela 2. **Origem profissional do diretor nomeado para o Banco Central do Brasil por tipo de diretoria ocupada**

			Trajetória profissional anterior resumida			**Total**
			Academia	**Governo**	**Mercado**	
Diretorias de formulação de política econômica	Não	Nº	1	16	2	19
		%	5,3%	84,2%	10,5%	100,0%
		Resíduo ajustado	-2,0	4,0	-2,7	
	Sim	Nº	6	4	10	20
		%	30,0%	20,0%	50,0%	100,0%
		Resíduo ajustado	2,0	-4,0	2,7	
Total		N	7	20	12	39
		%	17,9%	51,3%	30,8%	100,0%

Fonte: Observatório de elites políticas e sociais do Brasil (UFPR)

3. Linhagens econômicas e trajetórias intelectuais dos diretores

Agora cabe saber se há alguma associação entre formações em escolas de orientação *mainstream* em Economia e a indicação para dirigir uma diretoria do Banco Central do Brasil. Nosso objetivo é investigar as formações intelectuais dos indivíduos e os tipos de diretorias controladas preferencialmente por eles, e não possíveis relações entre a formação recebida em Economia e as preferências teóricas ou as decisões de política econômica.

Antes de apresentarmos os dados referentes a esse ponto, é necessário discutir os conceitos de *mainstream*, ortodoxia, heterodoxia e mesmo de Economia neoclássica.

Uma novidade deste estudo em relação a outros sobre diretores do BC é apoiar-se em uma literatura do campo da metodologia da Economia para categorizar o *background* educacional dos economistas que atuaram no Banco. Apesar de apenas o conceito de *mainstream* ser utilizado para a categorização dos diretores estudados, é importante discorrer sobre os demais conceitos por três razões. Primeiro, porque *mainstream* muitas vezes é utilizado de maneira intercambiável com a noção de "ortodoxia" econômica. Essa confusão, nomeadamente quando se trata de orientações a respeito das políticas monetária e de combate à inflação, deve ser evitada[11]. Aqui, "ortodoxia" não se refere a políticas de caráter restritivo a respeito de contenção da inflação, mas é usada do ponto de vista método-teórico, como definido em seguida. Depois, há de se considerar também que na academia brasileira as abordagens heterodoxas estão bastante presentes, sendo um importante contraponto no debate sobre condução da atuação do BC, sobretudo no âmbito universitário. Finalmente, as escolas afeitas ao *mainstream* são definidas em função do que pesquisam e ensinam. Boa parte desse ensino é de teoria neoclássica, o que constitui, como tratado abaixo, a ortodoxia tal como definida hoje. Escolas não *mainstream* podem ensinar Economia neoclássica, mas incluem a possibilidade de se estudar Economia heterodoxa.

3.1. Sobre os conceitos de mainstream, ortodoxia e heterodoxia

Há uma discussão relativamente importante nas áreas de metodologia da Economia e de história do pensamento econômico sobre o significado dos termos "*mainstream*", "ortodoxia" e "heterodoxia".

[11] Esses conceitos de *mainstream* e ortodoxia procuram ser definições para a Ciência Econômica, o que lhes dá um caráter mais *metodológico*. No estudo da economia brasileira, é bastante comum ligar as categorias de ortodoxia e heterodoxia às políticas de combate à inflação. Esses usos são encontrados, por exemplo, em Andrade, Mollo e Silva (1998), Fonseca (2010) e Giambiagi, Villela, Castro e Hermann (2011).

Dentre as várias contribuições dessa literatura, Colander, Holt e Rosser Jr. (2004), Dequech (2007) e Dequech (2014), especificamente para o caso do Brasil, partem de uma distinção fundamental entre ortodoxia e *mainstream*.

Para Colander, Holt e Rosser Jr. (2004) *mainstream* deve ser definido como o conjunto de ideias que a elite da profissão entende como aceitáveis, considerando a "elite da profissão" o grupo formado pelos economistas líderes das escolas de pós-graduação mais importantes no mundo ("*leading economists in the top graduate schools*"). Como as escolas de pós-graduação são, para o contexto acadêmico, uma espécie de centro irradiador de onde o conhecimento que domina na academia é espraiado e reproduzido, essa elite também domina instituições estratégicas como periódicos científicos e associações acadêmicas. Assim, embora o *mainstream* seja um conjunto de ideias, ele é principalmente um conjunto de ideias aceitas como mais legítimas em determinado círculo de cientistas. Portanto, *mainstream*, mais do que uma corrente intelectual, é uma força social e é nesse sentido que o termo deve ser usado (Colander, Holt e Rosser Jr., 2004, p. 490)[12].

Dequech ampliou essa definição, tornando-a mais operacional e menos normativa, já que menos centrada na ideia de hierarquia que a expressão "elite da profissão" trai: "a economia *mainstream* é aquela que é ensinada nas universidades e faculdades mais prestigiadas, é publicada nas revistas mais prestigiadas, recebe fundos das mais importantes fundações de pesquisa e ganha os prêmios mais prestigiados" (Dequech, 2007, p. 281). Dessa forma, as teorias e técnicas ensinadas no nível de graduação nessas instituições formariam o *mainstream* da Economia em um dado momento do tempo. Poderíamos dizer, então, que ele compreende as teorias, técnicas e temas de fronteira manejados pela elite da profissão e, em adição a isso, aquilo que as instituições mais prestigiadas ensinam em seus níveis fundamentais. Adicionalmente,

---

12 É importante para esses autores a noção de fronteira da Economia (*edge of economics*), isto é, o conjunto de trabalhos que sinalizam, em um dado momento, os rumos da Ciência Econômica, os desenvolvimentos mais avançados, em geral levados a cabo por membros da elite citada acima (Colander, Holt e Rosser, 2004).

Dequech inclui na definição do termo os professores e/ou pesquisadores que, apesar de não estarem em uma escola que faça parte do círculo de elite da profissão, ensinam ou realizam pesquisas dentro das ideias da corrente dominante. A ênfase na formalização matemática, ou mais do que isso, na necessidade dela, seria a grande semelhança que realmente estaria presente em todo o *mainstream* (Dequech, 2007)[13]. Colander, Holt e Rosser Jr. (2004), notando que o *mainstream* é aberto a novas ideias, mas não a novas metodologias, afirmam que para a elite da disciplina "se não for modelado, não é economia, não importa o quão perspicaz seja". Seguindo essas modelagens matemáticas, há a aplicação de técnicas empíricas que combinem com tal abordagem.

Como Colander, Holt e Rosser Jr. (2004) admitem, as mudanças na fronteira do conhecimento econômico não são súbitas, mas graduais. Assim, o ensino fundamental da ciência econômica continua transmitindo os princípios básicos da disciplina (o *mainstream*), enquanto nas zonas mais avançadas algumas ideias podem estar em contradição com esses mesmos princípios. Essas novas ideias podem ou não entrar definitivamente para o cânone a partir de um longo processo de assimilação.

Já *ortodoxia* envolve o que seria "[...] a escola mais recente de pensamento dominante" (Colander, Holt e Rosser, 2004, p. 490). Dessa maneira, a definição de ortodoxia não estaria referida a instituições (departamentos universitários, cursos de pós-graduação, periódicos científicos etc.) ou aos seus praticantes habituais (economistas públicos, professores e pesquisadores universitários), mas seria uma definição puramente "intelectual". Isso porque ela tem como base um conjunto mínimo de ideias, de princípios e de pressupostos, e não um grupo de instituições e indivíduos. Tanto para Dequech (2007) como para Colander, Holt e Rosser Jr. (2004) a "Economia neoclássica" seria ortodoxia. Na opinião de Dequech (2007), o neoclassicismo compreende a combinação das seguintes características: (1) ênfase na racionalidade e uso da maximização como critério para essa racionalidade; (2) ênfase

[13] O autor nota que existem exceções, tais como o trabalho de Douglass North laureado com o Nobel, mas elas são raras (Dequech, 2007, p. 290).

em equilíbrios; e (3) a não utilização de conceitos de incerteza forte. Já a definição de Colander, Holt e Rosser Jr. (2004, pp. 490-491) é praticamente igual, embora esses últimos confiram à acepção um caráter mais histórico, afirmando que *Value and Capital* (1939), de John Hicks, e *Foundations of Economic Analysis* (1947), de Paul Samuelson, são o paradigma desse tipo de Economia.

Sobre *mainstream* e ortodoxia, é possível dizer ainda que o neoclassicismo é parte importante do primeiro, embora aquele contenha ideias de fronteira que por vezes se opõem às dessa escola[14]. Entre essas perspectivas pertencentes ao *mainstream*, mas não propriamente neoclássicas, estariam presentes em parte na economia comportamental no novo-institucionalismo, em algumas proposições da economia dos custos de transação, nos estudos de economia e complexidade e na teoria dos jogos evolucionários, entre outras correntes (Dequech 2007, p. 286; Colander, Holt e Rosser Jr. 2004, p. 496). Na verdade, a unidade desse conjunto de ideias diz muito mais respeito à maneira de se construir a pesquisa em Economia, isto é, ao método, do que às teorias em si mesmas.

Sobre a heterodoxia, podemos defini-la de dois modos diferentes. Primeiro, negativamente, em oposição à ortodoxia ou ao *mainstream* ou, ainda, a ambos. Segundo, positivamente, determinando os programas de pesquisa em Economia cujos princípios e metodologia são expressamente diferentes do *mainstream*. Tanto Dequech (2007) como Colander, Holt e Rosser Jr. (2004) parecem preferir, na atualidade, conceituar heterodoxia por oposição aos paradigmas dominantes. Já Lee (2011), Lawson (2006) e Dow (2004) identificam traços comuns (positivos) entre as abordagens heterodoxas. Nossa visão é que, para efeito deste trabalho, mesmo que não existam traços comuns entre si, o fato é que economistas marxistas, pós-keynesianos, evolucionários, austríacos, institucionalistas originais, estruturalistas, entre outros, têm agendas de pesquisa próprias e independentes. Esses programas de

---

[14] Dequech (2007) afirma que essa sua definição de *mainstream* vale para o período que se abre a partir da década de 1990. Entretanto, a segunda metade da década anterior já poderia ser incluída nessa definição.

pesquisa estão traduzidos em periódicos especializados, associações, redes de pesquisadores, disciplinas de programas de pós-graduação e graduação, livros-texto etc., que são justamente elementos definidores dessas dinâmicas científicas específicas. É claro que, embora persigam essa agenda positiva, os economistas que trabalham dentro dessas perspectivas devotam boa parte de sua prática científica à crítica do *mainstream* e à elite dominante que os marginaliza na profissão.

Se o que foi descrito acima é o cenário da academia principalmente norte-americana e, colateralmente, europeia, Dequech (2014) buscou forjar e aplicar o conceito de *mainstream* para o caso brasileiro. Ele conduziu uma pesquisa empírica que estendeu, generalizou e aprofundou estudos anteriores sobre a academia brasileira em Economia. O autor concluiu que o *mainstream* internacional, tal como caracterizado acima, difere bastante do que seria o *mainstream* nacional. Trabalhos como o de Anuatti Neto (1997), Prado (2001) e Versiani (2007) já apontavam para o pluralismo da academia brasileira, no sentido de que além da existência de importantes escolas que buscam mimetizar o *mainstream* internacional, existem outras onde a educação e a pesquisa em Economia é, em graus variados, diversa da lecionada nesses centros internacionais.

Dequech (2014) analisa a educação em nível de pós-graduação, a classificação das revistas especializadas no ranking Qualis-Capes da área de Economia, a concessão do prêmio acadêmico da Associação Nacional dos Centros de Pós-Graduação em Economia, o conteúdo dos periódicos publicados nacionalmente e a orientação teórico-metodológica dos bolsistas de produtividade em pesquisa nível 1 do CNPq. O que ele conclui é que em todas essas instâncias a presença dos programas de pesquisa alternativos ao *mainstream* internacional é significativa – especialmente em comparação com o contexto norte-americano. Existem no país importantes programas de pós-graduação, centros de pesquisa e pesquisadores em sintonia com o *mainstream* internacional. Entretanto, o cenário geral é mais pluralista (Dequech, 2014) do que o visto naqueles grandes centros do exterior, como Franco (1992 *apud* Dequech, 2014) já havia destacado. A presença do ensino e da pesquisa em abordagens heterodoxas é bastante visível e conta com significativo *status* acadêmico. No caso da perspectiva pós-keynesiana, por exemplo, há forte presença dos economistas dessa corrente no debate acadêmico nacional. Esses economistas divergem dos partidários do *mainstream* a respeito da gestão das políticas monetária e cambial.

3.2. Escolas de Economia mainstream e não mainstream

O estudo dos *backgrounds* educacionais dos comandantes do BC deve levar em consideração o cenário da academia brasileira. Isso é importante porque os políticos, ao nomearem os dirigentes do Banco Central, podem elegê-los a partir de um *pool* de credenciais acadêmicas que são diversas daquelas geralmente encontradas no *mainstream* internacional. Para retratar esse cenário diferenciado e o *pool* de *backgrounds* educacionais a partir dos quais os diretores são selecionados, vamos separar os tipos de escolas que estudamos em duas classes.

De um lado está a educação/formação nas escolas pertencentes ao *mainstream* da Economia. Nessas instituições mais prestigiadas mundialmente, há sempre um núcleo básico de disciplinas de caráter neoclássico. Para o período de formação da maioria dos dirigentes do BC que fizeram seus doutorados em Economia no exterior – nas décadas de 1980 e 1990 – vale, sem dúvida, a grande homogeneidade do núcleo básico de educação neoclássica relatado por Hansen (1991, pp. 1062-1063)[15]. Ainda, dentro desse primeiro tipo, as disciplinas e a pesquisa que seguem o núcleo básico de formação apoiam-se ou no mesmo paradigma neoclássico, ou no que se chamou acima de *mainstream*. No Brasil, as escolas que seguem esse padrão e que formaram os diretores analisados são a Pontifícia Universidade Católica do Rio de Janeiro e a Fundação Getúlio Vargas do Rio de Janeiro.

De outro lado, há um tipo de educação diverso, principalmente entre algumas escolas de Economia brasileiras importantes, que, em

[15] Dez dos 14 diretores do BC com doutorado concluído nos EUA o fizeram entre 1986 e 2000. As outras datas são 1972, 1976, 1978 e 1979.

geral, inclui esse núcleo básico de disciplinas de caráter neoclássico, mas em sequência oferece uma variedade de oportunidades de escolha de cursos e pesquisas calcadas em perspectivas teóricas fora do *mainstream* internacional – ou o que se pode chamar de "heterodoxia". Em algumas universidades brasileiras, o treinamento intelectual mais básico é predominantemente heterodoxo, como no Instituto de Economia da Universidade Estadual de Campinas (Unicamp) e, em menor grau, no Instituto de Economia da Universidade Federal do Rio de Janeiro (Lessa e Earp, 2007)[16]. Embora a Unicamp não tenha formado nenhum dos diretores estudados, a maior parte dos que se graduaram em Economia concluíram seus cursos na UFRJ (ver Tabela 5 adiante). Quanto à Universidade de São Paulo, Dequech (2014) nota que a existência de duas áreas de concentração no seu programa de pós-graduação em Economia assinala, ao menos em parte, a pluralidade do ensino ministrado. Ao mesmo tempo, Prado (2001), que por anos foi destacado professor do departamento, fez questão de afirmar esse mesmo pluralismo, assim como Garófalo e Rizzieri (2007).

O Quadro 2 classifica as instituições nas quais os diretores do Banco Central do Brasil realizaram seus estudos em Economia dividindo-as em pertencentes ao *mainstream* e não *mainstream*. O nome *mainstream* indica que a instituição tem orientação de acordo com as definições de Dequech (2007), ou seja, pertencente ao *mainstream* internacional. A indicação de não *mainstream*, preferível a heterodoxa ou formação "plural", é empregada aqui porque a classificação das escolas de Economia desse segundo tipo mereceria um estudo detalhado, o que não é o nosso objetivo.

---

[16] Hansen (1991) assinala que existem algumas escolas de pós-graduação nos Estados Unidos com orientação fora do *mainstream*. Seus exemplos são a *The New School for Social Research* e a Universidade de Massachusetts em Amherst. Poderíamos adicionar a Universidade do Missouri em Kansas City. Para uma lista mundial e extensa dos programas que os próprios economistas heterodoxos norte-americanos consideram como ofertantes substanciais de disciplinas e oportunidades de pesquisa fora do *mainstream*, ver Jo (2013).

Quadro 2. **Síntese da classificação das instituições universitárias dos cursos de Economia seguidos pelos dirigentes do Banco Central do Brasil, 1995-2014**

Formação *mainstream*	**Formação não *mainstream***[17]
Fundação Getúlio Vargas – Rio de Janeiro Harvard University Massachusetts Institute of Technology Oxford University Pontifícia Universidade Católica – Rio de Janeiro Princeton University Stanford University University of California, Berkeley[18] University of Illinois Urbana-Champaign	Centro de Ensino Unificado de Brasília Pontifícia Universidade Católica – Minas Gerais Universidade de Brasília Universidade de São Paulo Universidade Estadual do Rio de Janeiro Universidade Federal de Minas Gerais Universidade Federal do Rio de Janeiro Paris 1 Panthéon-Sorbonne The Hebrew University of Jerusalem[19] École de Hautes Etudes Commerciales[20]

Fonte: os autores

[17] A classificação da École de Hautes Etudes Commerciales e da The Hebrew University of Jerusalem acompanham a mesma lógica de Paris I Panthéon-Sorbonne, isto é, dadas as dificuldades de categorização, elas foram classificadas como não *mainstream*.

[18] Um dos diretores formados em nível de doutorado nessa escola cursou "Planejamento Regional e Economia".

[19] O diretor que frequentou a Hebrew University of Jerusalem formou-se em um curso de "Economia e Ciência Política" naquela escola. Esse mesmo diretor é graduado em Economia na UFRJ.

[20] O curso de Economia que o diretor do BC formado nessa escola completou é chamado "Economia e Administração Pública". Ele também concluiu um curso de graduação em "Ciências Políticas e Relações Internacionais" na mesma escola na França.

3.3. Os backgrounds educacionais dos diretores do BC

A Tabela 3 apresenta uma síntese da titulação escolar do universo. Tomamos todos os 39 diretores do Banco Central e categorizamos sua formação superior mais alta. Foram consideradas apenas as formações que chamamos, no Brasil, de *stricto sensu*. Caso o diretor possuísse formação em Economia, classificamos sua formação em *mainstream* ou não *mainstream*. Formações que não foram feitas em Economia foram classificadas como não *mainstream*. Nota-se que, nesse sentido, não há um desequilíbrio nesse universo em favor da formação *mainstream*.

Tabela 3. **Diretores do Banco Central do Brasil conforme o background universitário, 1995-2014**

		Diretores do Banco Central do Brasil	
		Frequência	Percentual
Formação econômica *mainstream*	Sim	19	48,7
	Não	20	51,3
	Total	39	100

Fonte: Observatório de elites políticas e sociais do Brasil (UFPR)

Tratando dos diretores com doutoramento exclusivamente em Economia, dos 39 nomes analisados, 19 completaram cursos de doutorado, sendo 18 deles nessa especialidade. A Tabela 4 mostra as instituições universitárias, o número e o percentual de diretores que obtiveram seus *PhDs* em cada uma delas. Na sequência apresentamos e discutimos a classificação dessas instituições de ensino. A justificativa para adotarmos a formação mais alta como indicativo da orientação teórico-metodológica é de que a escolha do centro de pós-graduação, feita em idade mais avançada e já com o cabedal elementar de conhecimento econômico fornecido pela graduação, constitui uma opção mais consciente do ponto de vista profissional e, até mesmo, político-ideológico[21].

Quanto às universidades norte-americanas, origem da formação de dois terços dos nossos diretores-doutores, a categorização como *mainstream* ou não *mainstream* inicia-se pela checagem das colocações de seus departamentos de Economia nos *rankings* acadêmicos. Uma pesquisa abrangente é a de Coupé (2003), que procura superar limitações de investigações anteriores, além de ser elaborada a partir de dados de um período que interessa para nosso estudo (1990-2000). Ele replica, para a sua base de dados, a metodologia de Hirsch, Austin, Brooks e Moore (1984 *apud* Coupé, 2003), para comparar seus resultados com o período 1978-1982[22].

A conclusões de Coupé (2003) colocam Harvard, Princeton, MIT, Stanford e Berkeley no núcleo duro do *mainstream* internacional, pois tanto na comparação intertemporal com o *ranking* de Hirsch *et al.* (1984), como em função dos dois principais critérios utilizados por Coupé, essas instituições permanecem entre as quinze mais bem colocadas. O Departamento de Economia da Universidade de Illinois, Urbana-Champaign, embora não esteja tão bem posicionado, fica próximo, localizando-se entre os 30 primeiros, tanto para os dados fornecidos por Coupé (2003), quanto para os do estudo com o qual ele faz a comparação intertemporal.

---

21 Seria inviável analisar as teses de doutorado e/ou as publicações (artigos, notas de pesquisa, textos de opinião etc.) desses dezenove diretores do BC para determinar suas respectivas filiações ou não à corrente dominante da disciplina. Além da extensão e da dispersão desse material em bases muito diferentes, é preciso considerar que, como a maioria deles não é de acadêmicos (13 de 19 vêm do governo ou do mercado), seus currículos científicos não estavam disponíveis. Menos da metade desses doutores possuem CV *Lattes* (42%). Farvaque, Hammadou e Stanek (2009) utilizam também o diploma de *PhD* como um parâmetro importante, ainda que para estimar as decisões dos banqueiros centrais.

22 Hansen (1991) é também uma referência importante nessa discussão, mas ele só estudou os programas de pós-graduação norte-americanos.

No relato de Hansen (1991), os programas de pós-graduação estão divididos em estratos por qualidade. Entre os 92 programas classificados, Harvard, MIT, Princeton e Stanford ficaram no primeiro estrato em cinco, enquanto Berkeley se situou no segundo e Urbana-Champaign (UIUC) no terceiro.[23] Finalmente, mesmo observando-se *rankings* atuais, tais resultados são bastante estáveis. Entre os departamentos de Economia das seis instituições norte-americanas citadas, apenas o da UIUC não está entre os dez primeiros departamentos no *ranking* do *website* EconPhD.net, embora esteja na 53ª colocação entre 223 instituições (Econphd.net, 2004). O *ranking* do website toma dados de publicações entre 1993 e 2003 (o *ranking* escolhido, uma vez que o *website* os divide entre subdisciplinas, foi o de macroeconomia, pois é a área mais afim das atividades do Banco Central). No *ranking* do *website* Ideas – um *ranking* atualizado mensalmente –, novamente apenas a UIUC não aparece entre os dez primeiros departamentos (está na 97ª. colocação, entre 249) (Ideas, 2015).[24] Assim sendo, reforça-se a conclusão de que tais departamentos são pertencentes e, mais do que isso, formadores do núcleo duro do *mainstream* internacional. O próprio trabalho de Coupé (2003) conclui peremptoriamente sobre a dominância norte-americana na ciência econômica.

A Tabela 4 sistematiza as informações sobre as instituições de doutorado desses 19 diretores.

---

[23] A distribuição entre os estratos é propositadamente desigual. Enquanto o primeiro estrato contém apenas seis programas, o segundo nove e o terceiro quinze, os outros concentram o restante dos 92 programas de pós-graduação analisados.

[24] Os *rankings* de Hansen (Hansen, 1991), Coupé (Coupé, 2003) e Hirsch e colaboradores (Hirsch *et al.*, 1984) são os principais citados aqui porque os anos de doutoramento dos diretores analisados se concentram principalmente nos períodos das bases de dados utilizadas para a elaboração desses *rankings*.

Tabela 4. **Distribuição dos diretores do Banco Central do Brasil com doutorado por países de origem e universidades**

País/Universidade	Nº	%
Estados Unidos		
Berkeley[25]	6	31,6
Harvard	2	10,5
Universidade de Illinois, Urbana Champaign	2	10,5
Princeton	2	10,5
Massachusetts Institute of Technology	1	5,3
Stanford	1	5,3
Subtotal	14	73,7
Brasil		
Fundação Getúlio Vargas – Rio de Janeiro	1	5,3
Universidade de São Paulo	1	5,3
Universidade Federal de Minas Gerais	1	5,3
Subtotal	3	15,9
Europa		
Oxford	1	5,3
Paris 1 Panthéon-Sorbonne	1	5,3
Subtotal	2	10,6
Total	19	100,0

Fonte: Observatório de elites políticas e sociais do Brasil (UFPR)

E quanto aos departamentos europeus onde dois diretores se titularam?

A Universidade de Oxford está muito bem colocada no *ranking* de Coupé (2003), uma vez que ela permanece entre as 30 primeiras posições em todos os critérios. Já no *ranking* do *website* Ideas (2015), seu departamento está situado na notória quinta posição. Importante também para concluir pelo pertencimento desse destacado

[25] Um dos doutoramentos pela Universidade de Berkeley é em "Planejamento Urbano e Economia" e não em Economia.

departamento britânico ao *mainstream* é o estudo de Lee (2007). Nele, o autor mostra como as exigências de desempenho de publicação em periódicos com altos fatores de impacto – ao estilo dos departamentos norte-americanos – geraram um processo relativamente rápido de expurgo nos departamentos britânicos da pesquisa, das disciplinas e dos economistas mais radicalmente não alinhados com o *mainstream*.

Quanto ao Departamento de Economia da Universidade Paris 1 – Panthéon-Sorbonne, as conclusões são mais difíceis. Nos dados de Coupé (2003) ela aparece em 107°, atrás, por exemplo, da Universidade de Massachusetts em Amherst, citada por Hansen (1991) como um caso de departamento fora do *mainstream*. Também não encontramos dados para os cursos ministrados no tempo em que o diretor do BC lá se formou (1984). Como esse departamento não está tão bem ranqueado quanto os demais e tampouco encontramos evidências fortes sobre sua orientação *mainstream*, preferimos classificá-lo como não *mainstream*. Uma análise das disciplinas atualmente oferecidas na pós-graduação apontaria no sentido contrário, muito embora uma delas seja de História do Pensamento Econômico, algo incomum nos departamentos do *mainstream*.

Entre os doutoramentos obtidos em programas de pós-graduação em departamentos de ensino brasileiros, a classificação já foi aludida acima. Apenas é de interesse anotar aqui que a Escola de Pós-Graduação em Economia da FGV-RJ nasceu exatamente com o intuito de ofertar cursos de Economia com o estilo norte-americano. Primeiro, o objetivo era treinar os economistas brasileiros para ingressar em pós-graduações norte-americanas; depois, inauguram o curso de pós-graduação propriamente dito, sempre com orientação de alinhar-se com a produção do *mainstream* internacional, ou melhor, norte-americano (Kafka, 1979; Versiani, 2007).

Embora seja a formação de doutoramento a mais importante, pois é nela que o economista vai travar contato com os conhecimentos mais avançados sobre os quais (supostamente) apoiará suas decisões, é interessante avaliar sinteticamente a formação de graduação deles – inclusive porque 20 não obtiveram o grau de doutor.

A Tabela 5 traz informações a respeito das formações de graduação dos diretores que estudaram Economia. Chama nossa atenção o fato de que mais da metade dos diplomas foi obtido em apenas duas instituições, a UFRJ e a PUC-Rio. E, ao contrário dos doutoramentos, apenas duas graduações foram realizadas no exterior.

Afirmar que a orientação de uma graduação está alinhada ao *mainstream* internacional é mais difícil, isso porque o elenco de disciplinas é muito mais amplo. Conforme a legislação brasileira, os cursos de bacharelado requerem uma variedade bastante grande de disciplinas obrigatórias. Apesar disso, não é desarrazoado considerarmos a PUC-Rio como um curso, mesmo em nível de graduação, alinhado com o *mainstream* internacional. Do mesmo modo, a UFRJ estaria entre as escolas que classificaríamos como não *mainstream* ao lado da USP pelas razões apontadas acima.

Tabela 5. **Instituições de ensino de graduação em Economia dos diretores do Banco Central do Brasil**

Universidades	Nº	%
Instituições mais frequentes		
Universidade Federal do Rio de Janeiro – UFRJ	7	30,4
Pontifícia Universidade Católica do Rio de Janeiro – PUC-Rio	5	21,7
Universidade de Brasília – UnB	3	13,0
Universidade de São Paulo – USP	2	8,7
Outras		
Universidades públicas (Brasil)	2	8,6
Universidades privadas (Brasil)	2	8,6
Universidades no exterior[26]	2	8,6
Total	23	100,0

Fonte: Observatório de elites políticas e sociais do Brasil (UFPR)

[26] Um dos diretores é graduado em Economia e Ciência Política pela Hebrew University of Jerusalem e em Economia pela UFRJ.

Quanto à Universidade de Brasília, as informações são mais escassas. Entretanto, não seria exagerado admitir que a educação lecionada no seu Departamento de Economia é predominantemente *mainstream*, mas com a presença também de oportunidades de pesquisa em campos da Economia heterodoxa[27]. Nosso parecer nesse sentido apoia-se em uma breve pesquisa a respeito da presença de economistas de corte heterodoxo entre o corpo docente da instituição. Destaca-se Joanílio Rodolpho Teixeira, pesquisador bolsista de produtividade em pesquisa nível 1A do CNPq, especialista em macroeconomia pós-keynesiana e membro do departamento desde 1977. Da mesma forma, Maria de Lourdes Rollemberg Mollo, pesquisadora bolsista de produtividade em pesquisa nível 1B do CNPq, autora de trabalhos heterodoxos, leciona naquela instituição desde 1981[28]. A contratação desses professores no final da década de 1970 e início dos anos 1980, bem como a continuidade da contratação de outros professores que atuam até hoje e que esposam perspectivas heterodoxas são um sinal de que, embora o *mainstream* seja dominante naquele departamento, ele não é totalmente fechado a outras correntes. Por isso ele foi classificado como não *mainstream*. Para as escolas que formaram apenas um dos diretores, adotamos a categorização de não *mainstream* para UFMG, PUC-MG, UniCEUB de Brasília e École des Hautes Etudes Commerciales.

Mas por que é estratégico tomarmos a formação mais alta como caracterizador fundamental do *background* intelectual como *mainstream* ou não *mainstream*? Ao analisar as formações cruzadas entre instituições *mainstream* e não *mainstream*, considerando que os diretores podem ter realizado suas graduações, por exemplo, em um departamento não *mainstream* e, depois, migrado para um mestrado ou doutorado em uma instituição *mainstream*, um resultado fica claro. Entre os 19 mestres e doutores em Economia, 11 passaram de instituições não *mainstream* para *mainstream*. Apenas três fizeram suas

27 Os anos de graduação dos diretores formados na UnB são 1976, 1982 e 1984.

28 As informações foram retiradas do *website* da instituição e dos currículos *Lattes* dos professores.

formações somente em instituições não *mainstream* e quatro inteiramente em departamentos *mainstream*. Desse modo, o mais comum é que os economistas iniciem suas formações em boas instituições públicas mais plurais, como a UFRJ, a USP e a UnB, e passem, então, em etapas de estudos mais avançados, para programas de pós-graduação conectados com o *mainstream* internacional.

4. *Mainstream* econômico e poder

Há uma repartição desigual por tipos de diretorias – mais centrais ou mais periféricas – entre os gestores do Banco Central conforme suas respectivas formações econômicas? Em seguida: há alguma concentração de casos conforme as escolas, essa distribuição é meramente aleatória ou ela segue uma lógica menos doutrinária e não ditada pelo cânone da disciplina?

Uma organização complexa como o Banco Central do Brasil possui diferentes níveis burocráticos de decisão, reconhecíveis imediatamente via organograma formal da instituição. Possui também núcleos de poder diferenciados conforme suas respectivas capacidades de influenciar as políticas de governo.

Quando criado em 1964 (Lei nº 4.595), foi definido que a estrutura do BC seria composta por quatro comandantes (sendo um presidente e apenas três diretores). Ao longo de sua história institucional houve uma série de variações no número de diretorias, sempre para mais, fusões de competências dos departamentos, trocas de siglas e rearranjos segundo necessidades internas e externas[29]. Atualmente, o Banco Central do Brasil está organizado em torno de uma presidência e de oito diretorias, como se pode ver na Figura 2.

---

[29] Diretorias foram criadas e extintas, tal como a da Dívida Pública, criada em 1980 e fundida com a Bancária (posteriormente denominada de diretoria de Política Monetária) em 1990. Todas essas mudanças podem ser vistas de forma sistemática no documento "Síntese das mudanças ocorridas na composição da diretoria, do Banco Central do Brasil" no link https://www.bcb.gov.br/pre/historia/sintese_mud_estrutura.pdf. Acesso em: 14 de setembro de 2022.

Figura 2. **Organograma do Banco Central do Brasil**

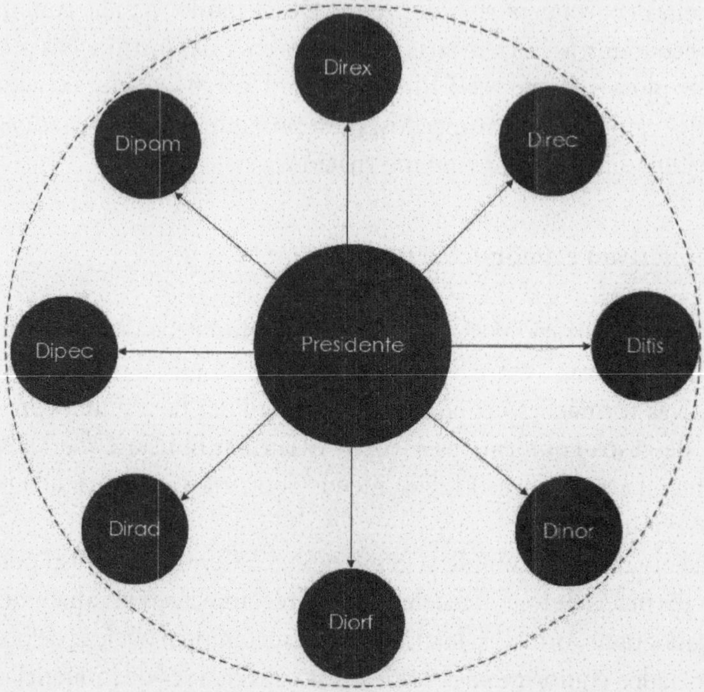

Fonte: Banco Central do Brasil

Essas diretorias são as seguintes: de Administração (*Dirad*), de Política Econômica (*Dipec*), de Política Monetária (*Dipom*), de Assuntos Internacionais e de Gestão de Riscos Corporativos (*Direx*), de Relacionamento Institucional e Cidadania (*Direc*), de Fiscalização (*Difis*), de Regulação (*Dinor*) e de Organização do Sistema Financeiro e Controle de Operações do Crédito Rural (*Diorf*). Cada uma delas reúne órgãos de informação, assessoramento e execução – os "departamentos", situados hierarquicamente logo abaixo das diretorias. Há 28 departamentos no Banco[30]. Consideramos neste estudo as

[30] Para uma visão do seu organograma com todos os aparelhos, ver https://www.bcb.gov.br/acessoinformacao/organograma/ Acesso em: 14 de setembro de 2022.

seguintes divisões responsáveis pela definição das linhas gerais de política econômica do governo, já que reúnem e manejam instrumentos essenciais: Dipec, Dipom e Direx[31].

O diretor de Assuntos Internacionais e de Gestão de Riscos Corporativos (*Direx*) tem como atribuição "I. coordenar a avaliação da conjuntura internacional e dos seus possíveis desdobramentos; II. definir e validar as diretrizes referentes às negociações envolvendo serviços financeiros e investimentos; [...]; IV. articular, quando necessário, as posições a serem defendidas pelo Banco Central em fóruns e organismos internacionais". O diretor de Política Monetária (*Dipom*) deve: "I. acompanhar a evolução dos agregados monetários do País e atuar no sentido do ajustamento da liquidez monetária e financeira aos objetivos da política econômica e a obtenção da estabilidade de preços; II. administrar a aplicação dos instrumentos de política monetária e de outros mecanismos colocados sob a sua supervisão; III. apresentar, nas reuniões do Copom, sugestões sobre as diretrizes de política monetária e proposta para a definição da meta para a Taxa Selic [...]", dentre outras atribuições. Por fim, o Diretor de Política Econômica (*Dipec*) tem de "I. coordenar os estudos e o desenvolvimento dos modelos necessários ao regime de metas para a inflação; II. coordenar: a) o acompanhamento, o aperfeiçoamento e a publicação dos dados macroeconômicos nas áreas externa, monetária, fiscal e de juros e spread bancário; b) a elaboração do Relatório de Inflação; [...] d) a elaboração da Programação Monetária, trimestral; [...] g) as atividades de relacionamento com investidores; [...] III. avaliar a situação econômica geral do País e propor à Diretoria Colegiada diretrizes de política econômica com vistas à deliberação e ao estabelecimento de normas sobre a matéria"[32].

---

31 Para uma lista completa das funções e das responsabilidades de cada diretoria, ver o regimento interno do BC: https://www.bcb.gov.br/content/acessoinformacao/acesso_informacao_docs/RegimentoInterno.pdf. Acesso em 14 de setembro de 2022.

32 Portaria Nº 84.287, de 27 de fevereiro de 2015 (Regimento Interno do Banco Central do Brasil), pp. 20, 27-28, 26-27, respectivamente. https://www.bcb.

No caso dessas diretorias, o desequilíbrio em favor dos economistas de formação *mainstream* é bastante grande: nada menos do que 15 dos 20 diretores do período do PT e do PSDB que comandaram essas divisões possuem esse *background*, como pode ser visto na Tabela 6.

Tabela 6. **Distribuição dos dirigentes do BC por diretorias de política econômica conforme a sua formação ou não no *mainstream* da disciplina**

			Diretorias de formulação de política econômica (Dipec, Dipom e Direx)		**Total**
			Não	**Sim**	
Formação econômica *mainstream*	Não	N	15	5	20
		%	75,0%	25,0%	100,0%
		Residual ajustado	3,4	-3,4	
	Sim	N	4	15	19
		%	21,1%	78,9%	100,0%
		Residual ajustado	-3,4	3,4	
Total		N	19	20	39
		%	48,7%	51,3%	100,0%

V de Cramer = 0,539 *p* valor < 0,001

Fonte: Observatório de elites políticas e sociais do Brasil (UFPR)

Praticamente 80% daqueles que foram nomeados e serviram nos governos Cardoso, Lula e Dilma em diretorias fundamentais do BC ("de política econômica") foram formados em instituições que consideramos, segundo a definição proposta na seção 3, pertencentes ao *mainstream* econômico. Os resíduos padronizados ajustados acima do intervalo crítico de 1,96 atestam que há uma associação significativa positiva entre ter seguido um currículo em escolas de Economia da corrente dominante da disciplina e dirigir uma divisão estratégica

gov.br/content/acessoinformacao/acesso_informacao_docs/RegimentoInterno.pdf Acesso em 14 de setembro de 2022.

no Banco Central do Brasil (resíduos de 3,4). O oposto também é verdadeiro: a diferença entre os 21% (que não possuem formação *mainstream*, mas que chegaram a comandar a Dipec, a Dipom ou a Direx) e os 75% dos casos (que não possuem formação *mainstream* e não comandam diretorias responsáveis por definir o núcleo da política econômica do governo) são estatisticamente significativos (resíduos de 3,4). Logo, essa distribuição não é aleatória.

Para confirmar e ilustrar melhor a consistência empírica do achado, fizemos um teste de risco relativo avaliando as chances de alguém do *mainstream* ser indicado para essa posição de poder (Tabela 7).

Tabela 7. **Estimativa de risco de um indivíduo ocupar uma diretoria de política econômica no BC tendo passado por escolas de Economia *mainstream***

	Valor	**Intervalo de confiança 95%**	
		Inferior	**Superior**
Odds Ratio para formação econômica *mainstream* (não / sim)	11,250	2,518	50,265
Para coorte diretorias de formulação de política econômica = não	3,563	1,439	8,822
Para coorte diretorias de política econômica = sim	0,317	0,143	0,700
Nº de casos válidos	39		

Fonte: Observatório de elites políticas e sociais do Brasil (UFPR)

Ainda que as posições ocupadas por esses agentes não sejam pré-estabelecidas, nem haja uma orientação política predefinida, há onze vezes mais chances (*odds ratio* 11,25) de um indivíduo com formação de acordo com o cânone do *mainstream* internacional ir para uma diretoria de formulação de política econômica do que um indivíduo sem essa formação.

Por fim, nosso estudo constatou que há uma associação importantes entre atributos. Como a Tabela 2 mostrou, 12 diretores vieram diretamente do mercado financeiro para o Banco Central. Desses, nove possuíam formação econômica no *mainstream* da disciplina; e desses nove, sete foram para diretorias encarregadas de elaboração de política econômica. Por outro lado, dos 20 que vieram do próprio governo (e, em geral, dos quadros do próprio BC), 17 possuíam formação não *mainstream*. Desses 17, apenas 2 ocuparam diretorias de política monetária.

As constatações acima versam sobre as formações e as origens profissionais dos diretores sem delas extrair consequências para o comportamento efetivo desses profissionais durante seus períodos de atuação no BC. Uma extensão natural desse trabalho deveria avaliar se a concentração da formação em escolas *mainstream* e não *mainstream* impacta nas opções de política, dado o leque de atuação limitado pelo subtipo de diretoria dos referidos *policymakers*. Dentro disso, há uma literatura também dentro da área de metodologia da Economia, mas com óbvias extensões para a macroeconomia e a Economia monetária, que busca sintetizar se existe um consenso dentro do *mainstream* nesses campos específicos da ciência econômica. No Brasil, isso ganha relevância porque se o cenário da academia é diverso do *mainstream* internacional, um Banco Central dominado por *policymakers* com apenas um tipo de formação ou orientação, produz dissonância entre o pensamento acadêmico e o dos ocupantes de postos-chave dessa importantíssima instituição da economia brasileira.

Os dados também mostraram que apesar do partido que encabeça a coalizão no Executivo ser diferente (ora o PSDB, ora o PT), o momento de a economia nacional ser diferente (cobrimos o período de 1995-2014), as prioridades dos ministros da área econômica serem diferentes (Malan, Palocci, Mantega etc.), pouquíssima coisa muda no perfil dominante do diretor do BC ao longo do intervalo estudado.

Assim, a autonomia institucional *de facto* da agência e a institucionalização burocrática de suas rotinas e práticas parecem ser dois processos que se retroalimentam, tornando muito difícil que governos eleitos mudem bruscamente o perfil e as preferências dos decisores da política econômica. O caso do Brasil ilustra que uma das fontes para a construção de uma hegemonia ideológica das políticas de ajuste ortodoxo pode ser buscada também, ainda que não apenas, no perfil daqueles que comandam as decisões quotidianas do seu Banco Central.

Referências

Adolph, C. *Bankers, Bureaucrates, and Central Bank Politics: the Myth of Neutrality*. New York: Cambridge University Press, 2013.

Albuquerque, C. P. *Os Bancos Centrais do Brasil e do Chile 1974-2005: um estudo comparado*. 2008. Tese (Doutorado em Política Internacional e Comparada) – Universidade de Brasília, Brasília, 2008. Disponível em: <https://repositorio.unb.br/handle/10482/1927>. Acesso em: 20 out. 2022.

Andrade, J. P. de, Mollo, M. de L. R. e Silva, M. L. F. "Os programas de estabilização na América Latina: traços ortodoxos e heterodoxos". *Revista da Sociedade Brasileira de Economia Política*. n. 2 (1998), pp. 96-119.

Anuatti Neto, F. "Competição e complementaridade dos centros de pós--graduação em economia". *In*: *50 anos de Ciência Econômica no Brasil (1946-1996): pensamento, instituições, depoimentos*. Petrópolis: Vozes, 1997, pp. 183–201.

Barbosa, N. e Souza, J. A. P. "A inflexão do governo Lula: política econômica, crescimento e distribuição de renda". *In*: Sader, E. and Garcia, M. A. (ed.). *Brasil entre o Passado e o Futuro*. São Paulo: Editora Fundação Perseu Abramo; Boitempo, 2010.

Colander, D., Holt, R. e Rosser, B. "The Changing Face of Mainstream Economics". *Review of Political Economy*. Tandforline: [*S.l.*], ano 16, nº 4 (2004), pp. 485-499. Disponível em: <https://doi.org/10.1080/095382504 2000256702>. Acesso em: 20 out. 2022.

Coupé, T. "Revealed Performances: Worldwide Rankings of Economists and Economics Departments, 1990–2000". *Journal of the European Economic Association*. Oxford Academic: [*S.l.*], ano 1, nº 6 (2003), pp. 1309-1345. Disponível em: <https://doi.org/10.1162/154247603322752557>. Acesso em: 20 out. 2022.

Daalder, H. e Beerg, J. "Members of the Dutch Lower: Pluralism and Democratization". *In*: *Does Who Governs Matter?* Chicago: Northern Illinois University Press, 1982.

Dantas, E. G. *A autonomia do Banco Central do Brasil: uma proposta de mensuração a partir do perfil dos seus diretores (1985 – 2016)*. 2019. Tese (Doutorado em Ciências Políticas) – Universidade Federal do Paraná, Curitiba, 2019. Disponível em: <https://bit.ly/3j6dqqB>. Acesso em: 20 out. 2022.

Dequech, D. "Neoclassical, Mainstream, Orthodox, and Heterodox Economics". *Journal of Post Keynesian Economics.* Tandfonline: [*S.l.*], ano 30, nº 2 (2007), pp. 279-302. Disponível em: <https://doi.org/10.2753/PKE0160-3477300207>. Acesso em: 20 out. 2022.

Dequech, D. "Aplicando o conceito de mainstream economics fora dos Estados Unidos e Europa: o caso do Brasil como um exemplo de pluralismo". *In*: *4a Conferência da European Society for the History of Economic Thought Latin America (ESHET Latin America).* Belo Horizonte, MG, 2014.

Dow, S. C. "Structured pluralism". *Journal of Economic Methodology.* Tandfonline: [*S.l.*], ano 11, nº 3 (2004), pp. 275-290. Disponível em: <https://doi.org/10.1080/1350178042000252965>. Acesso em: 21 out. 2022.

Farvaque, É., Hammadou, H. e Stanek, P. "Select your Committee: The Impact of Central Bankers' Background on Inflation". *Economie internationale.* Cairn.info: [*S.l.*], 117 (2009), pp. 99-129. Disponível em: <http://www.cairn.info/revue-economie-internationale-2009-1-page-99.htm>. Acesso em: 14 jan 2015.

Fonseca, P. C. D. "Nem ortodoxia nem populismo: o Segundo Governo Vargas e a economia brasileira". *Tempo.* Scielo Brasil: Niterói, ano 14, nº 28, (2010), pp. 19-58. Disponível em: <https://doi.org/10.1590/S1413-77042010000100002>. Acesso em: 21 out. 2022.

Franco, G. H. B. "Apresentação". *In*: Franco, G. H. B. (ed.). *Cursos de Economia: catálogo de listas de leitura oferecidas em programas de pós-graduação em economia no Brasil.* ANPEC, 1992.

Garófalo, G. de L. e Rizzieri, J. A. B. "O Departamento de Economia da FEA/USP e o pensamento econômico brasileiro". *In*: Szmrecsányi, T. J. e Coelho, F. da S. (ed.). *Ensaios de história do pensamento econômico no*

Brasil contemporâneo. São Paulo: Atlas/Ordem dos Economistas de São Paulo, 2007.

Giambiagi, F., Villela, A., Castro, L. B. de e Hermann, J. (ed.). *Economia brasileira contemporânea*. Rio de Janeiro: Campus/Elsevier, 2011.

Göhlmann, S. e Vaubel, R. "The Educational and Occupational Background of Central Bankers and Its Effect On Inflation: An Empirical Analysis". *European Economic Review*. Elsevier: [*S.l.*], ano 51, nº 4 (2007), pp. 925-941. Disponível em: <https://doi.org/10.1016/j.euroecorev.2006.05.001>. Acesso em: 21 out. 2022.

Hansen, L. "The education and training of economics doctorates: Major findings of the executive secretary of the American Economic Association's commission on graduate education in economics". *Journal of Economic Literature*. JSTOR: [*S.l.*], ano 29, nº 3 (1991), pp. 1054-1084. Disponível em: <http://www.jstor.org/stable/2727611>. Acesso em: 21 out. 2022.

Hirsch, B. T., Austin, R., Brooks, J. e Moore, B. "Economics Departmental Rankings: Comment". *American Economic Review*. JSTOR: [*S.l.*], ano 74, nº 4 (1984), pp. 822-826. Disponível em: <https://www.jstor.org/stable/1805159>. Acesso em: 21 out. 2022.

Jo, T.-H. *Informational Directory for Heterodox Economists. Graduate & Undergraduate Programs, Journals, Publishers & Book Series, Associations, Institutes, Blogs, and Other Websites*. 5th edn, 2013.

Kafka, A. "'Dr. Gudin e o Instituto Brasileiro de Economia da Fundação Getúlio Vargas". *In*: *Eugênio Gudin visto por seus contemporâneos*. Rio de Janeiro: Editora da Fundação Getúlio Vargas, 1979.

Lawson, T. "The nature of heterodox economics". *Cambridge Journal of Economics*. Oxford academic: Cambridge, ano 30, nº 4 (2006), pp. 483–505. Disponível em: <https://doi.org/10.1093/cje/bei093>. Acesso em: 21 out. 2022.

Lebaron, F. "European Central Bank Leaders in the Global Space of Central Bankers: A Geometric Data Analysis approach". *French Politics*. Springer: [*S.l.*], ano 8, nº 3 (2010), pp. 294-320. Disponível em: <https://doi.org/10.1057/fp.2010.15>. Acesso em: 21 out. 2022.

Lee, F. S. "The Research Assessment Exercise, the State and the Dominance of Mainstream Economics in British Universities". *Cambridge Journal of Economics*. Oxford academic: [*S.l.*], ano 31, nº 2 (2007), pp. 309-325.

Disponível em: <https://doi.org/10.1093/cje/bel021>. Acesso em: 21 out. 2022.

Lee, F. S. *A History of Heterodox Economics: Challenging the Mainstream in the twentieth century*. New York: Routledge, 2011.

Lessa, C. e Earp, F. S. "Mais Além do II PND: O Instituto de Economia da UFRJ". *In*: Szmrecsányi, T. e Coelho, F. S. (ed.). *Ensaios de história do pensamento econômico no Brasil contemporâneo*. São Paulo: Atlas/Ordem dos Economistas de São Paulo, 2007.

Loureiro, M. R. "Economistas e elites dirigentes no Brasil". *Revista Brasileira de Ciências Sociais*. São Paulo, ano 7, nº 20 (1992), pp. 47-65. Disponível em: <https://pesquisa-eaesp.fgv.br/sites/gvpesquisa.fgv.br/files/arquivos/loureiro_-_economistas_e_elites_dirigentes_no_brasil.pdf>. Acesso em: 21 out. 2022.

Loureiro, M. R. *Os economistas no governo: gestão econômica e democracia*. Rio de Janeiro: Editora Fundação Getulio Vargas, 1997.

Marcussen, M. *Ideas and Elites: The Social Construction of Economic and Monetary Union*. Ålborg: Aalborg Universitetsforlag, 2000.

Morais, L. e Saad-Filho, A. "Da economia política à política econômica: o novo-desenvolvimentismo e o governo Lula". *Revista de Economia Política*. Scielo Brasil: [*S.l.*], ano 4, nº 124 (2011), pp. 507-527. Disponível em: <https://doi.org/10.1590/S0101-31572011000400001>. Acesso em: 21 out. 2022.

Novelli, J. M. N. *Burocracia, dirigentes estatais e idéias econômicas: o caso do Banco Central do Brasil (1965-1998)*. Universidade Estadual de Campinas, 1999.

Novelli, J. M. N. "A questão da continuidade da política macroeconômica entre o governo Cardoso e Lula (1995-2006)". *Revista de Sociologia e Política*. Scielo Brasil: Curitiba, ano 18, nº 36 (2010), pp. 227-240. Disponível em: <https://doi.org/10.1590/S0104-44782010000200014>. Acesso em: 31 out. 2022

Olivieri, C. "Política, burocracia e redes sociais: as nomeações para o alto escalão do Banco Central do Brasil". *Revista de Sociologia e Política*. Scielo Brasil: Curitiba, ano 29 (2007), pp. 147-168. Disponível em: <https://doi.org/10.1590/S0104-44782007000200011>. Acesso em: 21 out. 2022.

Perissinotto, R. M., Codato, A., Braga, S. S. e Fuks, M. (ed.). *Quem governa? Um estudo das elites políticas do Paraná*. Curitiba: Editora UFPR, 2007.

Pestana, M. H. e Gageiro, J. N. *Análise de dados para ciências sociais: a complementaridade do SPSS*. 5th edn. Lisboa: Sílabo, 2008.

Prado, E. F. S. "A ortodoxia neoclássica". *Estudos Avançados*. Scielo Brasil: [*S.l.*], ano 15, nº 41 (2001), pp. 9-20. Disponível em: <https://doi.org/10.1590/S0103-40142001000100003>. Acesso em: 21 out. 2022.

Raposo, E. *Banco Central do Brasil: o leviatã ibérico; uma interpretação do Brasil contemporâneo*. São Paulo: Hucitec; PUC-Rio, 2011.

Rodrigues, L. M. *Partidos, ideologia e composição social: um estudo das bancadas partidárias na Câmara dos Deputados*. São Paulo: Edusp, 2002.

Sola, L., Garman, C. e Marques, M. "Banco Central, autoridade política e governabilidade democrática". *In*: *Banco Central: autoridade política e democratização: um equilíbrio delicado*. Rio de Janeiro: Editora FGV, pp. 113-159, 2002.

Versiani, F. "Intercâmbio, verbas e pluralismo: a ANPEC na evolução do ensino e da pesquisa em economia no Brasil". *In*: Szmrecsányi, T. e Coelho, F. S. (ed.) *Ensaios de história do pensamento econômico no Brasil contemporâneo*. São Paulo: Atlas/Ordem dos Economistas de São Paulo, 2007.

Outras fontes

Banco Central do Brasil. *Sítio eletrônico*. Disponível em: <https://www.bcb.gov.br/> Acesso em: 14 set. 2022.

Banco Central do Brasil. *Organograma*. Disponível em: <https://www.bcb.gov.br/acessoinformacao/organograma>. Acesso em: 14 set. 2022.

Banco Central do Brasil. "Síntese das mudanças ocorridas na composição da diretoria". Disponível em: <https://www.bcb.gov.br/pre/historia/sintese_mud_estrutura.pdf>. Acesso em: 14 set. 2022.

Banco Central do Brasil. *Portaria Nº 84.287, de 27 de fevereiro de 2015* (Regimento Interno do Banco Central do Brasil). Disponível em: <https://www.bcb.gov.br/content/acessoinformacao/acesso_informacao_docs/RegimentoInterno.pdf>. Acesso em 14 set. 2022.

Diários do Senado Federal. *Sítio eletrônico.* Disponível em: <http://legis.senado.gov.br/diarios/Diario>. Acesso em: 14 set. 2022.

Econphd.net 2004. *Rankings. Macroeconomics.* Disponível em: <http://econphd.econwiki.com/rank/rmacro.htm>. Acesso em: 17 jan. 2015.

Ideas 2014. *Top 25% Economics Departments, as of December 2014.* Disponível em: <https://ideas.repec.org/top/top.econdept.html>. Acesso em: 18 jan. 2015.

Parente, S. *Macroeconomic Theory Econ 503.* Course Syllabus, Department of Economics, University of Illinois at Urbana-Champaign, 2012. Disponível em: < https://studylib.net/doc/8816987/econ-503-stephen-l.-parente--macroeconomic-theory-fall-2012> Acesso em: 9 nov. 2022.

University of Oxford. *Department of Economics.* Disponível em: <http://www.economics.ox.ac.uk/>. Acesso em: 18 jan. 2015.

2.

A PORTA GIRATÓRIA DO BANCO CENTRAL DO BRASIL[1]

Adriano Codato, Eric Gil Dantas, Renato Perissinotto, Marco Cavalieri

É grande a disputa entre todo tipo de agentes – economistas, jornalistas, financistas – sobre a necessidade de "independência" de autoridades monetárias como os Bancos Centrais e as implicações tanto econômicas como políticas dessa liberdade de ação (Fischer, 1995; Levy, 1995; Posen, 1995; Walsh, 1995). Derivada da visão do Banco Central como o "guardião da moeda", essa perspectiva conjuga dois elementos. Em primeiro plano, a instituição deve ter um grau suficiente de liberdade de ação para perseguir o objetivo primordial da autoridade monetária: o poder de compra das moedas nacionais através de taxas baixas de inflação (Rogoff, 1985). Em segundo lugar, a independência dos Bancos Centrais também implicaria um grau elevado de autonomia dos seus dirigentes diante dos políticos (chefes de governo, gabinete ministerial, parlamentares etc.) para que pudessem definir os instrumentos de política monetária a fim de garantir a preservação do valor das moedas de seus países. Os defensores da necessidade de Bancos Centrais independentes argumentam que, caso essas autoridades monetárias não sejam autônomas, políticos eleitos

[1] Publicado originalmente em francês como: Codato, A., Perissinotto, R., Dantas, E. G. e Cavalieri, M. "La connexion financière. La porte tournante de la Banque centrale du Brésil". *Gouvernement et Action Publique.* Paris, ano 8, nº 1 (2019), pp. 137-155. Disponível em: <https://doi.org/10.3917/gap.191.0137>. Acesso em: 24 out. 2022.

sempre poderão utilizar os poderosos instrumentos de política da autoridade monetária para manipular variáveis econômicas sensíveis com propósitos completamente diferentes da manutenção da estabilidade monetária. Em geral, esses fins estariam subordinados a desejos políticos muito imediatos, mesmo que isso implicasse em maiores taxas de inflação (Sargent e Wallace, 1981; Cukierman, Web e Neyapti, 1992; Alesina e Summers, 1993). O argumento supõe que em determinados contextos políticos – proximidade de uma eleição, por exemplo, ou baixas taxas de popularidade presidencial – seria racional, por parte dos agentes políticos, trocar o objetivo de estabilidade monetária por redução do desemprego no curto prazo[2].

Paralelamente à função de preservação de autoridade monetária, Bancos Centrais são também a agência reguladora dos sistemas financeiros nacionais em nome da sua "solidez", isto é, da estabilidade e da solvência. Da mesma forma que existe uma literatura que trata da independência dos Bancos Centrais do ponto de vista da sua autoridade e dos meios para perseguir a estabilidade do valor da moeda, existem estudos sobre a autonomia de agências reguladoras diante dos setores da economia que elas devem regular. Nesse caso, pesquisas têm se dedicado a rastrear canais informais de comunicação e formas de interferência dos agentes regulados sobre o agente regulador. Um dos modos típicos dessa influência potencial é a "porta giratória", isto é, a circulação de pessoas empregadas ora nas instituições com poder para regular, ora na indústria regulada (Cohen, 1986; Etzion e Davis, 2008; Cornaggia, Cornaggia e Xia, 2016; Shive e Forster, 2016).

---

[2] Um exemplo é o artigo 130 dos Estatutos do Sistema Europeu de Bancos Centrais (SEBC): "No exercício dos poderes e no cumprimento das atribuições e deveres que lhes são conferidos pelos Tratados e pelos Estatutos do SEBC e do BCE, nem o Banco Central Europeu, nem um banco central nacional, nem qualquer membro de seus órgãos de decisão solicitará ou receberá instruções das instituições, órgãos, escritórios ou agências da União, de qualquer governo de um Estado-Membro ou de qualquer outro órgão" (*apud* Hüser, 2014). Para um resumo das complicadas relações entre a questão da independência dos Bancos Centrais e a gestão política democrática, ver Panico e Rizza (2004).

Admite-se que esse trânsito não impede, e pode mesmo incentivar, que esses agentes estatais passem a agir para agradar instituições ou setores que deveriam vigiar a fim de garantir o avanço de suas carreiras profissionais e recompensas salariais no setor que antes regulavam (Adolph, 2013).

Todavia, a captura dos agentes reguladores do setor público se dá não apenas em nome de recompensas materiais tangíveis ("captura econômica"), mas pode ocorrer também pela via cognitiva – isto é, pode assumir a forma de uma "captura cultural", na medida em que "opera através de um conjunto de entendimentos compartilhados, mas não explicitamente declarados" entre o regulador e o regulado "sobre o mundo" econômico (Zingales, 2013; Kwak, 2014, p. 79). Portanto, o problema teórico de fundo não é simplesmente de auto interesse racionalmente definido ou de corrupção, mas diz respeito a crenças comuns sobre o que seria a boa política econômica a ser seguida pelos governos. A vantagem desse tipo de abordagem que leva em conta a captura cultural é colocar o problema da independência do Banco Central (ou de qualquer outra organização fiscalizadora) em termos menos legais e formais. Se, por um lado, é importante considerar a presença de uma legislação capaz de definir, formalmente, a autonomia operacional da instituição para atingir metas e objetivos da política econômica, sua existência, por outro lado, não é, por si mesma, garantia de que tal autonomia seja efetiva, já que o limite formal pode ser contornado pela captura da instituição por agentes material e cognitivamente propensos a agirem a favor de interesses de mercado.

As fontes profissionais de recrutamento desses agentes estatais e seus destinos depois de deixarem a instituição são, por sua vez, a dimensão empírica fundamental para se entender o funcionamento de instituições como Bancos Centrais e o seu papel na definição de políticas públicas. Padrões de carreiras profissionais e espaços sociais de recrutamento dos indivíduos que comandam uma agência pública-chave como o Banco Central oferecem bons indícios sobre como grandes organizações financeiras e grupos de interesse poderosos conseguem modelar preferências sobre decisões políticas e interferir, de maneira indireta, em instituições tidas como formalmente autônomas. Este capítulo analisa os perfis dos presidentes do Banco Central do Brasil (BC) e evidencia a existência empírica da porta giratória entre o setor público e o setor privado. Procuramos responder aqui de onde vieram os 25 presidentes do BC que serviram entre 1965 e 2016 e para onde eles foram depois de deixarem o Banco Central. Essa é uma tentativa para discutirmos a independência do Banco Central não só em relação aos políticos eleitos, mas também diante do próprio mercado que ele regula.

O capítulo está dividido em quatro partes. Na primeira, reconstruímos a história e explicamos a estrutura e as funções do Banco Central do Brasil. Na segunda, fazemos uma discussão da noção de porta giratória, procurando sistematizar as contribuições da literatura e precisar um conceito operacional e mensurável empiricamente. Optamos por uma noção restrita de porta giratória, cuja principal vantagem é ir além da constatação da mera circulação de agentes entre os setores públicos e o mercado. Na terceira parte, apresentamos os dados a respeito dos perfis e das carreiras dos 25 presidentes do BC que serviram entre 1965 e 2016 e discutimos suas particularidades através da análise de quatro perfis típicos. Na quarta parte, descrevemos as trajetórias dos presidentes antes e depois de ocuparem o posto, além de testar a existência de conexões entre o perfil profissional dominante de suas carreiras e o fato de se engajarem (ou não) no setor regulado após saírem da presidência do Banco Central. Nas conclusões, enfatizamos como o estudo empírico do fenômeno da porta giratória pode fornecer argumentos teóricos para uma discussão menos formalista e menos legalista sobre o problema da independência dos Bancos Centrais e da autonomia dos seus dirigentes.

1. O enquadramento político e administrativo do Banco Central do Brasil

O Banco Central do Brasil é a autoridade monetária clássica e ao mesmo tempo a principal agência fiscalizadora do sistema financeiro nacional. Como autoridade monetária, o BC segue o sistema de metas de inflação, no qual o instrumento da taxa básica de juros da economia é utilizado para manter o aumento generalizado de preços dentro de um objetivo anual determinado pelo Conselho Monetário Nacional[3]. Mas para perseguir esse alvo, os diretores do Banco Central, que formam o Comitê de Política Monetária (COPOM), são os tomadores de decisão sobre qual taxa básica de juros fixar periodicamente. Detendo poder de decisão sobre uma variável tão sensível para a economia e para o setor financeiro, os dirigentes do Banco Central do Brasil poderiam agir no interesse dos bancos privados e de outros credores da dívida pública brasileira, uma vez que a fixação de uma taxa de juros alta implicaria em maior remuneração desses credores da dívida pública. Da mesma forma, a taxa básica de juros elevada atuaria a favor dos emprestadores privados, já que a taxa de juros do sistema bancário privado é, majoritariamente, em função da taxa básica de juros definida pelo COPOM. Em suma, manejando a taxa de juros para conter a inflação de preços, o Banco Central pode atuar em favor de poderosos interesses do setor financeiro. Sendo assim, a circulação de agentes entre as instituições financeiras privadas (bancos, corretoras de valores, fundos de pensões etc.) e o BC seria a primeira evidência a se constatar para aventar se o fenômeno da captura dos decisores de fato ocorreria.

Em relação à função de regulação do sistema financeiro, o BC é responsável pela fiscalização das instituições bancárias, casas de câmbio, companhias hipotecárias, empresas de cartão de crédito, sociedades de crédito imobiliário, dentre outras instituições desse tipo atuantes no país. Ele também é competente para verificar e impor o cumprimento das regras prudenciais do Acordo de Basiléia, reduzindo o risco de crises financeiras sistêmicas que impactem a economia real. Finalmente, as competências do Banco Central do Brasil são tão amplas que ele também atua, principalmente junto com o Departamento de Polícia Federal, na prevenção da lavagem de dinheiro e do financiamento ao

[3] O Conselho Monetário Nacional (CMN) é formado pelo Ministro da Fazenda, pelo Ministro do Planejamento, Orçamento e Gestão e pelo Presidente do Banco Central do Brasil. Para uma visão geral sobre a estrutura político--burocrática do sistema financeiro do Brasil ver a Figura 1, adiante.

terrorismo dentro e a partir do Brasil. Sendo assim, da mesma forma como existem presunções sobre o uso das posições de comando na autoridade monetária em favor de instituições e agentes privados, é razoável assumir que, teoricamente, pessoas envolvidas na atividade fiscalizadora dos Bancos Centrais também possam atuar, por exemplo, relaxando sanções e padrões de auditoria. Detectar a circulação de indivíduos entre o Banco Central do Brasil e as instituições reguladas por ele é o primeiro passo para se estudar a magnitude da porta giratória e a existência ou não de captura da agenda e dos objetivos da política econômica pelos interesses de mercado.

1.1. A história institucional do Banco Central do Brasil

O Banco Central do Brasil foi criado em 31 de dezembro de 1964, no início do regime ditatorial-militar, e passou a funcionar efetivamente em março do ano seguinte (Lei no. 4.595). Ele é uma instituição relativamente nova mesmo para os padrões latino-americanos, onde apenas três outros bancos centrais foram criados após o brasileiro: os do Uruguai, do Haiti e de Cuba. Na região, a maioria das autoridades monetárias centrais foi criada ainda na década de 1920 ou de 1930.

Antes disso, três outras instituições estatais dividiam as funções de um banco central: o Banco do Brasil (BB), a Superintendência da Moeda e do Crédito (SUMOC) e o Tesouro Nacional (subordinado ao Ministério da Fazenda). O BB funcionava como o banco estatal por excelência, a SUMOC estabelecia as regulamentações do sistema financeiro e o Tesouro emitia o papel-moeda. A SUMOC, que existiu de 1945 até 1964, foi o ramo do Estado que deu origem ao BC, fornecendo inclusive o seu primeiro presidente, o economista Dênio Nogueira. O BB foi importante para fornecer ao Banco Central quadros especializados. Do Banco do Brasil saíram outros dois presidentes nos anos iniciais (Ernane Galvêas e Carlos Brandão). Nos anos 1980 o Banco Central brasileiro consolidou-se, enfim, como o "banco dos bancos" no sistema financeiro nacional. Em 1985, graças ao reordenamento promovido pelo primeiro governo civil após a ditadura militar (1964-1985), a contabilidade do BC, do Tesouro Nacional e do Banco do Brasil foram enfim separadas. No ano seguinte teve fim a monta Movimento[4]. Em 1988 o BB teve suas funções de administração da dívida pública e de autoridade monetária totalmente transferidas para o Tesouro e para o Banco Central, dando origem à configuração institucional atual do Sistema Financeiro Nacional (ver Figura 1 adiante).

O Banco Central brasileiro se estruturou tendo à frente um presidente (sem vice ou substituto eventual) e, abaixo dele, uma diretoria. O número de diretores do BC variou bastante, mas desde 1985 é de oito indivíduos[5]. O presidente do Banco Central tem *status* de ministro de Estado desde 2004. A nomeação para o comando do Banco é feita diretamente pelo presidente da República e, segundo a Constituição de 1988, essa nomeação deve ser aprovada pelo Senado Federal. A fim de escolher o presidente do BC, há consultas informais ao ministro da Fazenda. No entanto, houve, nos últimos governos nacionais, um descolamento entre o perfil do ministro da Fazenda e o do presidente do Banco Central, não estando alinhados, necessariamente, em termos da política econômica a seguir. Na realidade, eles até mesmo podem se opor sem que isso provoque a queda de um dos dois (como foi o caso nos dois governos de Lula quando Guido Mantega, Ministro da Fazenda heterodoxo, conviveu com Henrique Meirelles no BC, um estrito defensor da ortodoxia econômica).

O BC tem como missão, segundo seu site oficial, "assegurar a estabilidade do poder de compra da moeda e um sistema financeiro sólido e eficiente"[6]. Ele exerce, hoje, as seguintes funções: *i*) monopólio da emissão de moeda; *ii*) banqueiro do governo; *iii*) banco dos bancos; *iv*) supervisor do sistema financeiro; v) executor da política monetária; e

---

4 Essa era uma conta do Banco do Brasil que praticamente permitia que emitisse moeda quando o governo assim demandasse, tornando-o, na prática, um segundo Banco Central.

5 Para uma análise do perfil dos diretores do BC entre 1995 a 2014, ver o capítulo 1 deste livro.

6 Planejamento Estratégico. Disponível em: <https://www.bcb.gov.br/Pre/sobre/Pestrategico.asp>. Acesso em: 11 jul. 2017.

vi) executor da política cambial e fiel depositário das reservas internacionais (Carvalho, Oliveira e Monteiro, 2010, p. 32)[7].

O Banco Central do Brasil não era até 2021 legalmente independente – mandato fixo de presidente e diretores, recrutamento autônomo, liberdade para definir metas da política monetária sem intervenção do poder Executivo etc., mas estava submetido diretamente à Presidência da República. O chefe do governo podia demitir o presidente do BC a qualquer momento[8]. Ainda assim, desde os anos 1990, costuma-se respeitar a considerável autonomia concedida à instituição para manejar os instrumentos da política monetária. Os próprios agentes do sistema financeiro tendem a reconhecer essa autonomia operacional do Banco Central do Brasil[9]. Dias (2016) apresentou algumas opiniões de banqueiros sobre a autonomia do BCB diante da nomeação de Henrique

---

[7] Apesar de seguir as premissas gerais dos bancos centrais, há distinções importantes em relação aos dois principais bancos centrais do mundo. O *Federal Reserve*, banco central estadunidense, é organizado federativamente, tendo 12 bancos federais nas principais cidades do país e um conselho diretor como órgão federal central, o *Federal Reserve Board*. Seu sistema mescla representação pública e privada (ao contrário do Brasil), diferente da maioria dos outros bancos centrais. As diferenças do BC são grandes também quando comparado com o Banco Central Europeu e o seu Sistema Europeu de Bancos Centrais, pois este é um banco central único para todos os países que integram a zona do Euro, não tendo uma conexão direta com um governo específico.

[8] Nos dois primeiros anos de funcionamento do BC a instituição era formalmente "independente", pois os mandatos dos seus presidentes e diretores eram fixos e sua renovação se dava em períodos diferentes do cargo de ministro da Fazenda. No entanto, em 1967 o ditador Costa e Silva aboliu essa prerrogativa. No início de 2021, o presidente Bolsonaro sancionou a Lei Complementar 179/2021 que garantiu a autonomia do Banco Central. Presidente e diretores do Banco têm mandatos fixos de quatro anos, não coincidentes com o do presidente da República.

[9] Aplicando o índice de independência de Bancos Centrais de Cukierman (1992), um relatório do próprio BC demonstrou que o seu grau de autonomia passou de 0,07 no intervalo 1980-1985 para 0,42 em fins dos anos 90 (Diretoria de Política Econômica (Dipec)/Banco Central do Brasil, 1997 *apud* Mattos, 2006, p. 29).

Meirelles, ex-presidente do Bank of Boston, para a presidência da instituição após a eleição de Luís Inácio Lula da Silva em 2003. Dias cita uma declaração de Gabriel Jorge Ferreira, presidente da FEBRABAN, federação que representa os bancos privados no Brasil: "O BCB tem atuado neste governo, assim como no governo anterior [de Fernando Henrique Cardoso], com autonomia, tanto que o COPOM aumentou os juros básicos da economia neste ano. Essa é a maior demonstração de autonomia do Banco Central [...]" (Barros, 2003 *apud* Dias, 2016, p. 374) O autor cita também Alexandre Schwartsman, então economista-chefe do Unibanco, um dos maiores bancos privados do país à época, "que considerou a decisão do COPOM" em aumentar os juros como "parte do processo de construção da reputação de Henrique Meirelles como presidente da instituição" (Rangel, 2003 *apud* Dias, 2016, p. 374).

1.2. O poder de decisão sobre a política monetária do Banco Central do Brasil

A fixação da taxa básica de juros da economia nacional, em primeiro lugar, e o volume de depósito compulsório dos bancos públicos e privados são dois dos principais mecanismos da política monetária do BC. A taxa básica de juros, ou o Sistema Especial de Liquidação e de Custódia (SELIC), "é o depositário central dos títulos que compõem a dívida pública federal interna (DPMFi) de emissão do Tesouro Nacional e, nessa condição, processa a emissão, o resgate, o pagamento dos juros e a custódia desses títulos"[10]. Sua taxa serve como política de controle de preços, pois segundo extensa literatura em macroeconomia, a taxa de juros de uma economia afeta a sua taxa de inflação. A composição da cúpula do BC é de suma importância, uma vez que a meta da Taxa SELIC é decidida em reuniões que ocorrem a cada 45 dias do Comitê de Política Monetária, formado pelos oito diretores e pelo presidente do

---

[10] Sistema Especial de Liquidação e de Custódia – Selic. Disponível em: <https://www.bcb.gov.br/htms/novaPaginaSPB/Selic.asp?IDPAI=SPBLIQTIT>. Acesso em: 2 jul. 2017.

Banco Central. Nela, os nove membros do conselho decidem através do voto individual qual será a meta da SELIC a ser perseguida no próximo período até a reunião seguinte.

Apesar de sua autonomia operacional, a política posta em prática pelo BC é, em tese, decidida em uma instância superior, no Conselho Monetário Nacional. O CMN "é o órgão superior do Sistema Financeiro Nacional e tem a responsabilidade de formular a política da moeda e do crédito, objetivando a estabilidade da moeda e o desenvolvimento econômico e social do País"[11].

A Figura 1 resume o sistema financeiro do Brasil e a posição do BC na hierarquia política até 2021:

Figura 1. **Estrutura político-burocrática do sistema financeiro do Brasil**

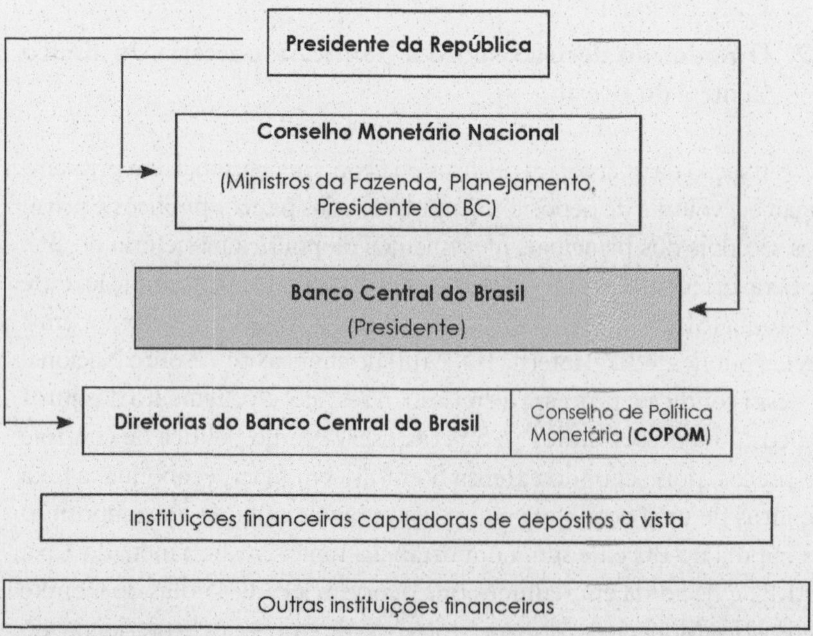

Fonte: os autores

[11] Entenda o CMN. Disponível em: <https://www.bcb.gov.br/Pre/CMN/Entenda%20o%20CMN.asp>. Acesso em: 2 jul. 2017.

Em resumo, a Presidência da República é a *instância política* máxima desse sistema. O presidente nomeia os diretores e o presidente do BC, mas seus nomes devem ser submetidos ao Senado Federal para aprovação. A *instância normativa* do sistema financeiro é o CMN. Ele é composto pelo ministro (nomeados também pelo Presidente da República) da Economia, pelo presidente do BC e pelo Secretário Especial do Tesouro e Orçamento do Ministério da Economia, mas é comandado pelo ministro da Economia. A *instância supervisora* do sistema financeiro nacional é o Banco Central, através de seu presidente. Diretamente abaixo dele há uma *instância executiva* formada por oito Diretorias especializadas (em política monetária, em fiscalização, em assuntos internacionais, em organização do sistema financeiro etc.). Seus diretores formam o Conselho de Política Monetária que define a taxa básica de juros da economia brasileira. A última instância é a *operacional*. Ela é formada por instituições captadoras de depósitos à vista (bancos comerciais) e pelas demais instituições financeiras: bancos de investimento, sociedades de seguro, fundos de pensão, intermediários financeiros e administradores de recursos de terceiros etc.

Nossa pergunta básica é: como se deu o trânsito entre os agentes encarregados da instância supervisora, os presidentes do BC, e as instituições que estão na base do mercado financeiro brasileiro?

2. Entre o mundo público e o mundo privado

Birnbaum e Badie (1976) fizeram uma diferenciação útil para apreender as diversas formas de mobilidade dos agentes do Estado entre o mundo público e o mundo dos negócios privados e as implicações sociológicas daí derivadas. Estudando o pessoal político-administrativo dos gabinetes dos primeiros-ministros e dos presidentes de De Gaulle a Chirac, estabeleceram três tipos de ganhos pessoais realizados após a saída do governo: *i*) melhoria nas condições de exercício da profissão de origem no setor público (promoção ou progressão na carreira dentro do próprio setor governo ou assunção de uma função de direção em uma empresa pública); *ii*) mudança de ocupação, mas sem mudança importante de *status* social; e *iii*) mudança de ocupação com a consequente incorporação em um novo "campo social". Nesse último caso há, efetivamente, uma transição do campo burocrático para o campo do econômico, o que implicaria, para os altos quadros do Estado, uma ampliação e uma diversificação da sua rede de contatos sociais (1976, pp. 294-296).

Os achados posteriores de Rouban (2010) não contestam esse modelo, mas mostram uma realidade ainda mais complexa no movimento de trânsito público-privado. Sua pesquisa pôs em evidência a lógica dos percursos profissionais de 578 inspetores da *Inspection Générale des Finances* e mostrou que a *pantouflage* não é um fenômeno nem unívoco, nem unidirecional. No início do XXI, a "*logique élitaire*" não se resume mais a um processo de exportação de quadros do Estado para o setor financeiro. Ela comporta, na realidade, um movimento de *aller-retour* do serviço público para o setor privado (*pantouflage provisoire*), cada vez mais precoce na carreira desses agentes, num contexto de grande mobilidade ocupacional e de fronteiras fluidas entre o Estado e o mercado em uma economia com o grau importante de estatização como a francesa (2010, p. 23)[12].

Em relação a Bancos Centrais e a agências reguladoras em geral, a literatura apresenta duas posições distintas – uma negativa, outra positiva – no que diz respeito às razões e às consequências da circulação de agentes entre o mundo público e o privado. A primeira é a chamada relação *quid pro quo*, na qual há uma troca de favores e vantagens entre aqueles com poder decisório na agência reguladora e aqueles que estão

---

[12] Alam, Martinache e Nollet (2015), em seu estudo dos membros dos gabinetes Raffarin, Villepin e Fillon, utilizam uma definição muito ampla de porta giratória: ela pode significar tanto a saída desses assessores para o setor privado lucrativo (porta giratória *stricto sensu*), como a saída para o setor empresarial público ou ainda para outras esferas de governo (ministérios, agências públicas, *grands corps*, etc.). Em rigor, seria mais preciso se falar de uma "*vrai pantouflage*" para designar a saída, temporária ou definitiva, de administradores civis de um ministério, por exemplo, para um emprego no setor privado (Bouzidi, Gary-Bobo, Kamionka e Prieto, 2010, p. 140).

do lado da indústria regulada pelo Estado. Em uma típica relação *quid pro quo* (isto por aquilo), o regulador toma decisões favoráveis ou lenientes em relação ao regulado com vistas a obter, no futuro, um bom emprego no setor superintendido por ele. A outra forma pela qual são entendidas as relações entre regulado e regulador é a hipótese da "educação regulatória". A circulação de agentes entre o aparelho regulador e a fatia do mercado regulado por ele se daria porque profissionais de um determinado ramo (financeiro, de energia, de transportes etc.) transitariam entre um mundo e outro para apreender o funcionamento dos mecanismos de regulação e, a partir daí, poderiam usar esse conhecimento e essa *expertise* ganha na função pública em sua atuação no setor privado. Nessa versão, a atuação de ex-reguladores no mercado poderia ser positiva, uma vez que conseguiriam impor, à indústria regulada, regras mais próximas das normas e disposições preconizadas pelo órgão regulador. Shive e Forster (2016) fazem uma revisão da literatura que não é conclusiva em favor da prioridade de alguma dessas hipóteses (*quid pro quo* ou "educação regulatória"). Ainda assim, concluem que embora o comportamento *quid pro quo* não esteja ausente na passagem pela porta giratória entre as empresas financeiras e seus reguladores legais, "há uma cumplicidade derivada da aprendizagem" nas instituições reguladoras "que termina por transferir conhecimento na implementação de ações de redução de risco" nas empresas reguladas (2016, p. 36).

Adolph (2013), ao analisar o recrutamento de 600 *policy-makers* de Bancos Centrais ao redor do mundo de 1950 a 2000 em vinte países, trata da influência que a carreira anterior (*career socialization*) e a carreira posterior (*career incentives*) têm sobre a formação das preferências individuais e, consequentemente, sobre a formulação da política monetária. Para o autor, os planos futuros dos dirigentes de Bancos Centrais, isto é, a ambição em avançar em suas vidas profissionais, obter um "*good job*", sucesso pessoal e reconhecimento em termos de *status* podem vir a influenciar suas prioridades de política econômica e suas decisões sobre juros, desemprego e inflação, ainda que de forma indireta. A perspectiva de ascensão, seja dentro da organização pública, seja para outra organização, pública ou privada, cria um incentivo para agradar não somente seus superiores diretos, mas qualquer um que possa ajudar em seu êxito profissional depois de deixar o Banco Central, inclusive e principalmente seus patrões potenciais no mundo das finanças.

Maillet, González-Bustamante e Olivares (2016) analisam a circulação público-privada e a porta giratória de ministros, subsecretários e superintendentes dos três últimos governos chilenos no período entre 2000 e 2014. Apesar da heterogeneidade dessas funções político-admistrativas, "[...] os três cargos compartilham a mesma nomeação presidencial e fazem parte do mesmo espaço de poder governamental, onde as exigências de capacidade gerencial e confiança política se sobrepõem em graus variados." (Maillet, González-Bustamante e Olivares, 2016, p. 9).

Para fins analíticos, é útil diferenciar a ideia de circulação público-privada da de porta giratória. A primeira ocorre se durante os cinco anos posteriores ao exercício do cargo no setor público o indivíduo ocupa qualquer posição no setor privado. Já a porta giratória corresponde ao caso de um indivíduo que durante os cinco anos seguintes ao exercício do cargo público venha a assumir uma posição no setor privado *na mesma área* onde ele trabalhou no setor público. "Portanto, qualquer caso de porta giratória é também um caso de circulação pública-privada" (Maillet, González-Bustamante e Olivares, 2016, p. 11), mas eles são processos diferentes.

Apesar das diferenças, Shive e Forster (2016), Maillet et al. (2016), e Adolph (2013) sustentam a mesma ideia: a porta giratória é o ato de sair do setor que regula/classifica para entrar no setor regulado/classificado. Isso permite fazer uma distinção como a proposta por Maillet e seus colaboradores entre uma definição ampla de *pantouflage* e uma definição bem mais restrita. A ampla descreve o trânsito do agente do setor estatal para o mundo privado num espaço de até cinco anos contados a partir do momento em que ele deixa a função pública: este é simplesmente o movimento de circulação público-privado. A porta giratória no sentido estrito descreve o movimento de passagem do setor ou instituição *com poder de regulação para o setor ou instituição regulada por ela* também num espaço de até cinco anos.

3. Unidade na diversidade: o perfil coletivo dos presidentes do Banco Central do Brasil

Nesta seção apresentamos as trajetórias profissionais dos presidentes do Banco Central do Brasil a fim de identificar atributos específicos dos indivíduos analisados e alguns perfis de carreira típicos. Em seguida, analisamos o trânsito dos presidentes que serviram no BC entre 1965 e 2016 para o setor privado para avaliar a magnitude do fenômeno da porta giratória. Nosso interesse é verificar se existe alguma conexão entre os perfis de carreira dos presidentes e a sua passagem ou não pela porta giratória.

Sistematizamos os dados a partir das informações disponíveis do *currículo vitae* de 25 presidentes que contam na Comissão de Assuntos Econômicos do Senado Federal. Como o Senado precisa aprovar a nomeação do presidente da República, o indicado precisa ser sabatinado[13]. No dossiê que o candidato ao Banco Central apresenta, há um currículo detalhado de funções, cargos e posições que ele ocupou na universidade, na administração pública, no mundo privado, no governo etc. Para os presidentes que serviram antes de 1970 foi consultado um "*who's who*" de personalidades brasileiras, o *Dicionário Histórico-Biográfico Brasileiro*. Dados biográficos dos presidentes das décadas de 2000 e de 2010 estão disponíveis também no *website* no Banco Central do Brasil[14].

3.1. Visão do grupo e percurso dos indivíduos

Num contexto de informalismo e baixa profissionalização da burocracia em geral no Brasil, um dado chama atenção na Tabela 1. Para além de serem todos homens[15], é alta a adequação da formação

---

[13] Sobre o tema, ver o capítulo 5 deste livro.

[14] Ver <https://www.bcb.gov.br/historiacontada/>. Acesso em: 4 set. 2022.

[15] Lebaron registrou a forte masculinização desse mundo no estudo que empreendeu sobre 308 banqueiros centrais do mundo para o período 1995-2009. Nesse universo, eram 276 homens (89,6%) e apenas 32 mulheres (10,4%). Ver

acadêmica desses presidentes aos imperativos técnicos da gestão da instituição, a começar pela predominância de formados em Economia (68%) e alta a taxa de portadores de títulos de pós-graduação (68%), somando os graus de mestrado e doutorado. Além disso, a atuação no ramo das finanças, tanto no setor público (40%) como no privado (52%) antes de dirigir o BC, é algo que denuncia a grande afinidade entre a função prioritária da instituição (administrar a moeda) e o treinamento prévio dos banqueiros centrais.

Tabela 1. **Atributos socioprofissionais dos presidentes do Banco Central do Brasil (1965-2016)**

Variáveis			**Nº**	**%**
	Sexo	Homem	25	100,0
		Mulher	0	0,0
Área de formação universitária	Economia	Sim	17	68,0
		Não	8	32,0
Nível de educação superior	Títulos acadêmicos	Doutorado	11	44,0
		Ensino Técnico	2	8,0
		Especialização	4	16,0
		Graduação	2	8,0
		Mestrado	6	24,0
Experiência profissional	Trabalhou em agências financeiras internacionais	Sim	7	28,0
		Não	18	72,0
	Trabalhou na finança privada	Sim	13	52,0
		Não	12	48,0
	Trabalhou na finança pública	Sim	10	40,0
		Não	15	60,0
Experiência prévia no BC	Trabalhou no Banco Central do Brasil	Sim	12	48,0
		Não	13	52,0

Fonte: Observatório de elites políticas e sociais do Brasil (UFPR)

Lebaron (2010, p. 316). Farvaque, Hammadou e Stanek anotaram que: "Entre os 175 tomadores de decisão responsáveis pela política monetária nos 9 bancos centrais da OCDE pesquisados, apenas 20 eram mulheres (11.4 %)" (2009, p. 105).

A proximidade entre o sistema financeiro e os comandantes do BC pode ser pensada de dois modos distintos. De um lado, essa *conexão financeira* precisa ser considerada pela ótica das exigências profissionais padrão demandadas por um Banco Central. É razoável supor que as atribuições da instituição – além de autoridade monetária, a agência regula todo o complexo setor bancário no Brasil – exija treinamento e conhecimento profissional do mundo das finanças (Perissinotto, Cavalieri, Dantas e Dias, 2017). Mesmo a função de presidente do Banco Central, o dirigente máximo da instituição, que poderia ter um caráter mais político do que técnico (inclusive porque, no Brasil, a posição tem *status* de ministro de Estado), prevê grande domínio dos papéis e das rotinas do sistema financeiro em geral. Um dado não trivial – e que reforça esse aspecto da *expertise* esperada – é a quantidade daqueles que, em algum momento de suas carreiras, serviram no próprio BC como diretores antes das suas indicações como presidentes: 48%.

Por outro lado, essa mesma *conexão financeira*, quase obrigatória em razão do papel desempenhado por esses presidentes, tende a funcionar, também, como a causa primeira da "captura intelectual" (Kwak, 2014). Estudando os incentivos que levariam o regulador a ser fisgado pelos setores regulados, Zingales (2013) argumenta que a formação intelectual e a atuação prévia em um ramo profissional determinado forma visões particulares tanto sobre os agentes como sobre os setores a serem regulados. Assim, um economista que teve muito treino em finanças e atuou, por exemplo, no mercado de derivativos, dificilmente sustentaria que esse mercado oferece perigo para a estabilidade do sistema financeiro ou da economia como um todo. Nessa interpretação, o regulador seria mais leniente não por visar benefícios materiais futuros no setor regulado, mas por sua socialização – educacional e profissional – nesse ramo da indústria.

Uma análise mais detalhada das carreiras dos vinte e cinco presidentes do BC e de suas semelhanças permite propor uma tipologia empírica para agrupar a experiência desses *policy makers*. É útil classificar os indivíduos estudados em tipos profissionais, na linha do que já fizeram Lebaron e Dogan (2016, p. 8). Eles ordenaram os banqueiros centrais em três categorias: *i*) "*acadêmicos*" são aqueles cuja trajetória foi feita em universidades ou em institutos de pesquisa, primordialmente; *ii*) os "*financistas*" são aqueles que atuaram predominantemente em instituições financeiras e bancos privados; *iii*) os "*insiders*" seguiram uma carreira regular nos próprios Bancos Centrais como funcionários ou diretores antes de serem investidos como presidentes. Adicionamos a esses três tipos empíricos os *iv*) "*burocratas*", indivíduos que atuaram em instituições governamentais (ministérios, empresas estatais, departamentos de governos regionais e municipais) e em órgãos internacionais cuja indicação é feita pelo governo nacional. Não são funcionários regulares do sistema do serviço público federal, mas administradores públicos, em geral com funções executivas em bancos públicos. A Tabela 2 mostra as frequências desses quatro tipos de carreira e o predomínio de burocratas e de financistas, reservando o terceiro lugar para os acadêmicos.

Tabela 2. **Tipos profissionais dominantes dos presidentes do Banco Central do Brasil (1965-2016)**

	Frequência	Percentual
Insider	3	12,0
Professor	4	16,0
Burocrata	9	36,0
Financista	9	36,0
Total	25	100,0

Fonte: Observatório de elites políticas e sociais do Brasil (UFPR)

Embora o N do estudo seja bem pequeno (25 indivíduos), o período coberto por ele é grande (51 anos) e compreende dois regimes políticos distintos, o ditatorial (1965-1985) e o democrático (1986-2016). Dos quatro acadêmicos, três deles foram nomeados na ditadura militar, e dos nove burocratas, cinco serviram na ditadura. O reino dos financistas, nove no total, só começa no período democrático e o primeiro *insider* só será recrutado em 1992. Os burocratas trabalharam também em instituições financeiras privadas, enquanto os acadêmicos dirigiram empresas do setor produtivo. Essa tipologia corresponde, assim, à ocupação predominante em suas trajetórias profissionais, não à ocupação exclusiva. Como se sabe, indivíduos que ocupam posições de elite possuem uma trajetória longa e heterogênea, tendo experimentado ocupações de todo tipo, às vezes por curtos períodos.

Os quatro acadêmicos desse universo têm atuação concentrada em universidades e institutos de pesquisa próximas ao *mainstream*[16] no ensino da Economia, como a PUC do Rio de Janeiro (Gustavo Franco) e a Fundação Getúlio Vargas, também do Rio de Janeiro (Carlos Langoni)[17]. Dois passaram pela Universidade de São Paulo (Pastore e Ruy Leme), instituição mais pluralista, mas com grande contingente de professores e pesquisadores muito ligados ao *mainstream* da disciplina (em especial os que têm relação com finanças). Os professores, logo antes de serem nomeados presidentes do BC, ocuparam posições tanto no setor público como no privado, como na Fibra S.A.[18], no próprio Banco Central e na Secretaria da Fazenda do governo de São Paulo. O tipo de profissional que compõe o menor grupo (apenas três presidentes) é formado por aqueles cuja carreira se desenvolveu preferencialmente no Banco Central. Dois deles – Gustavo Loyola e Alexandre Tombini – foram promovidos a presidente diretamente quando ocupavam uma diretoria do BC.

---

[16] As escolas *mainstream* no Brasil são aquelas cujo ensino e pesquisa seguem principalmente os conteúdos e metodologias adotadas nas principais universidades norte-americanas. Como no Brasil existem muitas escolas que podem ser ditas pluralistas (que ensinam e pesquisam dentro do *mainstream* e da heterodoxia), e mesmo escolas completamente heterodoxas, é importante notar que a predominância dos acadêmicos *mainstream* no BC é uma característica notável, reservando a apenas um determinado perfil metodológico-teórico as cadeiras mais relevantes da autoridade monetária brasileira. Sobre esse tópico, ver o capítulo 1 deste livro.

[17] Ruy Leme atuou na Escola Politécnica da Universidade de São Paulo e Langoni também foi professor da USP.

[18] O Grupo Fibra é o braço financeiro do Grupo Vicunha, proprietário da maior indústria têxtil da América Latina e do Grupo CSN (Companhia Siderúrgica Nacional), gigante empresarial do setor de aço.

O Quadro 1 traz as datas de investidura na função e mostra quem é quem ligando os nomes aos tipos típicos. Essa sistematização contém apenas a última posição ocupada antes de assumir a presidência do BC, o que pode não dar uma ideia precisa do fato de que os tipos de instituições (pública, privada, financeira, internacional etc.) se misturam durante a carreira dos banqueiros centrais.

3.2. Canais de recrutamento

Consideremos agora quatro casos exemplares para ilustrar concretamente cada um desses tipos empíricos. Apresentamos em detalhe os perfis de Gustavo Franco, Pedro Malan, Francisco Gros e Alexandre Tombini. Para essa sistematização das trajetórias profissionais, identificamos as diversas posições ocupadas ao longo de suas carreiras até o momento em que assumiram a presidência do BC. Utilizamos todas as informações disponíveis em seus currículos pessoais e na literatura secundária. Com base nesses dados, elaboramos uma escala em que, para cada ano passado no exercício em um dado setor de atividade – administração pública, administração privada, banco público, banco privado, universidade, agências financeiras internacionais, política representativa e o próprio Banco Central do Brasil – foi atribuído 0,05 ponto. Esse procedimento resultou numa escala de 0 a 1 para cada tipo de experiência profissional, sendo que zero representa total distanciamento em relação a determinado perfil de carreira e 1 total coincidência. A maior pontuação foi assumida como o perfil profissional predominante. Esse procedimento é mais preciso do que aquele que considera a natureza da última posição ocupada antes do recrutamento.

O caso mais ilustrativo do perfil de acadêmico é o de Gustavo Franco. Sua trajetória pode ser representada graficamente pela Figura 2.

Quadro 1. **Presidentes do Banco Central do Brasil: perfil de carreira, instituição no momento do recrutamento e instituição imediatamente posterior ao cargo**

Presidente	Ano de entrada	Ano de saída	Perfil	Instituição imediatamente anterior	Porta giratória	Instituição da porta giratória
Dênio Nogueira	1965	1967	Burocrata	Superintendência da Moeda e do Crédito	Sim	Banco Geral do Brasil
Ruy Leme	1967	1968	Professor	FIBRA S.A.	Sim	Companhia de Crédito e Financiamento e Investimento
Ernane Galvêas (1)*	1968	1974	Burocrata	Banco do Brasil	Não	
Paulo Lira	1974	1979	Burocrata	Banco Central do Brasil	Não	
Carlos Brandao	1979	1979	Burocrata	Banco do Brasil	Sim	Banco Econômico
Ernane Galvêas (2)	1979	1980	Burocrata	Aracruz Celulose	Não	Ministério da Fazenda
Carlos Langoni	1980	1983	Professor	Banco Central do Brasil	Não	
Afonso Celso Pastore	1983	1985	Professor	Secretaria da Fazenda do governo de São Paulo	Sim	AC Pastore & Associados
Antonio Carlos Lemgruber	1985	1985	Financista	Banco Boavista	Sim	Banco Boavista
Fernão Bracher	1985	1987	Financista	Bradesco	Sim	CA-BB Banco de Investimentos S.A./ Creditanstalt Bankverein
Francisco Gros (1)	1987	1987	Financista	Banco Nacional de Desenvolvimento Econômico e Social	Sim	BFC Banco S.A.
Fernando Milliet	1987	1988	Burocrata	Soma Clube de Seguros	Sim	Grupo Soma
Elmo Camões	1988	1989	Financista	Société Générale	Sim	Seomac Participações Investimentos e Representações Ltda.
Wadico Bucchi	1989	1990	Burocrata	Banco Central do Brasil	Sim	Previplan Consultoria & Planejamento Ltda.
Ibrahim Eris	1990	1991	Financista	Patente Consultoria	Sim	Linear Investimentos
Francisco Gros (2)	1991	1992	Financista	BFC Banco S.A.	Sim	Banco Morgan Stanley S.A.
Gustavo Loyola (1)	1992	1993	*Insider*	Banco Central do Brasil	Sim	MCM Consultores Associados
Paulo Cesar Ximenes	1993	1993	*Insider*	Banco Interamericano de Desenvolvimento	Sim	Banco do Brasil
Pedro Malan	1993	1994	Burocrata	Banco Mundial	Não	Ministério da Fazenda
Pérsio Arida	1995	1995	Burocrata	Banco Nacional de Desenvolvimento Econômico e Social	Sim	Opportunity Asset Management Ltda.
Gustavo Loyola (2)	1995	1987	Financista	MCM Consultores	Sim	Gustavo Loiola Consultoria S/C Ltda.
Gustavo Franco	1997	1999	Professor	Banco Central do Brasil/Diretoria de Política Econômica	Sim	Rio Bravo Investimentos
Armínio Fraga	1999	2002	Financista	Soros Fund Management LLC	Sim	Gávea Investimentos
Henrique Meirelles	2003	2010	Financista	Global Banking do FleetBoston Financial	Sim	J&F Investimentos S.A.
Alexandre Tombini	2011	2016	*Insider*	Banco Central do Brasil	Não	Fundo Monetário Internacional

* Os números entre parênteses indicam que esses indivíduos foram presidentes do Banco Central do Brasil mais de uma vez.

Fonte: Observatório de elites políticas e sociais do Brasil (UFPR)

Figura 2. **Perfil de carreira de Gustavo Franco conforme o escore de experiência profissional**

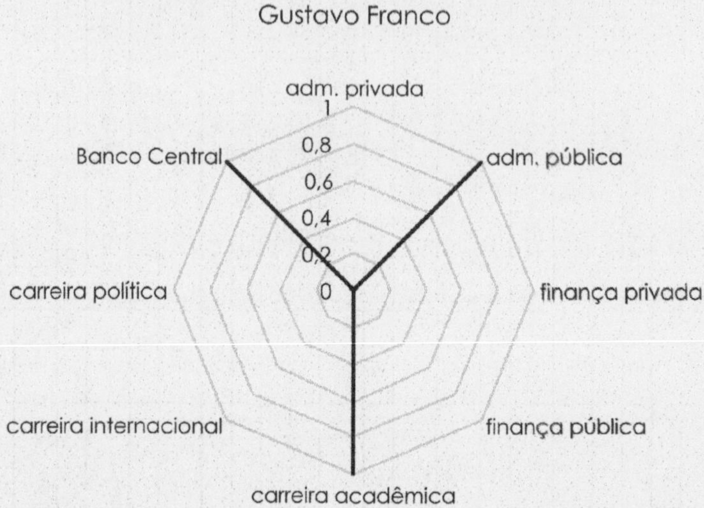

Fonte: elaboração dos autores a partir do *Curriculum Vitae*/Comissão de Assuntos Econômicos do Senado Federal e *Dicionário Histórico-Biográfico Brasileiro*

Gustavo Franco é uma das figuras mais emblemáticas da comunidade de economistas brasileiros. Fez graduação e mestrado em Economia na PUC do Rio de Janeiro (1979) e doutorou-se também em Economia na Universidade de Harvard (1986). Já com destaque acadêmico desde a pós-graduação, quando conquistou com a dissertação e com a tese dois dos principais prêmios na área de economia no Brasil, voltou à PUC-Rio como professor. Sua tese de doutorado, "*Aspects of Economics of Hyperinflation*", supervisionada pelo famoso economista Jefrey Sachs, é um dos principais trabalhos sobre o problema da inflação no Brasil. Franco fez parte do núcleo da equipe de formuladores do Plano Real, nomeado por Fernando Henrique Cardoso para um cargo de segundo escalão no ministério (D'Araujo, Farias e Hippolito, 2005, p. 67). O Plano Real foi o plano econômico mais bem-sucedido da história econômica brasileira. Foi o responsável por mitigar a hiperinflação no final do século XX. Foi sua participação na equipe que elaborou o Plano Real que projetou o professor de Economia para ocupar postos importantes no Estado. Antes de se tornar presidente do BC (1997), foi Diretor de Política Econômica do Banco. Em texto que é uma espécie de autobiografia intelectual, e que conta também a história do Departamento de Economia da PUC do Rio de Janeiro, percebe-se como Franco sempre esteve envolvido com discussões acadêmicas de ponta até sua ascensão ao cargo de banqueiro central (Franco, 2007).

Pedro Malan é o típico burocrata que combinou atuações na administração pública e em agências internacionais (Figura 3).

Figura 3. **Perfil de carreira de Pedro Malan conforme o escore de experiência profissional**

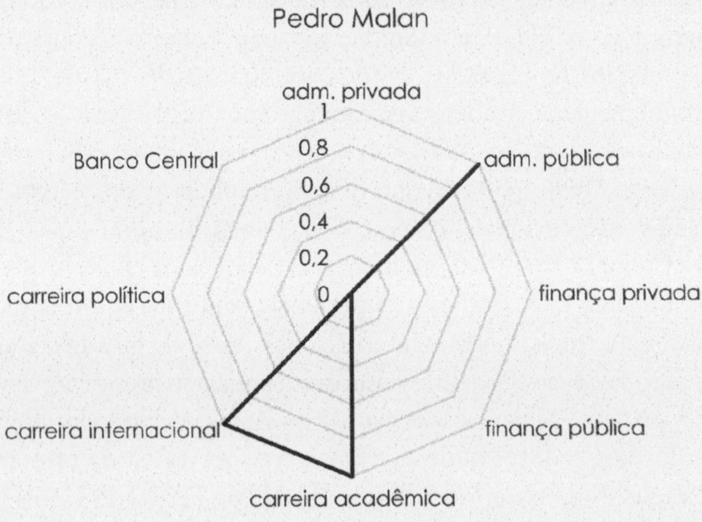

Fonte: elaboração dos autores a partir do *Curriculum Vitae*/Comissão de Assuntos Econômicos do Senado Federal e *Dicionário Histórico-Biográfico Brasileiro*

Malan formou-se em Engenharia na PUC do Rio de Janeiro (1965), doutorando-se em Economia pela Universidade de Berkeley (1973). Apesar de ter tomado parte no grupo que fundou o importante curso de pós-graduação do Departamento de Economia da PUC-Rio no final dos anos 1970, Malan acabou desenvolvendo uma carreira mais voltada à atuação no setor público. Ele atesta que sua atividade acadêmica nunca teve a mesma intensidade de seus colegas de Departamento (D'Araujo, Farias e Hippolito, 2005, p. 65). Funcionário desde 1966 do Instituto de Pesquisa Econômica Aplicada (IPEA), um instituto voltado ao assessoramento do Governo Federal, Malan dividiu-se entre a academia e o governo, com predominância da atuação nesse último. De uma geração um pouco mais velha que a de Gustavo Franco, Malan sugere que a atuação de economistas como ele em diferentes ramos devia-se ao fato de que eram poucos os economistas bem formados capazes de assessorar e administrar políticas econômicas no Brasil dos anos 1970 e 1980. Desse modo, complementa ele, mesmo que um economista desejasse atuar exclusivamente na academia, ao destacar-se profissionalmente, seu nome seria inevitavelmente lembrado para atuar no governo. Nesse sentido, ele compara como os economistas mais destacados nos Estados Unidos já eram, na década de 1970 e 1980, eminentemente acadêmicos, enquanto no Brasil a atuação desses profissionais era muito mais diversificada profissionalmente (Biderman, Cozac e Rego, 1996, p. 9). Malan ocupou também vários cargos em organismos internacionais, como ONU, Banco Mundial e BID. No governo Collor (1990-1992), foi nomeado negociador-chefe da dívida externa brasileira. É com essa experiência tanto na administração pública quanto em organismos internacionais, além do prestígio adquirido na pesquisa acadêmica brasileira, que é nomeado presidente do BC em 1993. Depois, Malan assumiria o Ministério da Fazenda durante o governo de Cardoso, onde permaneceria por cerca de oito anos (praticamente todo o período de presidência de Fernando Henrique, 1995-2003).

Francisco Gros é o tipo puro financista com intenso trânsito no mercado financeiro nacional e estrangeiro, em especial norte-americano (Figura 4). Foi presidente do Banco Central brasileiro por duas vezes (em 1987 e depois em 1991-1992).

Figura 4. **Perfil de carreira de Francisco Gros conforme o escore de experiência profissional**

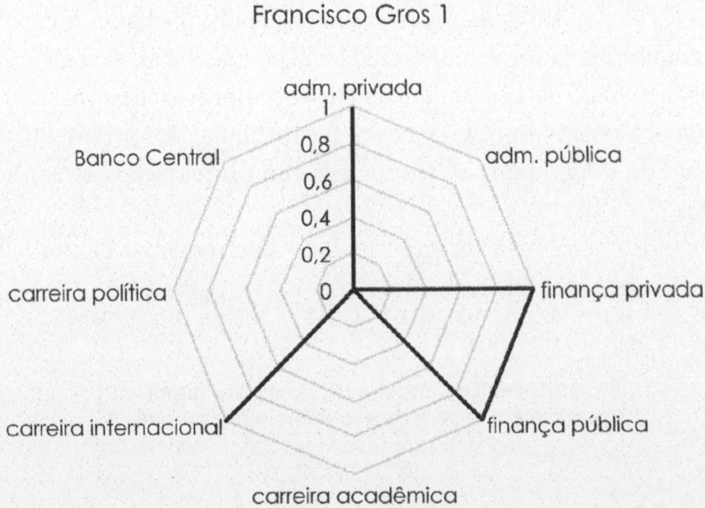

Fonte: elaboração dos autores a partir do *Curriculum Vitae*/Comissão de Assuntos Econômicos do Senado Federal e *Dicionário Histórico-Biográfico Brasileiro*

Filho de família rica, Gros frequentou apenas universidades nos Estados Unidos, em Princeton (a Woodrow Wilson School of Public and International Affairs) e Columbia, onde obteve seu mestrado (1967). Apesar de ter iniciado sua vida profissional no Brasil no banco de investimentos Metropolitana, voltou para trabalhar nos EUA. Além de atuar em bancos e corretoras, Gros teve duas experiências dentro do Estado, a primeira como superintendente de empresas da Comissão de Valores Mobiliários (CVM), uma autarquia ligada ao Ministério da Fazenda responsável por fiscalizar, normatizar, disciplinar e desenvolver o mercado de valores mobiliários no país. Já a segunda foi na diretoria de mercado de capitais do Banco Nacional do Desenvolvimento Econômico e Social (BNDES), o principal banco estatal de desenvolvimento do país[19]. Francisco Gros dedicou grande

[19] Sobre o BNDES, ver o capítulo 7 deste livro.

parte de sua vida profissional antes do BC ao mercado financeiro privado (Kidder, Peabody & Co., Unibanco). No entanto, também serviu a entidades públicas que atuavam na área de mercado de capitais, seja regulando, seja fornecendo crédito. Após deixar o Banco Central do Brasil em maio de 1987, adquiriu em novembro do mesmo ano 33% das cotas acionárias do BFC Banco S/A e tornou-se seu presidente. Em dezembro de 1995 o Banco Central decretou a liquidação extrajudicial do BFC.

Alexandre Tombini é o *insider* típico, como mostra a Figura 5. É o presidente que teve uma trajetória dentro do próprio BC.

Figura 5. **Perfil de carreira de Alexandre Tombini conforme o escore de experiência profissional**

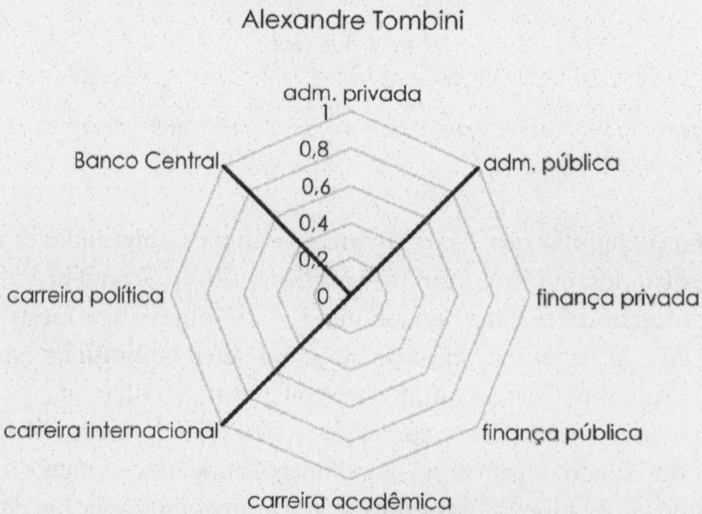

Fonte: elaboração dos autores a partir do *Curriculum Vitae*/Comissão de Assuntos Econômicos do Senado Federal e *Dicionário Histórico-Biográfico Brasileiro*

Tombini é, desde 1998, funcionário de carreira do BC. Com uma forte formação acadêmica, graduado pela Universidade de Brasília e doutorado pela University of Illinois at Urbana-Champaign (1991), ele circulou pela administração pública fora do Banco quando ocupou alguns cargos de assessoria nos ministérios do Planejamento e da Fazenda, e depois no Banco Central, ocupando desde posições de gerência até diretorias. Tombini nunca foi um acadêmico em período integral. Chegou a dar aulas na Universidade de Brasília por menos de dois anos (1993-1994). No início de sua carreira como servidor do BC foi o ponto de contato entre a Diretoria de Supervisão e as áreas correspondentes no Banco Mundial e no Banco Internacional de Pagamentos (BIS). Organizou o Departamento de Estudos e Pesquisas do Banco Central do Brasil, órgão responsável pela elaboração e apresentação dos cenários econômicos, projeções da inflação e simulações da economia. Também trabalhou, entre 2001 e 2005, no Escritório da representação brasileira do Fundo Monetário Internacional (FMI) em Washington D.C. Ao voltar ao Brasil, tornou-se, em 2006 e até assumir a presidência do BC em 2011, o Diretor de Normas e Organização do Sistema Financeiro do Banco Central. Sua atuação foi exclusivamente em órgãos de governo e em organismos internacionais indicado pelo governo brasileiro. É um caso de perfil completamente desligado do mercado financeiro privado.

4. A circulação entre dois mundos

Como esses quatro tipos típicos de carreira – *insider*, professor, burocrata, financista – circularam entre a esfera do Estado e o mundo do mercado? E, mais importante para nossa análise, que tipo de trânsito foi esse? Trata-se de mera passagem do setor público para o setor privado ou é, na realidade, uma movimentação típica em direção aos setores regulados pelo Banco Central do Brasil, num caso clássico de porta giratória?

Quando analisamos a circulação entre esses dois mundos desde uma perspectiva mais ampla, isto é, quando nos perguntamos se os banqueiros centrais brasileiros arrumaram emprego em alguma instituição do mercado (financeira ou não financeira) em até cinco anos depois de deixar o comando do Banco Central, os dados dizem que 84% (ou 21 indivíduos) sim e apenas 16% (ou quatro), não.

A Tabela 3 mostra que essa característica, como era de se esperar, é particularmente acentuada entre aqueles que têm uma carreira prévia construída preferencialmente fora do BC, sobretudo para aqueles que vêm dos mundos financeiro e acadêmico, sendo os *insiders* os menos propensos a esse tipo de movimentação.

Tabela 3. **Circulação público-privada (após cinco anos) por perfil profissional**

	Sim	Não	Total
Professor	4	0	4
Burocrata	7	2	9
Financista	9	0	9
Insider	1	2	3
Total	21	4	25

Fonte: Observatório de elites políticas e sociais do Brasil (UFPR)

Burocratas e *insiders* são oriundos do setor público e são os únicos tipos que retornam a ele após deixarem a presidência do BC (ainda que, no caso dos burocratas, essa seja uma fração mínima, apenas dois em nove casos). Os banqueiros centrais financistas vêm do mercado financeiro e voltam para ele após a passagem pela autoridade monetária. Presidentes cuja carreira-tipo é a de acadêmico tendem a aproveitar tanto os padrões menos rígidos e os menores compromissos com suas organizações de origem, quanto o tipo de saber acumulado na passagem pelo Banco Central para migrarem para o mercado das finanças. Às vezes nem se trata de uma migração em sentido estrito, pois tanto no Brasil como nos EUA, professores de universidade atuam paralelamente também como consultores, administradores de fundos de investimento e administradores de instituições financeiras. Essa transição é então mais ou menos prevista, tratando-se apenas da redistribuição do tempo de trabalho entre um tipo de instituição e outra.

É lícito supor que os funcionários de profissão (e aqui pensamos tanto nos *insiders* como nos burocratas propriamente ditos) tenham maior propensão a trafegarem apenas pelo setor público exatamente porque possuem um tipo de conhecimento especializado derivado da experiência no Estado e que pode ser replicado no funcionamento do próprio Estado. A remuneração no setor público pode não ser muito atraente para ex-presidentes do BC, mas assumir o Ministério da Fazenda, por exemplo, garante, além da remuneração básica de ministro, uma série de complementos financeiros na forma de pagamentos por participação em conselhos de empresas estatais que podem multiplicar por várias vezes os rendimentos de um ministro de Estado. Nossos dados, portanto, mostram algo diferente do que Lucca, Seru e Trebbi (2014) identificaram para a o fluxo de indivíduos entre o público e o privado na regulação financeira norte-americana. Eles encontraram circulação dependente de fatores contextuais, tais como o aumento de lucratividade dos bancos privados, que fazem com que reguladores deixem o governo em busca de vantagens e salários maiores no setor privado, gerando um problema para a retenção de quadros altamente especializados no setor público. O contraste fica ainda mais expressivo porque enquanto os autores verificaram nos EUA esse comportamento para o conjunto de reguladores de primeiro e segundo escalões, nossos dados são para os banqueiros centrais, indivíduos que deveriam ser mais ainda atraídos por altas remunerações no setor privado, uma vez que como dirigentes máximos da instituição acumularam conhecimento, informação, *status* e uma vasta rede de contatos no mundo das finanças.

Se considerarmos a hipótese da experiência como fator crucial para a permanência do indivíduo em um setor, o mesmo se pode dizer daqueles que operam no setor financeiro, que vão e voltam para o mercado bancário e para assessorias de administração de fortunas porque podem usar aí seus conhecimentos em gestão de ativos financeiros. Como nota Zingales (2013), as capacidades desenvolvidas pela educação e ao longo da carreira são muito específicas e devem ser ainda mais em se tratando de profissionais altamente treinados como é o caso dos banqueiros centrais. Assim, a conexão financeira aparece como "natural" já que, além de tudo, mantiveram ou desenvolveram redes de contatos na indústria financeira. Enfim, há uma motivação de ordem subjetiva em jogo: para os financistas, suas relações profissionais foram desenvolvidas dentro do setor que regulam e há a expectativa de não diminuir o seu capital social entre os pares do setor financeiro, mantendo o *status* que tinham antes de assumir a função de regulador. Esse dado é ainda mais importante quando os casos são de porta giratória e não só de mera circulação público-privada.

4.1. A generalização da porta giratória

Os agentes públicos que têm a expectativa de retornar ao mesmo setor que regularam durante sua passagem pelo governo possuem incentivos potenciais para serem mais lenientes no processo de supervisão (no sentido clássico do *quid pro quo*). Presidentes do Banco Central do Brasil conseguem, num intervalo de até cinco anos depois de terem deixado o cargo, emprego em alguma instituição do setor financeiro regulado pela agência que dirigiram? Nossos dados (ver Quadro 1 acima) mostram que 19 (ou 76%) passaram pela porta giratória contra apenas 6 presidentes (24%) que não passaram. Mas se a porta giratória ocorre com essa frequência, com que tipos profissionais ela mais ocorre?

Nesta seção descrevemos os resultados da Análise de Correspondência Múltipla que combina três variáveis: *perfis profissionais* – professor, burocrata, financista e *insider* –, *indivíduos* – cada um dos 25 banqueiros centrais – e o *tipo de instituição* da porta giratória – bancos comerciais, bancos públicos, empresas de investimento e o setor financeiro de firmas privadas. A proximidade entre os pontos no gráfico (em medidas de distância *qui-quadrado*) indica similaridade entre as categorias de uma variável e associações entre as categorias e os indivíduos ou grupos de indivíduos (da mesma maneira que a distância indica dissimilaridade) (Greenacre, 2007).

O objetivo da utilização dessa técnica foi identificar a associação entre categorias de linhas ("tipos de presidentes") e as categorias de colunas (a natureza das portas de saída) por meio das suas distâncias no plano multidimensional. Associações entre as categorias dessas variáveis e a formação de conglomerados com características semelhantes podem ser vistas analisando-se a proximidade entre os pontos no Gráfico 6.

Figura 6. **Análise de correspondências múltiplas das trajetórias dos presidentes do Banco Central do Brasil entre 1965-2016 (N = 25) (Projeção de variáveis e indivíduos, escalas máximas dos eixos)**

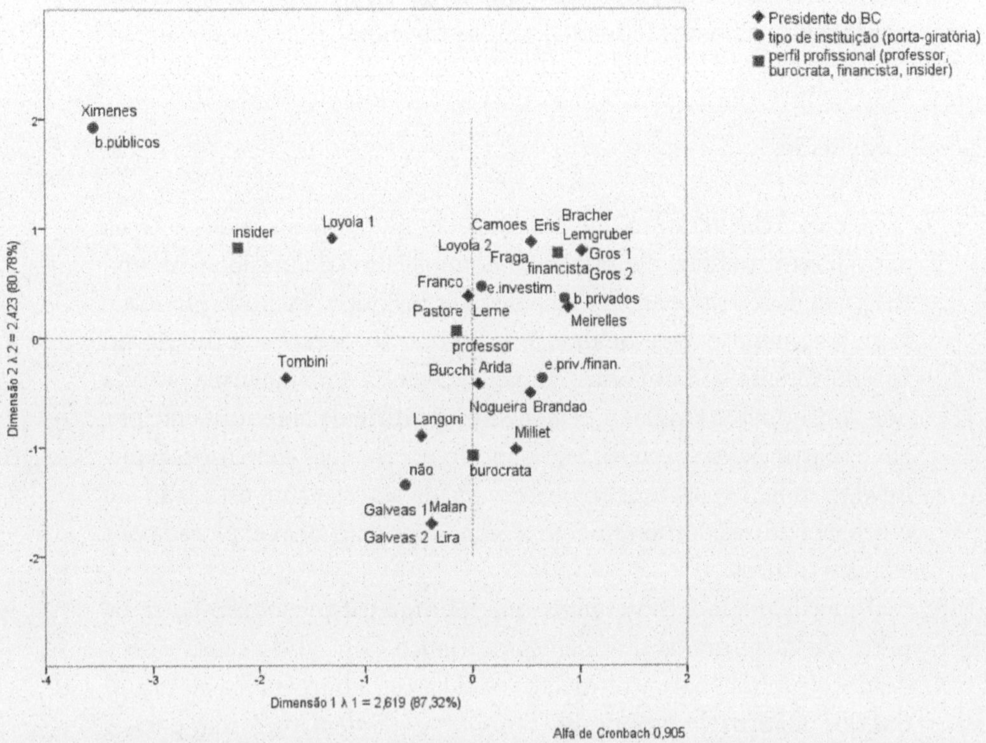

Fonte: Observatório de elites políticas e sociais do Brasil (UFPR)

No lado negativo do fator 1 estão os burocratas. Eles não migram do BC para o setor regulado e formam claramente um *cluster* separado. Posicionadas no lado positivo do fator 2 estão as características opostas. Financistas e professores passam pela porta giratória em direção a bancos comerciais, empresas de investimento e o setor financeiro de firmas privadas. Há um terceiro *cluster* isolado na parte negativa do fator 2 que reúne um presidente (Paulo Cesar Ximenes) e associa sua saída a um banco público (*Banco do Brasil)* que, no Brasil, tem função estritamente comercial, isto é, é objeto de regulação pelo Banco Central.

O Alfa de Cronbach (0,905) é muito alto (apesar do número baixo de variáveis de linha e coluna) e sugere que o modelo tem alta consistência interna. Assim, há de fato diferenças de trajetórias tangíveis quando se pensam nos atributos individuais desses agentes.

Conclusões

A partir da literatura que discute a circulação dos agentes estatais entre o setor público e o privado, adotou-se uma definição ao mesmo tempo mais restrita e analiticamente mais produtiva de porta giratória. Esse fenômeno ocorre quando um agente, ao deixar sua função no Estado, integra-se, num prazo de até cinco anos, em uma firma privada que atue no setor regulado pela instituição dirigida anteriormente por ele. A partir dessa precisão, este capítulo sugere duas conclusões interligadas, uma de natureza empírica – ligada ao caso aqui estudado – e outra de natureza propriamente teórica a ser mais bem explorada por estudos futuros.

Empiricamente, mostramos que há uma forte conexão entre os perfis de carreira dos presidentes do Banco Central do Brasil e seus destinos profissionais. Presidentes com carreira burocrática ou oriundos dos quadros do próprio BC ("*insiders*") tendem a retornar para as atividades de governo após deixarem o cargo, ao passo que presidentes originários do mundo acadêmico ou das finanças privadas tendem a ir para o mercado após demitirem-se ou serem demitidos da instituição. Como os acadêmicos inclinados para área de ensino sobre finanças raramente atuam somente como pesquisadores e professores "puros", eles sofrem a mesma aculturação dos presidentes-financistas, pois tendem a compartilhar com eles as mesmas redes de relacionamento pessoal e, principalmente, o mesmo tipo de visão sobre a Economia (a disciplina) e a economia (a política pública). Descobrimos também que, nesse universo de trajetórias nada aleatórias, são os financistas que mais passam pela porta giratória entre o Banco Central do Brasil e o mercado. Aqueles presidentes que vêm do mercado financeiro retornam a ele logo após ocuparem o comando do BC e passam a atuar em empresas (quando não criam as suas próprias) que foram alvo da regulação da autoridade monetária.

Do ponto de vista teórico, é preciso enfatizar a homologia entre a função do Banco Central do Brasil na estrutura do Estado e a sua conexão com tipos preferenciais de carreira profissional.

As rotinas internas e as atribuições econômicas de um aparelho de cúpula do sistema de aparelhos do Estado exigem profissionais com um tipo de formação e treinamento muito específico. O Banco Central do Brasil é, de um lado, uma instituição organizada segundo os princípios da burocracia governamental (recrutamento por competência, universalismo de procedimentos, racionalidade decisória etc.). Enquanto tal, é uns dos polos mais disputados por servidores públicos de carreira de alto nível, cuja trajetória profissional se desenvolve tanto dentro quanto fora do Banco, como revelaram os perfis dos burocratas e dos *insiders*. Por outro lado, o Banco Central é também a instituição responsável funcionalmente pela administração do sistema monetário e financeiro. Nessa condição, o BC não pode deixar de contar com a cooperação técnica de indivíduos com um conhecimento extremamente complexo da área regulada. Nesse caso, tanto acadêmicos como os próprios financistas são preferencialmente recrutáveis para esse lugar estratégico no Estado. Todavia, eles importam não somente o conhecimento específico necessário para comandar um Banco Central, como também uma propensão cognitiva a fazê-lo adotando posturas esperadas e aprovadas quanto à "boa" teoria econômica a ser utilizada no exercício da função.

Exatamente por existir uma homologia entre a *função especializada* dos Bancos Centrais e os *tipos de carreira* aqui analisados é que discussões sobre a independência de Bancos Centrais não devem ser colocadas em termos estritamente formalistas, isto é, de ausência ou presença de uma legislação que oficialize, em termos meramente burocráticos, sua liberdade de ação sobre instrumentos de política econômica. A atuação de agentes conectados com o mercado financeiro, graças a esse movimento de ida e vinda pela porta giratória, pode ser vista como uma forma eficiente para garantir que o regulador do sistema opere, em geral, de acordo com as assim chamadas "expectativas do mercado", sem que os próprios interessados do mundo dos negócios precisem atuar como grupos de influência ou de pressão sobre a agência.

Estudos de perfis profissionais contribuem para a constatação de que a captura desses agentes não é um detalhe menor ou uma consequência inesperada. Ela está evidenciada pela circulação público-privada e, em especial, pela existência da porta giratória constatada aqui. A porta giratória, principalmente entre os presidentes financistas e acadêmicos, indica a possibilidade da ocorrência de uma captura mais sutil e mais velada do que aquela motivada por interesses materiais ou focados nas carreiras individuais. Essa sorte de captura "cultural" opera através da socialização dos *policy makers* via treinamento comum (nas universidades, em seus cursos de doutorados) e das *social networks* decorrentes da atuação como consultores ou como operadores no mercado financeiro. Além disso, o desejo de manutenção de *status* entre os pares de profissão (no caso, a comunidade de economistas) e a identidade com as posições sustentadas pelo grupo como o senso comum douto da área são fortes incentivos para esse tipo de captura indireta, essa "conexão financeira". Assim, presidentes do Bancos Centrais não precisam atuar de maneira racional, projetando condutas e decisões sobre o mercado regulado pela "sua" instituição em nome de vantagens futuras como se a conexão financeira só existisse em função de condutas racionais. É mais do que necessário reconhecer essa sorte de dominação simbólica a que essa elite burocrática também está sujeita – efeito e causa da porta giratória – se se quiser avançar na qualificação e compreensão da independência dos Bancos Centrais no debate público.

Referências

Adolph, C. *Bankers, Bureaucrates, and Central Bank Politics: the Myth of Neutrality*. New York: Cambridge University Press, 2013.

Alam, T., Martinache, I. e Nollet, J. "Que devient-on au sortir d'un cabinet ministériel?". *In*: Eymeri-Douzans, J.-M., Bioy, X., and Mouton, S. (ed.). *Le règne des entourages. Cabinets et conseillers de l'exécutif*. Paris: Presses de Sciences Po « Académique », 2015, pp. 485-502.

Alesina, A. F. e Summers, L. H. “Central Bank Independence and Macroeconomic Performance: Some Comparative Evidence”. *Journal of Money, Credit and Banking*. Ohio State University Press: [*S.l.*], ano 25, nº 2, (1993), pp. 151-162. Disponível em: <https://doi.org/10.2307/2077833> Acesso em: 24 out. 2022.

Barros, G. “BC já age como autônomo, diz Febraban”. *Folha de S.Paulo*, 28 mar. 2003. Disponível em: <https://www1.folha.uol.com.br/fsp/brasil/fc2803200315.htm> Acesso em: 24 out. 2022.

Biderman, C., Cozac, L. F. L. e Rego, J. M. (ed.). *Conversas com economistas brasileiros*. São Paulo: Editora 34, 1996. Disponível em: <http://bibliotecadigital.fgv.br/dspace/handle/10438/2938>.Acesso em: 18 ago. 2014.

Birnbaum, P. e Badie, B. “L'autonomie des institutions politico-administratives: le rôle des cabinets des présidents de la République et des Premiers ministres sous la Cinquième République”. *Revue française de science politique*. Persée: [*S.l.*], ano 26, nº 2 (1976), pp. 286-322. Disponível em: <https://doi.org/10.3406/rfsp.1976.418235>. Acesso em: 24 out. 2022.

Bouzidi, B., Gary-Bobo, R., Kamionka, T. e Prieto, A. “Le pantouflage des énarques : une première analyse statistique”. *Revue française d'économie*. Cairninfo: [*S.l.*], ano 25, nº 3, (2010), pp. 115-146. Disponível em: <https://doi.org/10.3917/rfe.103.0115> Acesso em: 24 out. 2022.

Carvalho, C. E., Oliveira, G. C. de e Monteiro, M. B. *O Banco Central do Brasil: institucionalidade, relações com o Estado e com a sociedade civil, autonomia e controle democrático, Texto para discussão*. Brasília – DF, Brasil: Instituto de Pesquisa Econômica Aplicada – IPEA, 2010.

Cohen, J. E. “The Dynamics of the “Revolving Door” on the FCC”. *American Journal of Political Science*. JSTOR: [*S.l.*], ano 30, nº 4 (1986), pp. 689-708. Disponível em: <https://doi.org/10.2307/2111268> Acesso em: 24 out. 2022.

Cornaggia, J., Cornaggia, K. J. e Xia, H. (2016) ‘Revolving doors on Wall Street’, *Journal of Financial Economics*. Elsevier: [*S.l.*], ano 120, nº 2, (2016), pp. 400-419. Disponível em: <https://doi.org/10.1016/j.jfineco.2016.01.007> Acesso em: 24 out. 2022.

Cukierman, A. *Central Bank Strategy, Credibility, and Independence: Theory and Evidence*. Cambridge: The MIT Press, 1992.

Cukierman, A., Web, S. B. e Neyapti, B. “Measuring the Independence of Central Banks and Its Effect on Policy Outcomes”. *The World Bank Economic Review*. Oxford Academic: [*S.l.*], ano 6, nº 3 (1992), pp. 353-398.

Disponível em: <https://doi.org/10.1093/wber/6.3.353> Acesso em: 24 out. 2022.

D'Araujo, M. C., Farias, I. C. de e Hippolito, L. (ed.). "Os fundadores. Pedro Sampaio Malan". *In*: *IPEA 40 anos apontando caminhos. Depoimentos ao CPDOC*. Rio de Janeiro: IPEA, 2005, pp. 19-95.

Dias, R. "Autonomia do Banco Central: A legitimidade da política macroeconômica no primeiro mandato de Lula frente aos banqueiros". [*S.l.*], *Mediações – Revista de Ciências Sociais*. Ano 21, nº 1 (2016), pp. 360–383. Disponível em: <https://doi.org/10.5433/2176-6665.2016v21n1p360> Acesso em: 24 out. 2022.

Diretoria de Política Econômica (Dipec)/Banco Central do Brasil. *Autonomia dos Bancos Centrais: considerações sobre o caso brasileiro*. Brasília: Banco Central do Brasil, 1997.

Etzion, D. e Davis, G. F. "Revolving Doors?: A Network Analysis of Corporate Officers and U.S. Government Officials". *Journal of Management Inquiry*. Sage journals: [*S.l.*], ano 17, nº 3 (2008), pp. 157-161. Disponível em: <https://doi.org/10.1177/1056492608316918> Acesso em: 24 out. 2022.

Farvaque, É., Hammadou, H. e Stanek, P. "Select your Committee: The Impact of Central Bankers' Background on Inflation". *Economie internationale*. Cairninfo: [*S.l.*], ano 117 (2009), pp. 99-129. Disponível em: <http://www.cairn.info/revue-economie-internationale-2009-1-page-99.htm>. Acesso em: 14 jan. 2015.

Fischer, S. "Central-Bank Independence Revisited". *American Economic Review*. Jstor: [*S.l.*], ano 85, nº 2 (1995), pp. 201-206. Disponível em: <https://www.jstor.org/stable/2117919> Acesso em: 24 out. 2022.

Franco, G. "Economia na PUC-Rio: notas de uma testumunha". *In*: Szmrecsányi, T. e Coelho, F. da S. (ed.). *Ensaios de história do pensamento econômico no Brasil contemporâneo*. São Paulo: Atlas, 2007.

Greenacre, M. *Correspondence analysis in practice*. 2nd edn. London: Chapman & Hall/CRC, 2007.

Hüser, A.-C. "Bankers, Bureaucrats and Central Bank Politics. The Myth of Neutrality". *International Journal of Constitutional Law*. Oxford Academic: Frankfurt, ano 12, nº 3 (2014), pp. 835-840. Disponível em: <https://doi.org/10.1093/icon/mou056>. Acesso em: 25 out. 2022.

Kwak, J. "Cultural Capture and the Financial Crisis". *In*: Carpenter, D. e Moss, D. A. (ed.). *Preventing Regulatory Capture: Special Interest Influence andHow to Limit It.* New York: Cambridge University Press, 2014, pp. 71-98. Disponível em: <https://doi.org/10.1017/CBO9781139565875>. Acesso em: 25 out. 2022.

Lebaron, F. "European Central Bank Leaders in the Global Space of Central Bankers: A Geometric Data Analysis approach". *French Politics.* Springer: [*S.l.*], ano 8, nº 3 (2010), pp. 294-320. Disponível em: <https://doi.org/10.1057/fp.2010.15>. Acesso em: 25 out. 2022.

Lebaron, F. e Dogan, A. "Do Central Bankers' Biographies Matter?". *Sociologica.* Rivisteweb: Bolonha, ano 2 (2016), pp. 1-37. Disponível em: <https://doi.org/10.2383/85290>. Acesso em: 25 out. 2022.

Levy, D. A. "'Does an Independent Central Bank Violate Democracy?". *Journal of Post Keynesian Economics.* Tandfonline: [*S.l.*], ano 18, nº 2 (1995), pp. 189-210. Disponível em: <https://doi.org/10.1080/01603477.1995.11490068>. Acesso em: 25 out. 2022.

Lucca, D., Seru, A. e Trebbi, F. "The Revolving Door and Worker Flows in Banking Regulation". *Journal of Monetary Economics.* Elsevier: [*S.l.*], ano 65, nº 1 (2014), pp. 17-32. Disponível em: <https://doi.org/10.1016/j.jmoneco.2014.05.005>. Acesso em: 25 out. 2022.

Maillet, A., González-Bustamante, B. e Olivares L., A. *¿Puerta giratoria? Análisis de la circulación público-privada en Chile (2000-2014), Serie Documentos de Trabajo PNUD – Desigualdad.* Editado pelo Programa de las Naciones Unidas para el Desarrollo (PNUD). 7. Santiago, Chile: Programa de las Naciones Unidas para el Desarrollo (PNUD), 2016. Disponível em: <https://bit.ly/3IxO6GS>. Acesso em: 25 out. 2022.

Mattos, M. D. S. *A independência do Banco Central do Brasil: aspectos teóricos, práticos e institucionais.* Pontifícia Universidade Católica do Rio de Janeiro, 2006. Disponível em: <http://www.econ.puc-rio.br/uploads/adm/trabalhos/files/Marcio_David_Silva_de_Mattos.pdf>. Acesso em: 25 out. 2022.

Panico, C. e Rizza, M. O. "Central Bank Independence and Democracy: A Historical Perspective". *In*: Arena, R. e Salvadori, N. (ed.). *Money, Credit and the Role of the State: Essays in Honour of Augusto Graziani.* Farnham: Ashgate, 2004, pp. 1-23.

Perissinotto, R., Cavalieri, M. A. R., Dantas, E. G. e Dias, R. P. "Redes sociais e recrutamento: o caso dos diretores e presidentes do Banco Central do Brasil (1994-2016)". *Tempo social.* ano 29, nº 3 (2017), pp. 61-82. Disponível em: <https://doi.org/10.11606/0103-2070.ts.2017.125881>. Acesso em: 25 out. 2022.

Posen, A. *Central bank independence and disinflationary credibility: a missing link?* New York: Federal Reserve Bank of New York., 1995 Disponível em: <https://www.newyorkfed.org/medialibrary/media/research/staff_reports/sr1.pdf>. Acesso em: 25 out. 2022.

Rangel, J. *Alta de juros buscou dar credibilidade a Meirelles, dizem economistas. Valor Econômico.* 2003.

Rogoff, K. "The Optimal Degree of Commitment to an Intermediate Monetary Target". *The Quarterly Journal of Economics.* Oxford Academic: [*S.l.*], ano 100, nº 4 (1985), pp. 1169-1189. Disponível em: <https://doi.org/10.2307/1885679>. Acesso em: 25 out. 2022.

Rouban, L. "L'inspection générale des Finances, 1958-2008 : pantouflage et renouveau des stratégies élitaires". *Sociologies pratiques.* Cairninfo: [*S.l.*], ano 21, n º 2 (2010), p. 19. Disponível em: <https://doi.org/10.3917/sopr.021.0019>. Acesso em: 25 out. 2022.

Sargent, T. J. e Wallace, N. "Some Unpleasant Monetarist Arithmetic'". *Federal Reserve Bank of Minneapolis Quarterly Review.* ano 5, nº 3 (1981), pp. 1-17. Disponível em: <https://doi.org/10.3386/w0867>. Acesso em: 25 out. 2022.

Shive, S. A. e Forster, M. M. "The Revolving Door for Financial Regulators". *Review of Finance.* Oxford Academic: [*S.l.*], ano 21, nº 4 (2016), p. 1445-1484. Disponível em: <https://doi.org/10.1093/rof/rfw035>. Acesso em: 25 out. 2022.

Walsh, C. E. "Optimal Contracts for Central Bankers". *The American Economic Review.* Jstor: ano 85, nº 1 (1995), pp. 150-167. Disponível em: <http://www.jstor.org/stable/2118001>. Acesso em: 25 out. 2022.

Zingales, L. "Preventing Economists' Capture". *In*: Carpenter, D. and Moss, D. A. (ed.). *Preventing Regulatory Capture: Special Interest Influence and How to Limit It.* New York: Cambridge University Press, 2013, pp. 124-151. Disponível em: <https://doi.org/10.1017/CBO9781139565875.010>. Acesso em: 25 out. 2022.

Outras fontes

Banco Central do Brasil. *Portal.* Disponível em: <http://www.bcb.gov.br/>. Acesso em: 25 out. 2022.

3.

MEDINDO A AUTONOMIA DO BANCO CENTRAL BRASILEIRO DIANTE DO MERCADO[1]

Eric Gil Dantas, Adriano Codato

Quando economistas da escola novo-clássica falam da independência do Banco Central estão se referindo à autonomia que a agência deve ter em relação ao Executivo e/ou ao Legislativo. Nenhuma referência importante sobre o tema se preocupou em tratar a outra face dessa autonomia, a que relacionaria o Banco Central com as empresas do setor diretamente regulado por ele, o financeiro. Esses economistas olham para os políticos eleitos – governantes e legisladores – como indivíduos que têm um único objetivo, se reelegerem, e que, para isso, utilizarão o Estado para expandir o gasto público em nome de mais benefícios gerando, assim, mais inflação no futuro. Nesse registro, a independência dos Bancos Centrais está invariavelmente conectada a duas questões básicas: inconsistência temporal da política monetária e ciclos políticos eleitorais.

A ideia de fundo é que, no longo prazo, qualquer política monetária expansionista acabará em mais inflação, ou seja, qualquer forma de incentivar o crescimento econômico a partir de aumento de moeda tendo em vista ganhos eleitorais prejudicará a economia. Por outro

---

[1] Partes deste capítulo foram publicadas originalmente como: Dantas, E. G. e Codato, A. "A autonomia do Banco Central do Brasil: uma proposta de mensuração empírica". *In*: Ribeiro, P. F., Troiano, M. e Albrecht, N. (ed.). *Mosaico da burocracia pública brasileira: novos olhares sobre burocratas e interesses no Brasil.* Rio de Janeiro: EdUERJ, 2022. pp. 301-348.

lado, se os representantes não puderem interferir na boa política monetária, o combate à inflação será mais eficiente (Goodhart e Lastra, 2018, pp. 55-56). Nenhum desses dois problemas envolve a questão da captura regulatória ou qualquer outra questão que englobe os interesses dos regulados e os perfis dos reguladores.

Esta concepção é reforçada pelo senso comum em torno dos banqueiros centrais: eles são tecnocratas dirigindo uma política econômica objetiva e neutra, isenta de interesses ilegítimos. Além disso, como argumentou Carvalho (1995, p. 135), economistas também acreditam que Bancos Centrais possuem uma "função natural", a da estabilidade da moeda nacional, sendo qualquer outra preocupação um desvio a ser combatido. No entanto, nem o banqueiro central é isento, nem uma instituição – política ou social – deve ser entendida como tendo uma função inata.

Adolph pontuou que "banqueiros centrais são os atores mais importantes que ainda são ocultos pelo mito da imparcialidade burocrática". Isso decorre do fato de dirigentes dos Bancos Centrais serem vistos como oráculos do mercado e da tendência de economistas tratarem a política monetária como uma questão técnica e não um problema distributivo. Ao invés disso, tal como

> "legisladores, executivos, juízes e outros burocratas, banqueiros centrais são agentes políticos com seus próprios interesses e planos. Como em qualquer questão de tomada de decisão burocrática, para compreender as escolhas de política monetária é preciso conhecer os objetivos dos próprios banqueiros centrais" (Adolph, 2013, p. 10).

Dirigentes dos Bancos Centrais consideram os seus próprios interesses e levam em conta suas percepções de mundo ao decidirem por um tipo ou outro de política econômica. Formuladores de políticas fundamentais para a sociedade (juro, câmbio, moeda) e reguladores de instituições financeiras, quando se fala da autonomia de Bancos Centrais não podemos excluir conflitos de interesses aí envolvidos. A alta burocracia econômica não é pressionada apenas pelos políticos do Executivo em nome da ampliação do gasto público, mas também é influenciada pelo mercado – do qual muitas vezes diretores e presidentes da autoridade monetária fizeram ou farão parte ao deixarem o cargo – e constrangida pelos *experts*, uma vez que ela está fortemente ligada ao campo dos economistas (Loureiro, 1997).

Índices de mensuração da independência dos Bancos Centrais (Alesina, 1988; Bade e Parkin, 1988; Cukierman, Web e Neyapti, 1992; Eijffinger e Schaling, 1993) sempre consideram apenas a autonomia/heteronomia diante do Executivo[2]. Não há qualquer questão sobre captura regulatória ou qualquer outra questão que compreenda a relação entre regulados e reguladores. Este capítulo propõe uma forma de mensuração da autonomia dos Bancos Centrais diante do sistema financeiro nacional diferente. Além de reguladores desse setor, instituições financeiras são impactadas fortemente pelas decisões de política monetária e por uma série de resoluções dos Bancos Centrais. A fim de testar esse índice de autonomia para Bancos Centrais, aplicamos o modelo para 89 diretores do Banco Central do Brasil que serviram entre o governo de Sarney (1985) e o segundo governo de Dilma Rousseff (2016).

Chamamos o índice de *A-index*. Demonstraremos a diferença do nível de autonomia dos distintos diretores, indicando que há mais autonomia em certos pontos da história da gestão do BC do que em outros, além da variação dessa autonomia em diferentes governos e sob diferentes presidentes do BC. Isto será relacionado – mas de modo não sistemático – com outras questões: tipo de política econômica adotada, perfil do banqueiro central e contexto da economia brasileira. No entanto, este ensaio não se propõe a explicar a variação do *A-index* a partir dessas questões.

Há três variáveis que compõem o índice: (*i*) *origem profissional* do diretor; (*ii*) *formação econômica* universitária; e (*iii*) passagem pela *porta-giratória* em direção ao mercado privado. Cada um desses aspectos impacta na autonomia dos dirigentes estatais. Diferentemente da maior parte das dimensões que compõem os índices presentes na literatura convencional (tempo de mandato legal dos banqueiros centrais, autoridade responsável pela nomeação, papel do BC no processo

---

[2] Para uma recensão bastante abrangente da literatura sobre autonomia de bancos centrais ver a Tese de Doutorado de Dantas (2019).

orçamentário), nossas variáveis medem atributos dos indivíduos e não variáveis institucionais. A somatória da autonomia dos indivíduos será considerada como a autonomia da instituição BC em determinado período.

Há aqui uma clara mudança de foco, da instituição de Estado para os agentes estatais. O perfil dos dirigentes de Bancos Centrais importa a ponto de isso ser motivo de conflito, por exemplo, entre governo e Senado no caso norte-americano, como estudou Chang (2003). A autora mostra que as nomeações do *Federal Reserve* (Fed) servem para que o governo lute pelo tipo de política monetária que a instituição seguirá, se mais conservadora (*hawkish* – termo utilizado para quem é mais averso à inflação) ou se mais flexível (*dovish* – termo utilizado para quem é mais tolerante com a inflação). A casa legislativa adquire então um razoável nível de influência sobre a política monetária, podendo nomear servidores com perfil mais anti-inflacionário ou menos anti-inflacionário e pró-crescimento do produto e emprego.

O capítulo está dividido em três partes. A primeira apresenta o modelo de análise, as dimensões que o compõe e a forma de mensuração das variáveis. Na segunda parte listamos as fontes e os dados para testar nosso índice. Por fim, apresentamos e discutimos os graus de autonomia dos diretores do BC a partir da aplicação do índice.

1. O modelo de análise: o A-index

Nossas variáveis relacionam dirigentes do BC com o setor financeiro. Assim, se o indivíduo for recrutado na burocracia de Estado, não for formado no *mainstream* econômico da disciplina Economia e não tiver passado pela porta-giratória apresentará alta autonomia; no caso oposto, ele pontuará zero na escala e será classificado como de baixa autonomia em relação ao mercado de negócios do dinheiro.

Assim, há três as dimensões para mensurar a autonomia dos burocratas diante do sistema financeiro nacional: (*i*) sua *socialização profissional*, (*ii*) suas *preferências* em termos de *política econômica* e (*iii*) seus *movimentos de carreira*.

A dimensão socialização diz respeito à *origem profissional* dos diretores da autoridade monetária. Adolph (2013) sugeriu a noção de "*career socialization*" para designar o processo pelo qual os antecedentes de carreira moldam as ideias sobre as políticas adotadas. A origem dos indivíduos, se no Estado ou no mercado, tende a impactar no seu comportamento quando atuantes na burocracia pública. Origem profissional se refere ao local onde o indivíduo trabalhava antes de assumir uma diretoria no BC. Indivíduos podem ter origens muito diversas, como o mercado financeiro, universidades e o próprio sistema de aparelhos do Estado. Optamos por transformar a variável em uma *dummy*, classificado o indivíduo como vindo ou de "dentro" ou de "fora" do Estado. Caso o diretor do Banco Central em questão tenha vindo de uma repartição do Estado, ele será classificado como de dentro e pontuará no índice de autonomia, ou seja, o caracterizará como mais autônomo do que aqueles que vieram de fora. Em resumo: "dentro" pontua, "fora" não pontua.

Göhlmann e Vaubel (2007) testaram a hipótese segundo a qual as preferências dos banqueiros centrais no que se refere à inflação dependem da tanto da formação educacional como do *background* profissional. Eles estudaram 391 dirigentes dos Bancos Centrais da Zona do Euro e de mais outros 11 países que serviram entre 1973 e 2003 e descobriram que educação universitária e carreira profissional afetam o desempenho dos banqueiros centrais à medida que ensinam "sobre as causas e os efeitos da inflação. Além disso, a experiência profissional pode gerar lealdades pessoais a grupos de interesse específicos: uma área de atuação ou setor da economia, um partido político, uma burocracia, um grupo de renda etc." (Göhlmann e Vaubel, 2007, p. 926)[3].

[3] Os autores também descobriram que os atributos da formação educacional tinham um efeito menor do que o da origem profissional, ou seja, de onde vieram – o setor de atividade ocupacional – importa mais do que onde estudaram. Esta preponderância da questão profissional à educacional é o motivo pelo qual em nosso índice haverá pesos distintos entre as variáveis de formação e de carreira.

Na mesma linha, Farvaque, Hammadour e Stanek (2009) analisaram os comitês de política monetária de Bancos Centrais de nove países da OCDE, totalizando 175 banqueiros centrais, para estabelecer a relação entre seu perfil e sua performance no combate à inflação. Encontram uma associação entre a presença de acadêmicos, economistas do setor privado e membros do Banco Central e baixas taxas de inflação, argumentando que o perfil desses indivíduos é serem mais aversos à inflação, enquanto a presença de indivíduos de outros setores do Estado foi associada com taxas de inflação mais altas, já que esse perfil se preocupa com o desemprego em primeiro lugar, em detrimento de baixas taxas de inflação. Esse tipo de achado tem sido confirmado pelas pesquisas de Lebaron (2008; 2010): o fator biográfico, as origens profissionais e os locais de estudo, isto é, os "ativos sociais" dos banqueiros centrais tendem a explicar, "pelo menos em parte", os seus comportamentos enquanto *policymakers* (Lebaron, 2010, p. 298). Analisando o conselho de governo do Banco Central Europeu (BCE) e comparando-o com outros Bancos Centrais no mundo, pode-se dizer que "concepções divergentes de política monetária, relacionam-se estatisticamente a diferenças nas trajetórias educacionais e sociais, especialmente a conexão com a burocracia financeira *versus* uma forte inserção na academia" (Lebaron e Dogan, 2018, p. 158).

A segunda dimensão se refere à ideologia econômica dos ocupantes das diretorias do BC. Nós a chamaremos de *preferências de política econômica*. Não há consenso dentro do campo dos economistas no que se refere à "melhor" política econômica que o Estado deva adotar, visto que elas são fruto de confrontos entre interesses políticos e sociais. Em geral, Bancos Centrais recrutam indivíduos mais conservadores (Adolph, 2013) em termos de política monetária, no sentido dado por Rogoff (1985), isto é, uma preferência mais forte por combate à inflação do que pela manutenção de taxas de emprego.

Ser formado no *mainstream* econômico pode capturar a possibilidade de os diretores do BC estarem mais alinhados às preferências de política econômica do sistema financeiro. Para isso, classificamos os diretores do Banco Central em formados (na graduação, mestrado ou doutorado) em instituições do *mainstream* econômico ou não[4]. Baseamo-nos no conceito proposto por Dequech: "economia *mainstream* é aquela que é ensinada nas universidades e faculdades mais prestigiadas, é publicada nos periódicos mais prestigiados, recebe fundos das fundações de pesquisa mais importantes e ganha os prêmios de maior valor" (2007, p. 281). Caso o diretor não seja formado no *mainstream* econômico, pontuará no índice de autonomia, pois ele será menos propenso a estar alinhado ideologicamente (ou teoricamente) com o mercado, enquanto se tiver se formado no *mainstream* não pontuará, fazendo com que tenha menos autonomia. No Brasil, "as escolas que seguem esse padrão e formaram os diretores [do BC] foram a Pontifícia Universidade Católica do Rio de Janeiro (PUC-Rio) e a Fundação Getúlio Vargas do Rio de Janeiro (FGV-RJ)" (Cavalieri, Codato, Perissinotto e Dantas, 2016, p. 706)

A terceira dimensão está ligada a preocupações de carreira. Indivíduos que ocupam cargos no Estado cuidam de planejar sua vida profissional após a passagem pelo cargo. Schneider (1995) argumentou que podemos pensar a formação das preferências não somente a partir do passado, mas também a partir do futuro dos agentes estatais. Miliband já havia enfatizado a questão ao mencionar a influência de carreiras futuras como parâmetro para as decisões dos burocratas (Miliband, 1969).

A porta-giratória é o meio de operacionalizar essa terceira dimensão do índice[5]. A carreira futura de diretores dos Bancos Centrais é afetada pelos planos que cada diretor tem para sua vida. Se eles irão trabalhar ao sair do Banco, não poderão, em teoria, frustrar futuros empregadores ou clientes (no caso, consultorias, corretoras e gestoras de fundos). Optamos por classificar os indivíduos como tendo passado ou não pela porta-giratória. Isso ocorre se o diretor, após deixar o BC, assume uma posição no mercado das finanças. Maillet, González-Bustamante e Olivares (2016) forneceram um parâmetro bem objetivo: "O uso da

---

[4] Para uma explicação melhor deste ponto, ver o capítulo 1 deste livro.

[5] Para uma discussão pormenorizada dessa literatura, ver o capítulo 2 deste livro.

porta giratória corresponde ao caso de um indivíduo que, durante os cinco anos após o exercício do cargo público, exerceu cargo no setor privado, na mesma área em que atuou no setor público" (p. 11). Quando este indivíduo não tiver passado pela porta-giratória, pontuará no índice de autonomia; se sim, não pontuará. Ou seja, será mais autônomo na nossa escala se o seu destino após o período passado no Branco Central não for o mercado.

Adolph (2013) relaciona a dimensão 1 do nosso modelo com a dimensão 3: veteranos do setor financeiro são mais conservadores na política monetária do que aqueles de origem burocrática, e isso não é explicado apenas pela sua socialização, mas também porque estes ex-banqueiros se interessam por empregos no setor financeiro, o qual também demanda políticas monetárias conservadoras por parte dos Bancos Centrais (2013, p. 28). Resumimos o modelo de análise no Quadro 1.

Quadro 1. **Modelo de análise proposto para mensurar o grau de autonomia da burocracia econômica diante do setor financeiro**

Dimensão	**Descrição**	**Variável**	**Valor da variável**	**Relação com a autonomia**
Socialização	Onde o burocrata foi socializado é parte explicativa do seu comportamento dentro de uma instituição	Origem profissional	Dentro do Estado = 1 Fora do Estado (no mercado) = 0	Sendo socializado em empresas do sistema financeiro, terá menos autonomia diante delas
Preferências de políticas econômicas	O que o burocrata pensa sobre ser a (melhor) política econômica, e a prevalência deste pensamento em relação a outras ideologias econômicas rivais, é importante para caracterizar a sua visão de mundo	Educação	Não *mainstream* = 1 *Mainstream* = 0	Ser do *mainstream* econômico significa ter um pensamento de política econômica "conservador", mais próximo do sistema financeiro
Movimentações de carreira	Onde o burocrata quer chegar profissionalmente importa para explicar o seu comportamento no presente	Porta-giratória	Não passou = 1 Sim passou = 0	Se o indivíduo passa pela porta-giratória perde autonomia diante do setor financeiro

Fonte: elaboração dos autores.

Em síntese, se o diretor vier de fora do setor governo, tiver circulado pela porta-giratória e tiver se formado no *mainstream* econômico, diremos que esse indivíduo tem menor autonomia diante do sistema financeiro, pois será mais propenso a ser influenciado por agentes do sistema financeiro (*shadow principals*) do que aqueles diretores que vieram de outras agências do Estado, não passaram pela porta-giratória e não se formaram em instituições que fazem parte do *mainstream* econômico da disciplina.

Para transformar os atributos em um indicador, classificamos cada indivíduo segundo a presença ou não dessas características.

2. Fontes e dados

O universo é de 89 diretores. Essa contabilidade foi feita considerando as nomeações de pessoas que passaram ao menos trinta dias no cargo. Como consideramos as nomeações, há diretores que se repetem (como Alexandre Tombini, Afonso Bevilaqua e Mario Mesquita) no banco de dados em diferentes diretorias.

Quem mais nomeou diretores relativamente ao tempo de permanência no poder foi Sarney, 3,8 diretores por ano, o que teve a ver com a circulação de novas elites estatais pós-ditadura; e quem menos nomeou foi Dilma no seu segundo período, com uma média de 1,2 nomeação de novo diretor por ano até o *impeachment* em 2016[6].

A prosopografia do universo analisado foi sistematizada em um banco de dados no programa de planilhas Excel. Nesse banco de dados as variáveis são: nome do diretor, governo de nomeação, presidente do BC quando nomeado, diretoria que ocupou, tipo de diretoria, data de nomeação, data de exoneração, data de nascimento, local de nascimento, cursos e instituições de sua formação no ensino superior (graduação e pós-graduação), instituições onde trabalhou anteriormente à sua nomeação, tipo de setor origem, instituições onde trabalhou posteriormente à

[6] Para ter uma ideia da intensa circulação e baixa sobrevivência de presidentes do Banco Central do Brasil, ver o capítulo 8 deste livro.

sua exoneração do BC, formação acadêmica no *mainstream* econômico, origem profissional, circulação público-privada e porta-giratória.

A principal fonte de informação foram os currículos dos diretores publicados pelo Senado Federal[7]. Quando não encontrado o currículo no Senado Federal, foram coletadas informações no Centro de Pesquisa e Documentação de História Contemporânea do Brasil (CPDOC-FGV), Plataforma *Lattes*, Plataforma Bloomberg, Wikipédia, LinkedIn, nos jornais *Folha de S. Paulo*, *O Globo*, *Valor Econômico*, *Infomoney* e sites pessoais dos ex-diretores ou de empresas onde eles trabalharam. Para diretores nomeados antes da obrigatoriedade da sabatina no Senado contamos com a ajuda da pesquisadora da FGV-SP Maria Rita Loureiro, que disponibilizou currículos coletados à época da preparação do seu livro *Os Economistas no governo* (Loureiro, 1997).

2.1. O universo analisado

A Tabela 1 traz a estatística descritiva do grupo observado nas variáveis de interesse.

Tabela 1. **Estatística descritiva dos diretores do Banco Central do Brasil nas três dimensões analisadas**

Dimensões	Sim	Não	Total
Formação no *mainstream* econômico	46 (52%)	43 (48%)	89
Origem externa ao Estado	46 (51,7%)	43 (49,3%)	89
Passagem pela porta-giratória	54 (67%)	27 (33%)	81*

*Oito casos são missing.

Fonte: Observatório de elites políticas e sociais do Brasil (UFPR)

[7] Desde a Constituição de 1988 a sabatina no Senado Federal é obrigatória para quem for indicado para o cargo de diretor do BC (artigo 52 da Constituição Federal de 1988). Sobre esse ponto, ver o capítulo 5 deste livro.

Sobre a origem interna e externa ao governo, o percentual é muito próximo entre os dois grupos, sendo 51,7% de diretores com origem externa e 49,3% que vieram do Estado. Aqui é importante demostrarmos as consequências das nossas opções metodológicas.

Primeiramente o que é ser de fora, na prática? Dos 46 de origem externa ao governo, 30 diretores vieram do mercado, isto é, bancos, consultorias, corretoras, gestoras de fundos e seguradoras. Os outros 16 diretores vieram da academia, sendo dez da PUC-Rio, três da USP, dois da FGV-RJ e um da UFRJ.

Em segundo lugar, quem são os indivíduos "internos", vindos do próprio Banco Central e de outras partes do aparelho do Estado? Dos 43 indivíduos, 8 vieram de outras partes do Estado ou de órgãos internacionais multilaterais: Secretaria de Planejamento, BNDES, Comissão de Valores Mobiliários, Secretaria Municipal de Fazenda de Belo Horizonte, Fundo Monetário Internacional, Programa das Nações Unidas para o Desenvolvimento e Banco Mundial.

Em relação à porta-giratória, 67% dos diretores passaram por ela, uma cifra bastante expressiva. Das 54 pessoas que saíram pela porta-giratória, 32 tiveram origem em instituições que não bancos, corretoras e consultorias financeiras (que são os tipos de empresas que na carreira posterior classificaríamos como casos de porta-giratória), o que deixa claro como os diretores aumentam seu capital reputacional ao saírem de universidades, governos e outras instituições para trabalharem em bancos ou abrirem seus próprios negócios ligados ao setor financeiro, acentuando assim a importância dessa dimensão na mensuração da autonomia de Bancos Centrais.

Na Tabela 2 apresentamos as instituições que classificamos como fazendo parte do *mainstream*. Diferentemente da Tabela 1, o universo é de 46 indivíduos, por dois motivos: só estamos considerando os formados em Economia e eliminamos as repetições, ou seja, cada indivíduo aqui só contou uma vez para não inflar a ocorrência de determinadas instituições.

Apesar de a Fundação Getúlio Vargas do Rio de Janeiro ser a instituição que mais concentrou diretores formados no *mainstream* (sete), 66% dos indivíduos do *mainstream* se formaram em instituições estadunidenses, e a totalidade de instituições estrangeiras foram em regiões anglo-saxãs (além dos EUA, Inglaterra e Canadá), locais importantes para o desenvolvimento dessa linha de pensamento econômico. Nossa classificação só abarca a instituição de ensino do grau mais alto de formação desses economistas, por isso a Pontifícia Universidade Católica do Rio de Janeiro (PUC-Rio) aparece sub-representada, pois a tendência foi fazer graduação e mestrado nesta instituição e, posteriormente, um doutorado no exterior.

Dos 14 indivíduos que se formaram em instituições fora do *mainstream*, nove (64%) têm pós-graduação em Economia, enquanto os outros quatro possuem apenas graduação na área. Apenas um diretor *mainstream* não tinha pós-graduação.

Tabela 2. **Instituições classificadas como pertencentes ao mainstream econômico e a quantidade de diretores por instituição (N = 46*)**

Mainstream	**Nº de diretores**	**Não *mainstream***	**Nº de diretores**
FGV-RJ	7	USP	2
Berkeley	6	Unicamp	2
Harvard	4	UFRJ	2
Princeton	3	New School (NY)	1
MIT	3	Sorbonne	1
Illinois	2	PUC-MG	1
George Washington	1	UERJ	1
LSE	1	PUC-SP	1
Oxford	1	UnB	1
Pensilvânia	1		
Stanford	1		
Western Ontario	1		
PUC-Rio	1		
Totais	32		14

* Apenas os diretores formados em Economia

Fonte: Observatório de elites políticas e sociais do Brasil (UFPR)

A seguir detalhamos melhor o cálculo do *A-index*.

2.2. Calculando o índice de autonomia em relação ao mercado das finanças

A variável "porta-giratória" é a mais convincente para tratarmos de autonomia da burocracia dentre as três elencadas no modelo. Demos um peso maior para essa variável, multiplicando-a por dois. As outras duas variáveis – "origem profissional" e "*mainstream* econômico" – também são fundamentais para pensar o perfil das burocracias econômicas. No entanto, essa relação é menos forte do que a da porta-giratória.

A equação para o cálculo da autonomia individual de cada diretor terá a seguinte forma:

$$Aindex_i = \frac{(O_i+M_i+2P_i)}{4},$$

onde O_i representa a origem profissional, M_i o *mainstream* econômico e P_i a porta-giratória do diretor *i*. A divisão por quatro foi feita para que a variação do índice fique entre 0 e 1, o que deixaria mais autoexplicativo do que se fosse entre 0 e 4 (a somatória dos três atributos, sendo P_i multiplicado por dois). Quanto mais próximo de 1, maior a autonomia diante do sistema financeiro; quanto mais próximo de 0, menor a autonomia.

Já o cálculo por governo nacional, por presidente do BC ou por diretoria será feito da seguinte forma:

$$Aindex_a = \frac{\sum_{\hat{\imath}=i}^{n}(Aindex_i \times t_i)}{\sum_{\hat{\imath}=i}^{n} t_i}$$

onde t_i é a proporção do tempo em que o diretor permaneceu no cargo em relação ao tempo total do mandato do presidente da República, da presidência do BC ou do tempo total da existência da diretoria em questão; *a* pode ser governo de um determinado presidente (*gov*), presidência do BC (*bcb*) ou diretoria (*dir*). Optamos pela ponderação (t_i) para que indivíduos que tenham sido nomeados, mas que tenham permanecido por pouco tempo no cargo não distorçam os resultados, pois o desvio padrão do universo de diretores analisados é bastante alto.

Classificamos o *A-index* em três diferentes níveis: (*i*) *baixa autonomia*, de 0 até 0,33; (*ii*) *média autonomia*, de 0,34 a 0,66; e (*iii*) *alta autonomia*, de 0,67 até 1. Essa divisão é decorrente de uma divisão simples do limite máximo de 1 em três faixas.

3. A autonomia Banco Central diante do sistema financeiro entre os governos Sarney e Dilma 2

Calculamos o *A-index* para o universo de diretores do BC. No entanto, o N total para o cálculo do índice caiu de 89 observações para 80, pois apenas consideramos os indivíduos que obtivemos as informações completas para classificação nas três dimensões. Quando não conseguimos coletar todos os dados ou não pudemos aplicar o índice (pois o indivíduo ainda não havia saído de sua diretoria[8]), oito casos – ou 9% do universo –, foram descartados. O *missing* e a impossibilidade de aplicação do índice[9] foram distribuídos por diferentes tipos de diretorias (quatro de *fiscalização e regulação*; dois de *administração*; e dois de *política econômica*) e governos de diversos presidentes da República: um caso em Sarney, dois em Collor, um em Itamar, um no primeiro governo de FHC, dois no segundo, e um no primeiro mandato de Rousseff.

3.1. Autonomia por tipo de diretoria do Banco Central

Criado em 31 de dezembro de 1964, o Banco Central do Brasil já teve vários formatos institucionais. No primeiro desenho do BC havia um presidente e três diretores. Houve acréscimo de mais um em 1967, outro em 1974, mais um em 1980, com a subtração de um

[8] O caso de Sidnei Correa Marques.

[9] Foram os casos de Lycio de Faria, Antonio Cláudio Leonardo Pereira Sochaczewski, Emílio Garófalo Filho, Edson Bastos Sabino, Paolo Enrico Maria Zaghen, Edison Bernardes dos Santos e Luiz Carlos Alvarez.

em 1982 e, por fim, o acréscimo de três em 1985, quando chegou ao formato atual de um presidente e oito diretores. Só a partir de 1969 as diretorias passaram a ser identificadas por áreas de atuação – sendo até aquele momento diretorias "genéricas". A classificação por áreas durou de 1969 até 1975, quando as diretorias passaram a ter denominação específica, como é até hoje (Brasil, 2017).

De março de 1985 até meados de 2016, houve renomeações, fusões e extinções de diretorias[10]. Em 2018 as diretorias eram as seguintes: *Dipec*: Diretoria de política econômica; *Dipom*: Diretoria de política monetária; *Direx*: Diretoria de assuntos internacionais; *Difis*: Diretoria de fiscalização; *Dinor*: Diretoria de normatização; *Dior*: Diretoria de normas e organização do sistema financeiro; *Dirad*: Diretoria de administração; e *Direc*: Diretoria de relacionamento institucional e cidadania (Brasil, 2018).

Para nossa análise, agrupamos as oito diretorias do Banco em apenas quatro: (*i*) *Política econômica*; (*ii*) *Fiscalização e regulação*; (*iii*) *Administração*; e (*iv*) *Relações institucionais*.

O Quadro 2 resume as agregações:

Quadro 2. **Diretorias do Banco Central do Brasil em 2018**

Diretorias existentes do BC	**Reorganização por tipo/função**
Dipec; Dipom; Direx	Política econômica (Pec)
Difis; Dinor; Dior	Fiscalização e regulação (Fisreg)
Dirad	Administração (Adm)
Direc	Relações institucionais (Ri)

Fonte: elaboração dos autores

Como podemos observar no Gráfico 1, há uma importante diferenciação entre os graus de autonomia mensurados pelo *A-index* quando analisamos por tipos de diretorias. Especificamos esse índice como

[10] Ver Dantas (2019), Anexos 1 e 2.

Gráfico 1. ***Aindex*$_{dir}$ das diretorias do Banco Central do Brasil entre 1985 e 2016 (N = 81)**

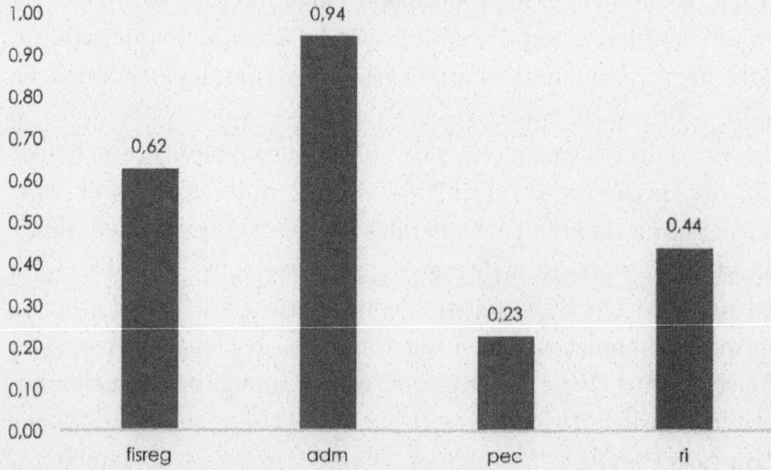

Legenda: adm: Administração; fisreg: Fiscalização e regulação; pec: Política econômica; ri: Relações institucionais. Média para o BC: 0,56.

Fonte: Observatório de elites políticas e sociais do Brasil (UFPR)

Aindex$_{dir}$. Enquanto a média quando se consideram todas as diretorias do BC é de 0,56, uma autonomia média, a diretoria de *administração* apresenta *alta autonomia*, chegando a 0,91, enquanto a de *fiscalização e regulação* apresenta uma autonomia média, de 0,62, e de *política econômica* uma autonomia bem baixa, com um *A-index* de 0,21.

A diretoria de *administração* é a que apresenta o maior nível de autonomia diante do sistema financeiro (0,91). Como essa diretoria recruta, em geral, indivíduos que vêm dos próprios quadros do BC, e que sequer são formados em Economia (a maioria é formada em Administração) e não saem pela porta-giratória, temos um nível de autonomia muito alto.

Já as diretorias de *fiscalização e regulação* apresentam um nível de autonomia próximo ao da média do BC. A diretoria de fiscalização tem um perfil mais autônomo (0,62), pois a maior parte dos diretores é de burocratas do próprio Banco Central, formados em Ciências Contábeis, mas com 40% dos diretores saindo pela porta-giratória. Metade dos diretores que ocuparam diretorias de regulação e normatização (Dinor e Diorf) veio do Estado e a outra metade de fora, a mesma proporção de formados e no não *mainstream* da Economia. Aqui, a maioria saiu pela porta-giratória, fazendo com que o nível de autonomia caísse.

Por fim, as diretorias responsáveis pelo núcleo da *política econômica* do governo (Dipec; Dipom; Direx) possuem uma baixa autonomia diante do sistema financeiro. Como essas diretorias são compostas majoritariamente por indivíduos que foram recrutados fora do Banco Central, principalmente em instituições financeiras e em universidades (e a maioria na PUC-Rio), são formados em universidades do *mainstream* econômico, principalmente nos EUA e no Brasil, saem do e voltam para o mercado financeiro, seu nível de autonomia diminui drasticamente.

Esses resultados por tipos de diretoria fazem sentido se os relacionarmos aos achados de Olivieri (2007) e Codato, Cavalieri, Perissinotto e Dantas (2016) e ao conceito de *shadow principals* (Adolph, 2013), pois quanto maior a importância decisória da diretoria no organograma, mais as instituições *shadow principals* terão incentivos para influenciá-las, impactando assim negativamente o índice de autonomia do BC em relação ao mercado do dinheiro.

3.2. Autonomia por governo nacional

A segunda forma de calcular o índice de autonomia é por governo, o $Aindex_{gov}$.

Olhando o Gráfico 2, podemos enxergar que houve mudanças muito consideráveis no que se refere à autonomia do BC diante do sistema financeiro – o índice apresenta um desvio padrão de 0,154. O $Aindex_{gov}$ oscila pouco entre os governos pré-FHC. FHC 2 é o primeiro governo a apresentar uma baixa autonomia, com 0,24. Nesse governo, há uma forte presença de "homens de mercado" no alto escalão do Banco Central, assim como no início do governo Lula, ambos caracterizados por serem liberais economicamente (Sallum Jr. e Goulart, 2016; Calabrez, 2018).

Gráfico 2. **Aindex$_{gov}$ referente aos períodos presidenciais entre 1985 e 2016 (N = 124)**[11]

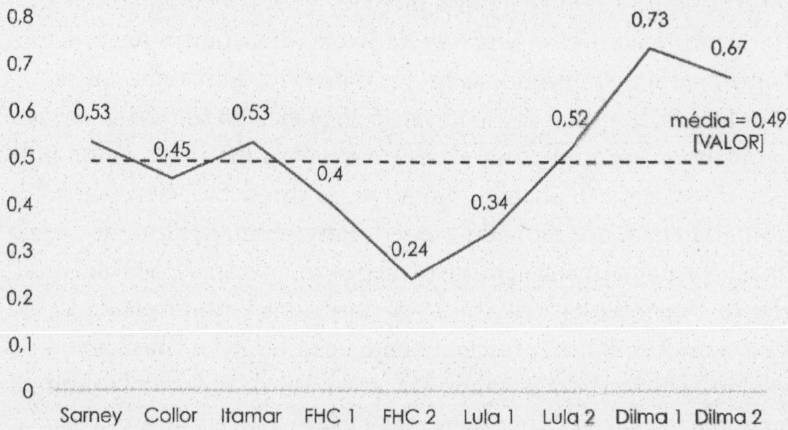

Fonte: Observatório de elites políticas e sociais do Brasil (UFPR)

O *Aindex$_{gov}$* começa a subir em Lula 2 (0,52), ultrapassando a média (0,49) da série histórica e atingindo seu auge em Dilma 1 (0,73), primeiro governo a ter alta autonomia. Essa administração é classificada como economicamente interventora (Bastos, 2012), o que pode explicar a mudança do perfil dos gestores do Banco, impactando positivamente o índice. A queda do *Aindex$_{gov}$* em Dilma 2 (0,67) ocorreu por conta da nomeação de Tony Volpon para a Direx. Volpon veio do mercado, formou-se no *mainstream* econômico e ao sair voltou a trabalhar no mercado, pontuando zero em autonomia e impactando negativamente no nível de autonomia no governo Dilma 2[12]. Essa queda no *A-index*

[11] O N do gráfico é de 124, superior ao universo, pois separamos o período de permanência dos diretores em quantos governos ele serviu. Por exemplo, se o indivíduo serviu em FHC 1 e em FHC 2 ele será contabilizado duas vezes. Isso foi feito também para a aplicação do *A-index* para presidências do BC (Gráfico 3, adiante).

[12] Frisamos aqui que este movimento não se deu apenas no BC. Em trabalho recente sobre os diretores e presidentes do BNDES, Perissinotto, Tokumoto,

coincide com a mudança na política econômica do segundo governo de Dilma Rousseff, quando implementa políticas econômicas liberais (Carvalho, 2018). Mas é importante frisar que o seu segundo mandato todo ainda é classificado como tendo alta autonomia (0,67).

Na Tabela 3, expomos a variação do $Aindex_{gov}$ por tipo de diretoria para detalhar melhor os achados. Temos que o conjunto de diretorias *fiscalização e regulação* variou mais do que a de *administração* e as diretorias de *política econômica*, tal como podemos verificar a partir do desvio padrão. Enquanto as diretorias de *administração* e de *política econômica* são mais estáveis no que se refere ao nível de autonomia – a primeira com alta autonomia enquanto a segunda com baixa –, as diretorias de *fiscalização e regulação* oscilam ao longo dos governos, ora com baixa autonomia (0,21 em Collor) ora com autonomia total (1,00 em Dilma 2).

Tabela 3. **$Aindex_{gov}$ por tipo de diretoria entre os anos de 1985 e 2016 (N = 124)**

	Presidentes da República									**Parâmetros**		
Diretorias	Sarney	Collor	Itamar	FHC 1	FHC 2	Lula 1	Lula 2	Dilma 1	Dilma 2	Média	Mediana	Desvio padrão
Fisreg	0,70	0,21	0,63	0,74	0,42	0,51	0,58	0,83	1,00	0,62	0,63	0,22
Adm	0,99	1	1	1	1	0,98	0,88	0,76	0,87	0,94	0,99	0,08
Pec	0,34	0,18	0,21	0	0,08	0,02	0,32	0,50	0,38	0,23	0,21	0,16
Ri					0	0,19	0	1,00	1	0,44	0,19	0,46

Legenda: Fisreg: Fiscalização e regulação; Adm: Administração; Pec: Política econômica; Ri: Relações institucionais

Fonte: Observatório de elites políticas e sociais do Brasil (UFPR)

O $Aindex_{gov}$ das diretorias de *fiscalização e regulação* apresentou uma variação maior por conta da mudança de perfil dos diretores que as

Dias e Dantas (2018) observaram que a rede social de relações profissionais destes indivíduos no governo Dilma era extremamente estatal, enquanto que no governo de FHC era muito ligada ao mercado. Ver o capítulo 7 deste livro.

ocuparam. No governo Collor (0,21), na maior parte do tempo (quase 80% do tempo), as diretorias foram ocupadas por Gustavo Loyola (*Aindex*$_{gov}$ = 0,25), na Difis, e Nelson Carvalho (*Aindex*$_{gov}$ = 0,5), na Dinor, o primeiro um burocrata formado no *mainstream* e saído pela porta-giratória e o segundo um contador que veio da Comissão de Valores Mobiliários, mas que saiu pela porta-giratória. No sentido oposto, em Dilma 2, tivemos um doutor em Economia pela Universidade Paris 1 – *Sorbonne*, com cargos em altos escalões do Estado e que não saiu pela porta-giratória, Luiz Awazu Pereira da Silva, na Dinor; e um burocrata do próprio BC, doutor em Administração que não saiu pela porta-giratória, Anthero Meirelles, na Difis.

As diretorias de *política econômica* oscilaram menos, mas foram importantes na determinação de índices de autonomia próximos a zero nos governos de FHC 1 e 2 e Lula 1 e no aumento da autonomia nos governos Dilma 1 e 2. Em FHC 2, o único diretor que não tinha o perfil que geraria um *Aindex*$_{gov}$ = 0 foi Luiz Figueiredo, que ocupou por quase todo o governo a Dipom. Figueiredo, apesar de ser um homem do mercado (na origem e no destino), fez Administração na Fundação Armando Alvares Penteado, instituição fora do *mainstream* econômico, ficando com um *A-index* = 0,25. Já em Lula 1, além do próprio Figueiredo, que ocupou ainda por quase três meses a Dipom, tivemos Aldo Mendes, na Direx por 39 dias e Carlos Araujo na Dipec por 275 dias, ambos com *Aindex*$_{gov}$ = 0,25, o primeiro por ser doutor em Economia pela USP (não *mainstream*) e o segundo por vir do Estado[13].

Contraditoriamente, nos dois governos de Dilma Rousseff, período com maior nível de autonomia em relação ao mercado da série histórica, a diretoria de *administração* apresenta níveis menores de autonomia (mas ainda considerado altos comparativamente). Isso é explicado pela presença de Altamir Lopes à frente da diretoria pela maior parte dos governos Dilma 1 e 2. Lopes fez sua especialização em Economia na FGV-RJ. Apesar de ser burocrata do Banco Central do Brasil e não ter

[13] No Quadro 3, no Anexo, é possível ver o cálculo do *A-index* para cada diretor individualmente.

saído pela porta-giratória, é classificado como *mainstream*, impactando negativamente o índice.

Já nas diretorias de *relações institucionais,* temos uma mudança drástica, indo de nível zero de autonomia em FHC 2 à total autonomia em Dilma 2. Isto pode ser explicado pela mudança de natureza da diretoria. Até 2010 era denominada Diretoria de Estudos Especiais, e era caracterizada pela presença de indivíduos formados no *mainstream*, com doutorado em universidades estrangeiras, vindos de fora e com saída pela porta-giratória. Com a mudança feita a partir da Portaria 56.858, o caráter da diretoria muda[14] e, com isso, transforma o perfil de quem é recrutado. Nos dois governos Dilma Rousseff, Luiz Feltrim, burocrata, formado em Matemática e que não saiu pela porta--giratória, fica à frente dessa diretoria, impactando positivamente o $Aindex_{gov}$.

3.3. Autonomia dos presidentes do Banco Central do Brasil

No Gráfico 3 mostramos a variação do $Aindex_{BCB}$, abarcando os 16 indivíduos que presidiram o órgão entre os governos Sarney e Dilma 2[15]. São dois os presidentes que são classificados por nós como de baixa autonomia diante do sistema financeiro: Francisco Gros e Armínio Fraga. Gros "é um exemplo de uma carreira típica que se desenrola inteiramente no setor financeiro. Sua trajetória profissional é marcada

[14] A portaria transforma a "Diretoria de Estudos Especiais" em "Diretoria de Assuntos Especiais" e em 2012 (Voto 199/2012–BC) passa a se chamar de "Diretoria de relacionamento Institucional e Cidadania"

[15] São cinco presidentes no governo de *José Sarney*: Antônio Carlos Lemgruber, Fernão Carlos Botelho Bracher, Fernando Milliet, Elmo de Araújo Camões e Vadico Valdir Bucchi. Dois em *Fernando Collor*: Ibrahim Eris e Francisco Gros. Três em *Itamar Franco*: Gustavo Loyola (1), Paulo Ximenes e Pedro Malan. Três no *primeiro governo FHC*: Pérsio Arida, Gustavo Loyola, Gustavo Franco. Um em *FHC 2*: Armínio Fraga. Apenas Henrique Meirelles nos dois governos *Lula*. E apenas Alexandre Tombini nos dois governos *Dilma*.

por intenso movimento entre os mercados financeiros interno e externo, particularmente nos Estados Unidos" (Codato *et al.*, 2019). Além disso, Gros presidiu o Banco Central em um período de políticas econômicas liberalizantes (Sallum Jr., 2011).

Tal como Gros, Armínio Fraga também apresenta um perfil "financista" (Codato *et al.*, 2019) e presidiu o BC em um contexto liberal economicamente (FHC 2). Por outro lado, três presidentes são classificados como tendo alta autonomia: Fernão Bracher, Paulo Ximenes e Alexandre Tombini. Codato e colaboradores (2019) classificam Bucchi como burocrata e Ximenes e Tombini como *insider*[16], ou seja, perfis opostos ao de financista. Além disto, serviram dois governos com políticas econômicas "heterodoxas": Sarney (Pio, 2001) e Dilma Rousseff (Bastos, 2012). Podemos observar que o nível de autonomia está diretamente relacionado ao perfil do presidente do Banco e ao tipo de política econômica adotada pelo presidente da República.

O grau de autonomia diante do sistema financeiro tem certa relação (negativa) com a autonomia diante do Executivo calculada para o BC por economistas como Holanda e Freire (2003) e Mendonça (2006). Os autores constataram o aumento da independência do BC a partir do Plano Real, ao menos até o início da década de 2000. Relacionando nossos achados com estes, podemos observar que, quanto maior a independência do BC calculada por eles, menor a autonomia diante do sistema financeiro calculada por nós. A partir disso, uma hipótese seria a seguinte: no caso do BC, sempre que há uma perda de autonomia diante do Executivo, há um ganho de autonomia diante do sistema financeiro e vice-versa. Um estudo ajudaria na percepção teórica sobre a autonomia da burocracia, problematizando uma autonomia completa da burocracia.

---

[16] Para os autores, burocrata diz respeito à burocracia do Estado e *insider* à burocracia do BC, especificamente.

Gráfico 3. ***Aindex***$_{BCB}$ **referente aos presidentes do Banco Central entre 1985 e 2016 (N = 124)**

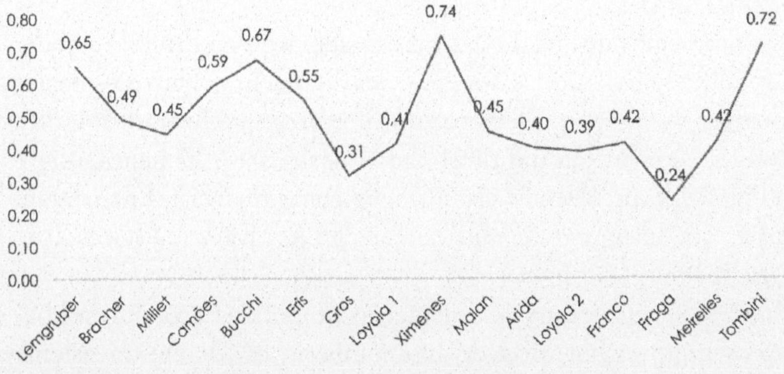

Fonte: Observatório de elites políticas e sociais do Brasil (UFPR)

Conclusões

A aplicação do *A-index* aos ocupantes das diretorias do BC permitiu verificar que a autonomia da alta burocracia de Estado varia de acordo com três fatores: (*i*) a atribuição da diretoria em questão; (*ii*) o tipo de política econômica adotada pelo governo; e (*iii*) o perfil do selecionador (o banqueiro central).

Diretorias possuem graus distintos de autonomia diante das finanças. Enquanto a diretoria de *administração*, responsável por questões meramente burocráticas, possui um índice de autonomia alta, chegando várias vezes à autonomia total ou próxima disso (Sarney, Collor, Itamar, FHC 1, FHC 2 e Lula 1), as diretorias incumbidas da *política econômica* apresentam uma baixa autonomia diante do sistema financeiro (com *A-index* médio de 0,23).

Também foi possível observar como a autonomia do BC muda ao longo do tempo. Apesar de não ser nosso objetivo explicar essa variação a partir das mudanças na economia nacional, na ideologia econômica dos governos e dos banqueiros centrais, quanto mais liberal o governo, menor será a autonomia do Banco Central diante das finanças. Por outro lado, quanto mais interventor, mais autônomo o Banco Central será diante do sistema financeiro, sendo *A-index* 0,24 para FHC 2 e 0,73 para Dilma 1.

Por fim, vimos que há diferenças consideráveis no nível de autonomia dos diferentes períodos dos governos do BC. Enquanto presidentes burocratas ou *insiders* selecionaram diretores que fizeram o índice de autonomia ficar em um nível alto (Bucchi, 0,67, Ximenes, 0,74 e Tombini, 0,72), presidentes classificados como financistas nomearam diretores que fizeram o *A-index* descer significativamente (Gros, 0,31 e Fraga, 0,24).

Em resumo, governos de orientação de política econômica liberal apresentam menor nível de autonomia no BC diante do sistema financeiro. Quando presidido por financistas, há uma tendência à diminuição da autonomia do BC; quando presidido por burocratas, há uma tendência à maior autonomia diante do sistema financeiro.

ANEXO 1

Quadro 3. **Nome dos diretores do Banco Central do Brasil, diretoria em que serviu, data de nomeação e exoneração se formado no mainstream, origem profissional, passagem pela porta-giratória e respectiva pontuação no A-index (N = 89)**

Nome abreviado	Diretoria	Nomeação	Exoneração	*Mainstream*	Origem profissional	Porta-giratória	A-index
Sérgio Freitas	DIREX	15/03/1985	29/04/1985	Não	Não	Sim	0,5
Roberto Castello Branco	DINOR	15/03/1985	28/08/1985	Sim	Não	Sim	0,25
Paulo Ferreira	DIRAD	15/03/1985	02/05/1986	Não	Sim	Não	0,75
Iran Lima	DIFIS	16/03/1985	02/09/1985	Não	Sim	Não	0,75
Carlos Freitas	DIREX	29/04/1985	09/03/1988	Sim	Sim	Não	0,5
Lara Resende	DIPOM	04/09/1985	06/01/1987	Sim	Não	Sim	0,25
Mendonça de Barros	DINOR	04/09/1985	20/05/1987	Não	Não	Sim	0,5
Tupy Moura	DIFIS	04/09/1985	14/03/1990	Não	Sim	Não	0,75
Carlos Gomes	DIPOM	04/09/1985	02/05/1986	Sim	Sim	Sim	0
Pádua Seixas	DIVEX	26/11/1985	17/11/1988	Não	Não	Sim	0,5
Pérsio Arida	DIPOM	06/05/1986	19/02/1987	Não	Sim	Sim	0,25
Lycio de Faria	DIRAD	06/05/1986	22/10/1987	Não	Sim	s.i.	n.a.
Alkimar Moura	DIPOM	07/01/1987	27/01/1988	Sim	Não	Sim	0,25
Luiz Aranha	DINOR	20/05/1987	27/01/1988	Sim	Não	Sim	0,25
Laor	DIRAD	27/01/1988	09/03/1988	Não	Não	Não	1
Keyler Rocha	DINOR	27/01/1988	10/01/1990	Não	Não	Não	1
Arnim Lore	DIREX	09/03/1988	14/03/1990	Não	Não	Sim	0,5
Carlos Gomes	DIPOM	19/12/1988	30/06/1989	Sim	Não	Não	0,75
Amadeu Felix	DIPOM	31/10/1989	14/03/1990	Sim	Sim	Não	0,5
Luís Eduardo Alves	DIPOM	15/03/1990	07/06/1991	Não	Não	Sim	0,5
Antonio Sochaczewski	DIREX	15/03/1990	18/03/1991	Sim	Não	s.i.	n.a.
Gustavo Loyola	DINOR	15/03/1990	24/01/1995	Sim	Sim	Sim	0
Joubert Furtado	DIRAD	24/04/1990	24/06/1991	Não	Sim	Não	0,75
Eliseu Martins	DIFIS	24/04/1990	07/06/1991	Não	Não	Não	1
Pedro Bodin	DIPOM	03/06/1991	24/01/1992	Sim	Sim	Sim	0
Armínio Fraga	DIREX	07/06/1991	24/01/1992	Sim	Não	Sim	0,25
Nelson Carvalho	DIFIS	07/06/1991	06/04/1993	Não	Sim	Sim	0,25

Emílio Garófalo	DIREX	01/12/1992	06/04/1993	Não	Não	s.i.	n.a.
Heraldo Lima	DIPOM	01/12/1992	06/04/1993	Não	Sim	Sim	0,25
Carlos Andrade	DIRAD	05/04/1993	03/03/1999	Não	Sim	Não	0,75
Claudio Mauch	DINOR	05/04/1993	20/03/1996	Não	Sim	Não	0,75
Amadeu Felix	DIPOM	06/04/1993	09/09/1993	Sim	Sim	Não	0,5
José Roberto de Almeida	DIREX	06/04/1993	09/09/1993	Sim	Sim	Não	0,5
Sérgio de Iudícibus	DIFIS	06/04/1993	09/09/1993	Não	Não	Não	1
Gustavo Franco	DIREX	08/09/1993	03/09/1997	Sim	Não	Sim	0,25
Francisco Pinto	DIPOM	09/09/1993	22/02/1994	Sim	Não	Sim	0,25
Edson Sabino	DIFIS	03/12/1993	29/06/1995	Não	Sim	s.i	n.a.
Alkimar Moura	DIPOM	04/03/1994	20/03/1996	Sim	Não	Sim	0,25
Francisco Lopes	DIPEC	11/01/1995	03/03/1999	Sim	Não	Sim	0,25
Claudio Mauch	DIFIS	30/06/1995	03/03/1999	Não	Sim	Não	0,75
Alkimar Moura	DINOR	20/03/1996	02/09/1997	Sim	Não	Sim	0,25
Francisco Lopes	DIPOM	20/03/1996	03/03/1999	Sim	Não	Sim	0,25
Paolo Zaghen	DIORF	29/11/1996	28/07/1999	Sim	Não	s.i.	n.a.
Demosthenes Neto	DIREX	02/09/1997	03/03/1999	Sim	Não	Sim	0,25
Sergio Alves	DINOR	02/09/1997	12/04/2006	Não	Sim	Sim	0,25
Daniel Gleizer	DIREX	03/03/1999	11/01/2002	Sim	Não	Sim	0,25
Edison Santos	DIRAD	03/03/1999	13/03/2003	Não	Sim	s.i.	n.a.
Luiz Alvarez	DIFIS	03/03/1999	01/12/1999	Não	Sim	s.i.	n.a.
Luiz Figueiredo	DIPOM	03/03/1999	17/03/2003	Não	Não	Sim	0,5
Sergio Werlang	DIPEC	03/03/1999	14/09/2000	Sim	Não	Sim	0,25
Carlos Freitas	DIORF	11/08/1999	07/05/2003	Sim	Sim	Sim	0
Carlos Freitas	DIFIS	29/11/1999	30/03/2000	Sim	Sim	Sim	0
Grossi	DIFIS	29/03/2000	13/03/2003	Não	Sim	Sim	0,25
Ilan Goldfajn	DIPEC	13/09/2000	01/07/2003	Sim	Não	Sim	0,25
Beny Parnes	DIREX	31/12/2001	31/10/2003	Sim	Não	Sim	0,25
Daniel Gleizer	DIREC	11/01/2002	15/02/2002	Sim	Não	Sim	0,25
Joao Teixeira	DIRAD	13/03/2003	31/10/2006	Não	Sim	Não	0,75
Luiz Candiota	DIPOM	13/03/2003	28/07/2004	Sim	Não	Sim	0,25
Paulo Cavalheiro	DIFIS	13/03/2003	17/12/2007	Não	Sim	Sim	0,25
Antonio Vale	DIORF	07/05/2003	01/03/2011	Não	Sim	Sim	0,25

Afonso Bevilaqua	DIPEC	02/07/2003	29/07/2004	Sim	Não	Sim	0,25
Eduardo Loyo	DIREC	19/08/2003	01/06/2005	Sim	Não	Sim	0,25
Alexandre Schwartsman	DIREX	31/10/2003	27/04/2006	Sim	Não	Sim	0,25
Afonso Bevilaqua	DIPOM	29/07/2004	20/10/2004	Sim	Não	Sim	0,25
Eduardo Loyo	DIPEC	29/07/2004	20/10/2004	Sim	Não	Sim	0,25
Rodrigo Azevedo	DIPOM	19/10/2004	26/04/2007	Sim	Não	Sim	0,25
Afonso Bevilaqua	DIPEC	20/10/2004	06/03/2007	Sim	Não	Sim	0,25
Tombini	DIREC	02/06/2005	12/04/2006	Sim	Sim	Não	0,5
Tombini	DINOR	12/04/2006	01/01/2011	Sim	Sim	Não	0,5
Afonso Bevilaqua	DIREC	20/04/2006	01/06/2006	Sim	Não	Sim	0,25
Paulo Cunha	DIREX	20/05/2006	11/01/2008	Sim	Não	Sim	0,25
Mario Mesquita	DIREC	29/05/2006	25/04/2007	Sim	Não	Sim	0,25
Antonio Vale	DIRAD	31/10/2006	06/12/2007	Não	Sim	Sim	0,25
Mario Mesquita	DIPEC	07/03/2007	31/03/2010	Sim	Não	Sim	0,25
Mario Toros	DIPOM	26/04/2007	04/12/2009	Não	Não	Sim	0,5
Anthero Meirelles	DIRAD	05/12/2007	02/03/2011	Não	Sim	Não	0,75
Alvir Hoffmann	DIFIS	17/12/2007	01/03/2011	Não	Sim	Sim	0,25
Maria Arraes	DIREX	11/01/2008	18/01/2010	Não	Sim	Não	0,75
Aldo Mendes	DIPOM	07/12/2009	07/07/2016	Não	Não	Sim	0,5
Aldo Mendes	DIREX	18/01/2010	26/02/2010	Não	Não	Sim	0,5
Carlos Araujo	DIPEC	31/03/2010	19/02/2015	Sim	Sim	Sim	0
Luiz Silva	DIREX	27/04/2010	27/04/2015	Não	Sim	Não	0,75
Luiz Silva	DINOR	03/01/2011	05/02/2015	Não	Sim	Não	0,75
Sidnei Marques	DIORF	01/03/2011	28/02/2019	Não	Sim	s.i.	n.a.
Anthero Meirelles	DIFIS	02/03/2011	19/09/2017	Não	Sim	Não	0,75
Altamir Lopes	DIRAD	02/03/2011	29/09/2015	Sim	Sim	Não	0,5
Luiz Feltrim	DIREC	27/06/2012	07/07/2016	Não	Sim	Não	0,75
Tony Volpon	DIREX	27/04/2015	07/07/2016	Sim	Não	Sim	0,25

Legenda: s.i. = sem informação; n.a. = não se aplica

Fonte: Observatório de elites políticas e sociais do Brasil (UFPR)

Referências

Adolph, C. "Bankers, bureaucrats, and central bank politics: The myth of neutrality". *In*: *Bankers, Bureaucrats, and Central Bank Politics: The Myth of Neutrality*. Cambridge: Cambridge Universty Press (ed.), 2011. Disponível em: <https://doi.org/10.1017/CBO9781139506762>. Acesso em: 25 out. 2022.

Alesina, A. F. "Macroeconomics and Politics". *In*: Fischer, S. (ed.). *NBER Macroeconomics Annual 1988*, volume 3. Cambridge: MIT Press, 1988. pp. 13-62. Disponível em: <https://www.nber.org/system/files/chapters/c10951/c10951.pdf>. Acesso em: 25 out. 2022.

Bade, R. e Parkin, M. *Central Bank Laws and Monetary Policy*. Ontario: University of Western Ontario, 1988. Disponível em: <https://economics.uwo.ca/people/parkin_docs/CentralBankLaws.pdf>. Acesso em: 25 out. 2022.

Bastos, P. P. Z. "A economia política do novo-desenvolvimentismo e do social desenvolvimentismo". *Economia e Sociedade*. Scielo Brasil: [*S.l.*], ano 21 (2012), pp. 779-810. Disponível em: <https://doi.org/10.1590/s0104-06182012000400004>. Acesso em: 25 out. 2022.

Banco Central do Brasil. *Estrutura do Banco Central*. Disponível em: <https://liftchallenge.bcb.gov.br/acessoinformacao/estruturabc >. Acesso em: 9 nov. 2022.

Calabrez, F. *O poder político das ideias econômicas: continuidade e inflexão macroeconômica nos governos*. São Paulo: Fundação Getúlio Vargas, 2018.

Carvalho, F. J. C. "A independência do banco central e a disciplina monetária: observações céticas". *Revista de Economia Política*. Centro de Economia Política: [*S.l.*], ano 15, nº 4 (1995), pp. 134-141. Disponível em: <https://centrodeeconomiapolitica.org/repojs/index.php/journal/article/view/1261>. Acesso em: 25 out. 2022

Carvalho, L. *Valsa brasileira: Do boom ao caos econômico*. 1. ed. São Paulo: Editora Todavia, 2018..

Cavalieri, M., Codato, A., Perissinotto, R. e Dantas, E. "Political Power and The Economic Mainstream: A Profile Analysis of the Brazilian Central Bank's Board of Directors". *In*: *Carruthers Chair in Economic Development*. Las Cruces: New Mexico State University Carruthers, 2016. pp. 1-16. Disponível em: <https://doi.org/10.13140/RG.2.1.3872.0881>. Acesso em: 25 out. 2022.

Chang, K. H. *Appointing central bankers: the politics of monetary policy in the United States and the European Monetary Union*. Cambridge: Cambridge University Press, 2003.

Codato, A., Cavalieri, M., Perissinotto, R. e Dantas, E. G. "Economic mainstream and power: a profile analysis of Central Bank directors during PSDB and PT governments in Brazil". *Nova Economia*. Scielo Brasil: [*S.l.*], ano 26, nº 3 (2016), pp. 687-720. Disponível em: <https://doi.org/10.1590/0103-6351/2845>. Acesso em: 25 out. 2022.

Codato, A., Perissinotto, R., Dantas, E. G. e Cavalieri, M. "La connexion financière. La porte tournante de la Banque centrale du Brésil". *Gouvernement et Action Publique*. Cairninfo: [*S.l.*], ano 8, nº 1 (2019), pp. 137-155. Disponível em: <https://doi.org/10.3917/gap.191.0137>. Acesso em: 25 out. 2022.

Cukierman, A., Web, S. B. e Neyapti, B. "Measuring the Independence of Central Banks and Its Effect on Policy Outcomes". *The World Bank Economic Review*. Oxford Academic: [*S.l.*], ano 6, nº 3 (1992), pp. 353-398. Disponível em: <https://doi.org/10.1093/wber/6.3.353>. Acesso em: 25 out. 2022.

Dantas, E. G. *A autonomia do Banco Central do Brasil: uma proposta de mensuração a partir do perfil dos seus diretores (1985 – 2016)*. 2019. Tese (Doutorado em Ciência Política) – Universidade Federal do Paraná, Curitiba, 2019. Disponível em: <https://bit.ly/3j6dqqB>. Acesso em: 25 out. 2022.

Dequech, D. "Neoclassical, Mainstream, Orthodox e Heterodox Economics". *Journal of Post Keynesian Economics*. Tandfonline: [*S.l.*], ano *30*, nº 2 (2007), pp. 279-302. Disponível em: <https://doi.org/10.2753/PKE0160-3477300207>. Acesso em: 25 out. 2022.

Eijffinger, S. e Schaling, E. "Central Bank Independence in Twelve Industrial Countries". *BNL Quarterly Review*. ano 184 (1993), pp. 49-89. Disponível em: <https://pure.uvt.nl/ws/portalfiles/portal/1178714/ESSE5612936.pdf>. Acesso em: 25 out. 2022.

Farvaque, É., Hammadou, H. eStanek, P. "Select your committee: The impact of central bankers' background on inflation". *Économie Internationale*. Cairninfo: [*S.l.*], ano 117 (2009), pp. 99-129. Disponível em: <https://www.cairn.info/revue-economie-internationale-2009-1-page-99.htm>. Acesso em: 25 out. 2022.

Göhlmann, S. e Vaubel, R. "The Educational and Occupational Background of Central Bankers and Its Effect On Inflation: An Empirical Analysis". *European Economic Review*. Elsevier: [*S.l.*], ano 51, nº 4, (2007), pp. 925-941. Disponível em: <https://doi.org/10.1016/j.euroecorev.2006.05.001>. Acesso em: 25 out. 2022.

Goodhart, C. e Lastra, R. "Populism and Central Bank Independence: Comment". *Open Economies Review*. Springer: [*S.l.*], ano 29, nº 3 (2018), pp. 687-693. Disponível em: <https://doi.org/10.1007/s11079-017-9447-y>. Acesso em: 25 out. 2022.

Holanda, M. e Freire, L. P. "Medindo a Independência Do Banco Central Do Brasil". *Revista de Economia Contemporânea*. Rio de Janeiro: ano 7, nº 1 (2003), pp. 133-146. Disponível em: <https://revistas.ufrj.br/index.php/rec/article/view/19742>. Acesso em: 25 out. 2022.

Lebaron, F. "Central Bankers in the Contemporary Global Field of Power: A 'Social Space' Approach". *The Sociological Review*. Sage journals: Oxford; Malden: ano 56, nº 1 (2008), pp. 121-144. Disponível em: <https://doi.org/10.1111/j.1467-954X.2008.00765.x>. Acesso em: 25 out. 2022.

Lebaron, F. "European Central Bank Leaders in the Global Space of Central Bankers: A Geometric Data Analysis approach". *French Politics*. Springer: [*S.l.*], ano 8, nº 3 (2010), pp. 294-320. Disponível em: <https://doi.org/10.1057/fp.2010.15>. Acesso em: 25 out. 2022.

Lebaron, F. e Dogan, A. "The social dimensions of monetary decisions: a study of the ECB Governing Council". *In*: Champroux, N; Depeyrot, G.; Dogan, A. e Nautz, J. (ed.). *Construction and desconstruction of monetary unions: lessons from the past*. Hochschule Ostwestfalen-Lippe: University of Applied Sciences, 2018.

Loureiro, M. R. *Os economistas no governo: gestão econômica e democracia*. Rio de Janeiro: Editora Fundação Getulio Vargas, 1997.

Maillet, A., González-Bustamante, B. e Olivares L., A. ¿Puerta giratoria? Análisis de la circulación público-privada en Chile (2000-2014). *In*: Programa de las Naciones Unidas para el Desarrollo (PNUD) (ed.), *Serie Documentos de Trabajo PNUD – Desigualdad* (ano 7, nº 7). Programa de las Naciones Unidas para el Desarrollo (PNUD). Disponível em: <https://bit.ly/3IxO6GS>. Acesso em: 25 out. 2022.

Mendonça, H. F. "Efeitos da independência do banco central e da taxa de rotatividade sobre a inflação brasileira". *Revista de Economia Política*.

Scielo Brasil: [*S.l.*], ano 26, nº 4 (2006), pp. 552-563. Disponível em: <https://doi.org/10.1590/S0101-31572006000400005>. Acesso em: 25 out. 2022.

Miliband, R. *The State in Capitalist Society: The Analysis of the Western System of Power*. Nova Iorque: Basic Books, 1969.

Olivieri, C. "Política, burocracia e redes sociais: as nomeações para o alto escalão do Banco Central do Brasil". *Revista de Sociologia e Política*. Scielo Brasil: Curitiba, ano 29, (2007), pp. 147-168. Disponível em: <https://doi.org/10.1590/S0104-44782007000200011 >. Acesso em: 25 out. 2022.

Perissinotto, R., Tokumoto, A., Dias, R. P. e Dantas, E. G. "De onde vem os dirigentes do BNDES? Recrutamento e redes sociais (1995-2016)". *In*: ENCONTRO DA ASSOCIAÇÃO BRASILEIRA DE CIÊNCIA POLÍTICA – ABCP, 11, 2018, Curitiba. *Anais* [...]. Curitiba: ABCP, 2018. Disponível em: <https://www.academia.edu/41012569/De_onde_vem_os_dirigentes_do_BNDES>. Acesso em: 25 out. 2022.

Pio, C. "A estabilização heterodoxa no Brasil: ideias e redes políticas". *Revista Brasileira de Ciências Sociais*. Scielo Brasil: [*S.l.*], ano 16, nº 46 (2001), pp. 29-54. Disponível em: <https://doi.org/10.1590/S0102-69092001000200002>. Acesso em: 25 out. 2022.

Rogoff, K. "The Optimal Degree of Commitment to an Intermediate Monetary Target". *The Quarterly Journal of Economics*. Oxford Academic: [*S.l.*], ano 100, nº 4 (1985), pp. 1169-1189. Disponível em: <https://doi.org/10.2307/1885679>. Acesso em: 25 out. 2022.

Sallum, B. e Goulart, J. O. "O Estado Brasileiro contemporâneo: Liberalização econômica, política e sociedade nos governos FHC e Lula". *Revista de Sociologia e Politica*. Scielo Brasil: [*S.l.*], ano 24, nº 60 (2016), pp. 115-135. Disponível em: <https://doi.org/10.1590/1678-987316246001>. Acesso em: 25 out. 2022.

Sallum Jr, B. "Governo Collor: o reformismo liberal e a nova orientação da política externa brasileira". *Dados*. Scielo Brasil: Rio de Janeiro, ano 54, nº 2 (2011), pp. 259-288. Disponível em: <https://doi.org/10.1590/s0011-52582011000200002>. Acesso em: 25 out. 2022.

Schneider, B. R. "A conexão da carreira: uma análise comparativa de preferências e insulamento burocrático". *Revista Serviço Público*. ENAP: Brasília, ano 119, nº 1 (1995), pp. 9-43. Disponível em: <https://doi.org/10.21874/rsp.v46i1.726>. Acesso em: 25 out. 2022.

4.

AS REDES SOCIAIS DO BANCO CENTRAL DO BRASIL[1]

Renato Perissinotto; Marco Cavalieri; Eric Gil Dantas; Rodolfo Palazzo Dias

O senso comum, douto ou não, tende a ver o Banco Central, nos mais diversos países, como uma instituição técnica, cujo insulamento e independência seriam não apenas desejáveis, mas possíveis. Somente desse modo os complexos problemas relativos à gestão da política monetária poderiam ser administrados com isenção partidária e acuidade técnica. Muito do que se tem produzido sobre Bancos Centrais no campo das Ciências Sociais visa desmistificar essa proposição.

Ainda que se possa considerar que, em função da importância do objeto, a bibliografia produzida sobre ele não seja, em termos quantitativos, tão grande, é possível identificar várias pesquisas consistentes na Europa, nos Estados Unidos e no Brasil. Muito do que se escreve toma como objeto a trajetória profissional e educacional dos dirigentes dos Bancos Centrais[2] a fim de revelar como o recrutamento dos dirigentes está longe de ser aleatório, o que permitiria ao menos qualificar a tese da "independência" dessas instituições.

---

[1] Publicado originalmente como: Perissinotto, R., Cavalieri, M., Dantas, E. G., e Dias, R. P.. "Redes sociais e recrutamento: o caso dos diretores e presidentes do Banco Central do Brasil (1994-2016)". *Tempo Social*. [*S.l.*], ano 29, nº 3 (2017), pp. 61-82. Disponível em: <https://doi.org/10.11606/0103-2070.ts.2017.125881>. Acesso em: 25 out. 2022.

[2] Ver, por exemplo, os capítulos 1, 2 e 3 deste livro.

Em trabalho recente, Adolph (2013) argumenta, com base em análises do processo de recrutamento de *policy makers* de Bancos Centrais ao redor do mundo, que tanto a trajetória profissional prévia ao cargo como a perspectiva de posições futuras podem afetar a formação das preferências individuais e a partir daí o tipo de decisões dos dirigentes sobre, por exemplo, a política monetária. A perspectiva de ascensão profissional, seja dentro da organização, seja para outra organização pública ou privada cria um incentivo para que esses dirigentes agradem não só seus superiores diretos, mas quaisquer agentes que possam ajudar em sua trajetória na carreira, podendo assim impactar em decisões de política econômica. A porta-giratória entre o trabalho na autoridade monetária e as empresas ou outras instituições permitiria questionar o mito da neutralidade destes dirigentes.

Göhlmann e Vaubel (2007), estudando os Bancos Centrais de dez países europeus, o *Federal Reserve* e o Banco Central Europeu, adicionam às carreiras o *background educacional* dos dirigentes como elemento explicativo de suas decisões. Para eles, tanto a carreira ocupacional como a formação educacional afetam o modo pelo qual dirigentes dos Bancos Centrais lidam com o problema da inflação exatamente porque esses fatores são formadores de "crenças causais" acerca do fenômeno inflacionário.

O estudo de Farvaque, Hammadou e Stanek (2009) analisou 175 presidentes de nove Bancos Centrais, de 1999 a 2008. Demonstrou-se que o tipo de experiência profissional (seja setor privado, na academia, seja na burocracia do próprio Banco Central) dos integrantes dos comitês de política monetária dos principais países da OCDE, e mesmo o sexo do dirigente, também impactam sobre as decisões relativas à inflação. Os autores descobriram que há diferentes predomínios de tipos de conselheiros nesses comitês. Por exemplo, o conselho do Banco Central Europeu é dominado por economistas públicos, enquanto no Banco Central da Austrália o predomínio é de economistas do setor privado e no Banco do Canadá predominam banqueiros centrais (isto é, com origem interna).

O estudo de Lebaron (2010) acrescenta o impacto efetivo que experiências biográficas distintas têm sobre escolhas políticas, disposições cognitivas e diferenças culturais. Segundo o autor,

> "os comportamentos dos bancos centrais são, ao menos parcialmente, explicados pelas características [biográficas] dos seus dirigentes, pelo tipo de ativos sociais que acumularam e pelas disposições [subjetivas] que acompanham esses ativos" (Lebaron, 2010).

Seu trabalho aponta para uma presença maior de recrutamento interno aos bancos centrais, sugerindo que, a partir da década de 1980, isso possa ter acontecido em razão de uma valorização crescente da "independência" dessas instituições[3].

Para o caso dos dirigentes do Banco Central do Brasil (BC), as principais pesquisas são as de Loureiro (1997), Novelli (2002) e Olivieri (2007).

Loureiro (1997) reconstruiu a origem tanto de diretores como de presidentes do BC desde a sua criação até 1995. Tomando apenas o caso dos diretores, Loureiro demonstra que entre 1965, primeiro ano de funcionamento da agência, e 1995, marco final do seu estudo, dos 50 diretores que passaram pelo Banco, a maioria tinha sido recrutada dentro da burocracia do próprio BC (na realidade, nos primeiros anos de existência do BC, eram funcionários do Banco do Brasil e da Superintendência da Moeda e do Crédito, em maioria). Contudo, a apresentação dessas informações de forma muito agregada esconde a mudança no perfil dos diretores recrutados nos diferentes governos após o regime ditatorial-militar (1964-1985).

Novelli (2002) sublinha que o governo Figueiredo (1979-1985) marcou uma mudança decisiva nos quadros do BC brasileiro, que deixaram de ser ocupados predominantemente por funcionários da instituição. A partir daí, houve um crescimento importante do que Loureiro chamou de "iniciativa privada" e Novelli destacou como dirigentes "oriundos do sistema financeiro privado".

Olivieri (2007) deu um passo adiante ao sugerir uma explicação efetiva para a lógica do processo de nomeação burocrática do Banco Central do Brasil. Seu estudo investigou o perfil de 13 presidentes e 55 diretores do BC de 1985 a 2000. Ela dividiu as diretorias da instituição

[3] No início da década de 1990, Cukierman (1992) reuniu uma extensa literatura sobre a independência dos bancos centrais.

em duas categorias distintas: (*i*) diretorias de política econômica e (*ii*) diretorias de fiscalização, normatização e administração. As primeiras seriam responsáveis pela elaboração das políticas com impacto direto sobre a economia e, por isso, estariam ligadas informalmente à própria Presidência da República, que se interessaria pela indicação dos seus ocupantes. As segundas, por sua vez, estariam envolvidas com atividades de fiscalização e normatização bancária, além de assuntos internos e organizacionais do Banco Central. Conforme Olivieri (2007, p. 154), os diretores de política econômica são recrutados majoritariamente fora do Banco, enquanto os diretores de fiscalização vêm, na sua maioria, do corpo funcional do próprio BC. Assim, Olivieri (2007) permite intuir que o BC deva ter critérios diferentes para o preenchimento das suas diferentes diretorias, informação que se perde quando tratamos o corpo de comandantes da instituição de maneira agregada (Loureiro, 1997; Novelli, 2001).

No que se refere ao *background* educacional, Loureiro (1997) classifica como privatistas duas escolas frequentes no treinamento dos dirigentes do BC – a Escola de Pós-graduação em Economia da Fundação Getúlio Vargas do Rio de Janeiro (EPGE – FGV-RJ) e o Departamento de Economia da PUC-Rio – e próximas aos interesses dos bancos privados. Em termos de diferenciação das estratégias profissionais, de acordo com Loureiro (1997), o polo constituído pela EPGE e pela PUC-Rio pode ser denominado privatista, sobretudo porque essas instituições valorizariam teoricamente a preponderância do mercado no sistema econômico e por estabelecerem laços estreitos com o setor privado, particularmente com bancos, nos quais atuam como consultores.

Mais recentemente, Codato, Cavalieri, Perissinotto e Dantas (2016) preocuparam-se em identificar não apenas a instituição educacional de origem dos dirigentes, mas o tipo de treinamento teórico aí recebido, se baseado no *mainstream* econômico ou não. A principal conclusão do estudo é que a origem dos titulares das diretorias ligadas à formulação da política econômica do BC brasileiro é externa, principalmente oriunda do mercado, e que eles são formados predominantemente em instituições universitárias *mainstream*. Por outro lado, as diretorias relacionadas com fiscalização e organização do sistema financeiro nacional, administração da própria autarquia são ocupadas por diretores vindos da burocracia do BC e educados em instituições fora do *mainstream*. É importante salientar que essa distribuição de origens dos diretores ocorre independentemente do partido político que esteja na Presidência, ora o PSDB, ora o PT.

Este capítulo inscreve-se nesse elenco de preocupações. O universo por nós analisado é composto dos quarenta diretores e seis presidentes do BC entre os anos de 1995 e 2016[4]. Esse período corresponde a seis mandatos presidenciais distintos no Brasil, assim distribuídos: Fernando Henrique Cardoso (2), de 1995 a 1998 e de 1999 a 2002, Luiz Inácio Lula da Silva (2), de 2003 a 2006 e de 2007 a 2010, e Dilma Rousseff (2), de 2011 a 2014 e de 2015 até a interrupção de seu segundo mandato em razão do *impeachment* de 2016. O nosso objetivo, assim como de grande parte dos trabalhos citados mais acima, é focar na trajetória ocupacional desses indivíduos, mas com duas importantes diferenças metodológicas[5].

A maior parte dos estudos sobre a trajetória ocupacional dos dirigentes dos bancos centrais tende a enfatizar a instituição de origem *imediatamente anterior* ao recrutamento para o Banco Central. O objetivo deste capítulo é ultrapassar essa abordagem, englobando todas as instituições pelas quais os dirigentes do BC passaram durante suas vidas profissionais antes de assumirem uma diretoria ou a presidência do Banco. Isso permitirá uma visão mais complexa das trajetórias desses agentes.

---

4 O número total de indivíduos, porém, é de 45 e não 46, pois há um nome que se repete. Alexandre Tombini foi diretor do BC e presidente da agência, mas foi contado apenas uma vez.

5 As informações foram retiradas, principalmente, dos currículos protocolados no Senado Federal quando da discussão a respeito da aprovação dos pretendentes a diretorias e à presidência do Banco Central, pois cabe ao Senado aprovar ou não a nomeação dos banqueiros centrais. Utilizamos ainda, em alguns poucos casos, jornais e sites pessoais dos ex-dirigentes do BC. Sobre as sabatinas no Senado, ver o capítulo 5 deste livro.

Em vez de tratarmos posições na trajetória separadamente para depois identificarmos a recorrência na carreira de diversos indivíduos tomados isoladamente, optamos por utilizar a técnica da análise de redes sociais (ARS)[6]. O nosso objetivo é apresentar, através de quatro sociogramas construídos com o software *NetDraw*, as conexões entre os mundos público e privado, entre esses mundos profissionais e instituições universitárias, bem como a centralidade de determinadas instituições públicas, empresariais e acadêmicas para a construção das carreiras dos dirigentes do Banco Central do Brasil.

A ARS é frequentemente comparada à fotografia. Nesses casos, entende-se a rede como a captura sincrônica dos elementos de determinada realidade. No entanto, as redes analisadas neste capítulo não representam apenas um momento muito específico, mas sim um período relativamente longo. Mantendo a comparação, a nossa rede representa uma fotografia tirada com o obturador da câmera mantido aberto por um longo período, capturando assim uma quantidade maior de informações e por mais tempo. Isso tem consequências para o significado das informações apresentadas, conferindo às nossas redes quatro características. Primeiramente, os atores estudados não compartilham espaços simultaneamente; em segundo lugar, e consequentemente, trata-se de analisar a carreira dos agentes diacronicamente; terceiro,

6 A Análise de Redes Sociais (ARS) é uma metodologia muito utilizada em estudos sobre corporações econômicas (Mintz e Schwartz, 1985; Scott, 1988; Granovetter, 1994), pois permite diagnósticos sobre a estrutura dos grupos econômicos e suas conexões acionárias e diretivas, assim como o poder do sistema financeiro nesse complexo empresarial. No Brasil, a análise de redes ganhou força no final dos anos 1990 e início dos anos 2000, tendo grande utilidade em estudos sobre as conexões entre o mundo político e organizações sociais (Marques, 1999, 2006; Cervi, 2015; Ansell, Bichir e Zhou, 2016; Horochovski, Junckes, Silva, Silva, e Camargo, 2016). Em estudos sobre o Banco Central do Brasil, apenas Olivieri (2007) utilizou essa ferramenta, mas com outro propósito. Redes sociais sistematizam um conjunto de relações (*edges*) estabelecidas entre determinadas unidades (*nodes*). ARS é uma perspectiva analítica que tem como grande vantagem incluir na análise as relações entre as unidades observadas e não apenas seus atributos (Wasserman e Faust, 1994, pp. 4-6).

as carreiras são apresentadas como trajetórias individuais que ocorrem dentro de instituições; e, por fim, a presença de instituições duradouras permite que diversos indivíduos passem pelas mesmas instituições, criando trajetórias específicas que a nossa pesquisa procura reproduzir. Em suma, as redes analisadas não são nem sincrônicas nem estáticas; ao contrário, representam diacronicamente as trajetórias profissionais de vários diretores e presidentes do BC e, por isso, conseguem captar o conjunto de conexões entre pessoas e instituições construído ao longo do tempo.

O capítulo está assim estruturado. Além desta apresentação, temos uma primeira parte em que analisamos a estrutura geral da carreira de todos os dirigentes e presidentes do BC (*primeiro sociograma*). Na segunda parte, concentramos as nossas análises apenas nos presidentes e diretores de política econômica, pois, como já revelamos no capítulo um, os demais diretores são majoritariamente oriundos do próprio Banco (*sociograma 2*). Ainda nesta seção, a partir das informações anteriores, identificamos a formação de *clusters* que nos permitem apontar para a existência de perfis de trajetória e carreira dos dirigentes e presidentes do BC (*sociograma 3*), ficando para a terceira parte a análise de uma clusterização das instituições anteriores de todos os diretores e presidentes (*sociograma 4*). Por fim, na conclusão, fazemos considerações gerais sobre os dados apresentados neste capítulo.

1. De onde vêm os dirigentes e presidentes do BC?

A rede principal conta com quarenta diretores e seis presidentes do Banco Central do Brasil. Ela é caracterizada tecnicamente como uma *2-mode network*, pois conjuga dois tipos de unidades de observação (instituições e pessoas), das quais uma constitui as linhas e a outra as colunas da matriz que forma a rede (cf. Borgatti e Everett, 1997, p. 244). O ganho analítico proporcionado por essa perspectiva é localizar as instituições e os dirigentes no universo de relações que os conecta. Todavia, se as nossas *unidades de observação* são pessoas e instituições, a nossa *unidade de análise* são as relações entre elas. A partir dessa rede desenvolvemos sub-redes de tipo *1-mode* compostas apenas por instituições[7].

O primeiro sociograma apresentado a seguir (Figura 1) sintetiza as instituições pelas quais passaram os dirigentes e presidentes do BC e a conexão entre elas ao longo da trajetória profissional desses indivíduos. Ele representa a trajetória dos agentes antes de ocuparem um cargo de comando na autarquia. Na cor vermelha temos os nós das *instituições públicas* (incluídas nessa categorização as organizações internacionais, como o Fundo Monetário Internacional, e o próprio BC), em azul as *instituições educacionais* (universidades, faculdades, escolas, institutos) e, por fim, em amarelo as organizações do *setor privado* de diversos setores da economia.

Podemos notar, pelo tamanho do nó, a posição destacada na trajetória dos indivíduos de duas instituições públicas, o próprio BC e o Ministério da Fazenda, e de duas instituições de ensino, a Pontifícia Universidade Católica do Rio de Janeiro (PUC-Rio) e a Universidade de São Paulo (USP).

---

[7] Em termos práticos, a matriz é construída da seguinte forma: em uma planilha de Excel registra-se, nas linhas, cada instituição citada na biografia dos dirigentes e presidentes do BC e, nas colunas, os nomes destes 45 indivíduos. Nas células da planilha, por meio de "0" (indicando ausência) ou "1" (indicando presença), registramos as conexões entre eles. Isso dá origem a um *2 mode-network* (que combina unidades de observação distintas, no caso, instituições e indivíduos). De posse dos dados sobre as trajetórias individuais e suas diversas instituições, podemos construir uma outra matriz em que registramos as conexões apenas entre estas últimas e suas repetições. O registro das repetições nos permite diferenciar a densidade das conexões por meio da espessura dos vínculos entre as instituições, como se pode ver na Figura 1. Esse procedimento resulta numa *1 mode-network* (com apenas um tipo de unidade de observação, no caso, instituições).

Figura 1. **Trajetória dos diretores (todas as diretorias) e presidentes do BC antes de ocuparem cargos na autarquia**

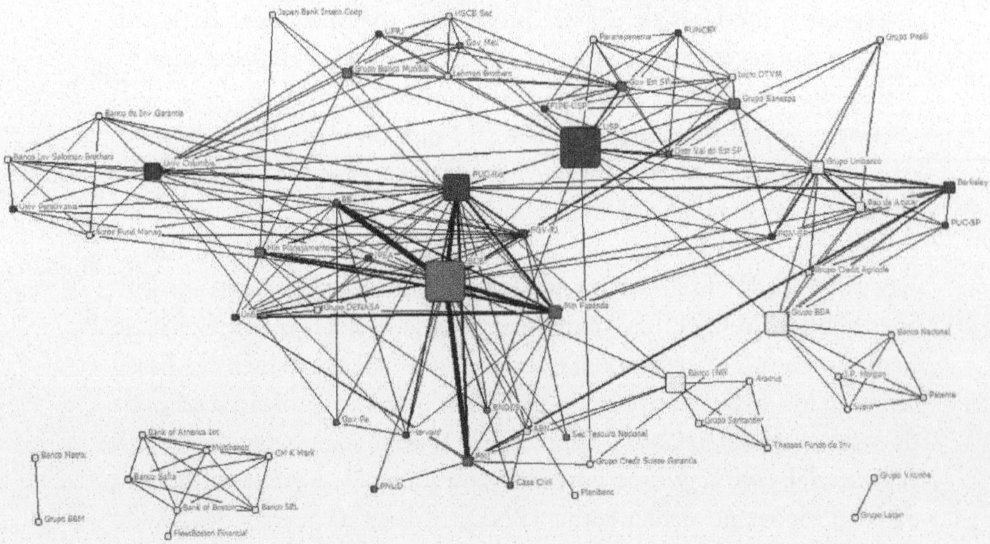

Fonte: elaboração própria dos autores

A Tabela 1 apresenta as medidas de centralidade da rede.

Tabela 1: **Medidas de centralidade do sociograma 1**

Medidas de grau (*degree*)	Medidas de intermediação (*betweenness*)
BC (45)	USP (376.07)
PUC-Rio (35)	BC (375.68)
Ministério da Fazenda (26)	PUC-Rio (221.21)
USP (25)	Grupo BBA (196)
Universidade de Columbia (18)	Banco INA (150)
FMI (17)	Univiversidade de Columbia (119.91)
Ministério do Planejamento (16)	Ministério da Fazenda (72.33)
FGV-RJ (15)	Grupo Unibanco (67.70)
Grupo Unibanco (15)	Universidade de Berkeley (62.16)
Banco do Brasil (BB) (14)	Grupo Banespa (54,84)

Fonte: elaboração própria

A proeminência visual dessas instituições reflete-se no *degree*[8]. Nas quatro primeiras posições encontramos estas quatro instituições, com as seguintes medidas de *degree* (isto é, com maior número de vínculos com outras instituições na rede): BC com 45, PUC-Rio com 35, Ministério da Fazenda com 26 e USP com 25.

Entre as dez primeiras posições no que diz respeito ao número de vínculos na rede encontramos ainda duas outras instituições de ensino, a Universidade de Columbia (em quinto lugar, com *degree* 18) e a Escola de Pós-Graduação da Fundação Getúlio Vargas do Rio de Janeiro (EPGE-FGV) (em oitavo lugar, com *degree* 15); três instituições públicas, o FMI[9] (em sexto lugar, com *degree* 17), o Ministério do Planejamento (em sétimo lugar, com *degree* 16) e o Banco do Brasil (em décimo lugar, com *degree* 14). Uma única instituição é oriunda do setor mercado, o Grupo Unibanco (em nono lugar, com *degree* 15). A partir daí, com *degrees* sempre iguais ou abaixo de 14, temos um misto de instituições governamentais (BNDES, Ipea, Governo do Estado de São Paulo), instituições universitárias nacionais e internacionais (PUC-SP, FGV-SP, UFRJ, Universidade da Pensilvânia, Harvard, Berkeley) e muitas instituições de mercado, notadamente do setor

---

[8] O *degree* refere-se ao somatório do número de conexões (*edges*) que determinado elemento (instituição ou indivíduo, representados em *nodes*) possui. No caso de 2 *modes-networks*, dividimos o *degree* pelo número total de conexões possíveis para cada nó, obtendo o *degree* normalizado. O *degree* normalizado possibilita a comparação dos dados entre instituições e indivíduos, assim como dimensionar percentualmente a integração do nó na rede. Porém, essa normalização só é possível em redes dicotômicas, o que não é o caso das nossas redes 1 *mode* (que possui peso nas relações pelo número de diretores compartilhados entre instituições, observado no sociograma pela espessura dos *edges*). Assim, quando estivermos analisando redes de tipo 1 *mode*, utilizamos o *degree* total e quando analisamos redes de tipo 2 *mode*, utilizamos a medida do *degree* normalizado. (Cf. Wasserman e Faust, 1994, p. 179).

[9] Apesar do FMI ser uma instituição internacional de caráter multilateral, classificamo-la aqui como pública, pois a separação entre público e instituições internacionais dissiparia demais nossa categorização.

financeiro (Salomon Brothers, Banco Garantia, HSBC, Banco Safra, Bank of America, entre outras).

As observações acima se confirmam parcialmente pela medida de *betweenness*[10]. De acordo com esses dados, vemos que USP, BC e PUC-Rio são as instituições com maior poder de intermediação entre os demais nós, com medidas de *betweenness* de 376,07; 375,68 e 221,21, respectivamente. A única instituição com alto *degree* que se encontra fora dessas primeiras quatro posições é o Ministério da Fazenda, com apenas 72,33 de intermediação (em sétimo lugar). Diferentemente da medida de *degree*, em que o mercado aparecia apenas com uma posição entre as dez primeiras (Grupo Unibanco), este setor agora ocupa três das dez primeiras posições, com o Grupo BBA, com *betweenness* de 196 (na quarta posição), Banco ING, com *betweenness* de 150 (em quinto lugar) e o Grupo Unibanco, com *betweenness* de 67,70 (na oitava posição)[11]. Duas instituições de ensino se destacam entre as dez primeiras posições: a Universidade de Columbia, com *betweenness* de 119,91 (na sexta posição), e Universidade de Berkeley, com 62,16 de *betweenness* (na nona posição).

Portanto, se levarmos em consideração as dez primeiras posições nas medidas de *degree* e de *betweenness*, os três setores parecem ter importância na trajetória dos dirigentes e presidentes do Banco Central. Tal resultado é, todavia, esperado. Afinal, dada a natureza da instituição – uma burocracia insulada e tecnicamente competente, cuja função é lidar com temas complexos de política econômica e, em

---

[10] *Betweenness* (intermediação) é uma medida de centralidade que identifica quais são os nós mais importantes na intermediação entre o conjunto de nós da rede. As unidades com maior grau de *betweenness* são potencialmente aquelas que têm maior controle sobre as interações entre os nós (Wasserman e Faust, 1994, p. 188). Em resumo, um nó com alto *betweenness* é aquele que se constitui em ponto de passagem necessário para que os demais nós possam se conectar. Constitui-se, assim, em um *gatekeeper* ou *broker*.

[11] O Grupo Banespa encontra-se entre as dez primeiras instituições, com 58,84 de *betweenness* (décima posição). Entretanto, os diretores analisados passaram por esse banco antes da privatização, portanto o consideramos pertencente ao setor público (tal como o Banco do Brasil).

particular, de política monetária –, parece haver uma proximidade funcional entre ela e os três setores aqui analisados. É plausível supor que um "bom gestor" do BC precise ter carreira pública, passar pelas principais escolas de formação em Economia e possuir intimidade com a dinâmica do mercado das finanças. Nesse sentido, a natureza da instituição ajudaria a entender a presença destacada na rede do próprio BC, o predomínio de USP e PUC-Rio como instituições de ensino e de instituições vinculadas ao sistema financeiro privado[12]. A medida de *betweenness*, inclusive, pode indicar quais são as instituições que servem de "ponto de encontro", isto é, onde os diretores do Banco Central do Brasil se conhecem e fazem *networking*.

No entanto, embora todas essas instituições sejam importantes, tanto pela quantidade de conexões que possuem (*degree*), como pela sua capacidade de intermediar relações entre os demais nós da rede (*betweenness*), fica bastante evidente que instituições de ensino (USP e PUC-Rio) e o próprio Banco Central se destacam na trajetória dos dirigentes e presidentes desta última instituição. As instituições de mercado, de acordo com a rede acima, têm baixo número de vínculos com os demais nós da rede, ainda que apareçam mais bem posicionadas quando se trata do lugar que ocupam no seu interior. Porém, tanto num caso como no outro, estão sempre bem abaixo das instituições oriundas dos outros dois setores (administração pública e ensino). Isso se deve ao fato de a rede que acabamos de analisar abranger todas as diretorias do BC (as que formulam de fato a política econômica e aquelas que têm funções administrativas). Os dados deverão ser diferentes se levarmos em conta as diretorias de política econômica apenas. Vejamos esse ponto a seguir.

2. De onde vêm os diretores de política econômica?

Seguindo o modelo proposto por Olivieri (2007), vamos separar as diretorias do Banco Central em dois tipos – diretorias encarregadas

---

[12] Observe-se, quanto a este ponto, a posição de pouca importância na rede, tanto quanto ao *degree* como ao *betweenness*, dos bancos públicos (BNDES e BB).

de *regulação bancária* e diretorias dedicadas à *formulação de política econômica* – e gerar o sociograma correspondente (Figura 2).

As diretorias que manipulam os instrumentos que afetam a política econômica dos governos brasileiros são as seguintes: *a) Diretoria de Política Econômica*; *b) Diretoria de Política Monetária e de Assuntos Internacionais*; e *c) Diretoria de Gestão de Riscos Corporativos.*

Figura 2. **Trajetória dos diretores e presidentes do BC antes de ocuparem cargos na autarquia (diretorias de política econômica)**

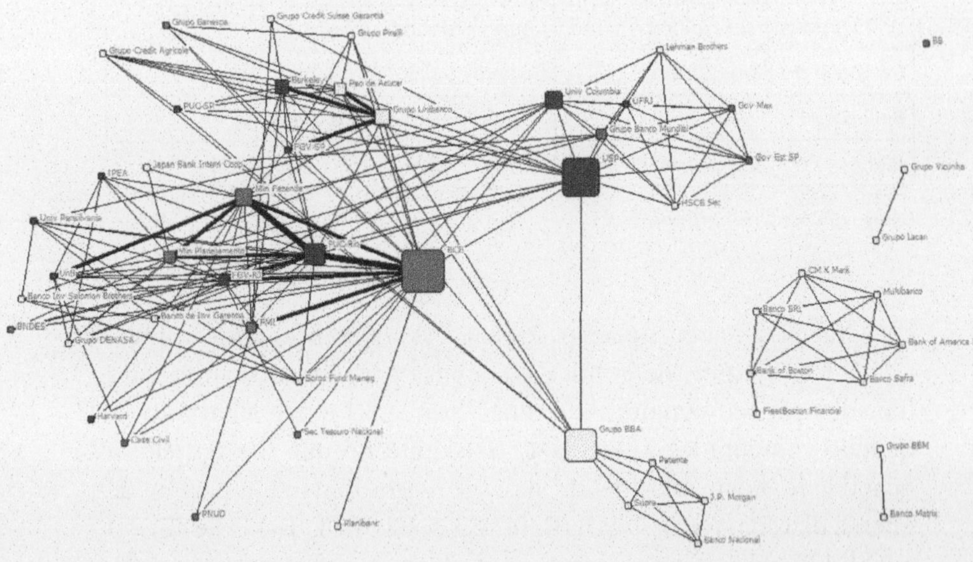

Fonte: elaboração própria

Iniciando pela observação estritamente visual, podemos perceber que não há grande diferença nesta rede quando comparada àquela que inclui todas as diretorias do BC. Vejamos de maneira mais precisa como isso se reflete nas medidas de *degree* e *betweenness* apresentadas na Tabela 2.

Tabela 2: **Medidas de centralidade do sociograma 2**

Medidas de grau (*degree*)	**Medidas de intermediação (betweenness)**
BC (28)	BC (217,64)
PUC-Rio (25)	USP (188,35)
Ministério da Fazenda (20)	Grupo BBA (148)
USP (18)	PUC-Rio (89,79)
FGV-RJ (15)	Universidade de Columbia (65,82)
Grupo Unibanco (15)	Ministério da Fazenda (65,29)
Univiversidade de Columbia (14)	Grupo Unibanco (57,40)
Ministério do Planejamento (13)	Berkeley (47,93)
Berkeley (12)	(Grupo) Pão de Açúcar (31,40)
(Grupo) Pão de Açúcar (11)	Ministério do Planejamento (24,40)

Fonte: elaboração própria

A Tabela 2 reitera a percepção visual. As diferenças entre as trajetórias dos diretores de política econômica em relação aos diretores tomados em seu conjunto são muito pequenas e não significativas quando comparadas à Tabela 1. Isso tanto no que diz respeito à quantidade de vínculos dentro da rede (*degree*) quanto à posição de intermediação (*betweenness*). BC (45 e 375, 68), PUC-Rio (35 e 221,21) e USP (25 e 376,07) novamente se destacam, apenas com alteração na ordem. Assim, o Banco Central continua sendo uma instituição central no recrutamento dos seus próprios diretores, juntamente com outras duas instituições do setor público: o Ministério da Fazenda e o Ministério do Planejamento.

Os dados das Tabelas 1 e 2 nos obrigam a fazer uma consideração especial sobre as instituições de ensino.

Vemos que a PUC-Rio e a USP são as instituições de formação fundamentais dos diretores. No entanto, vale observar que, no que concerne ao número de vínculos dentro da rede, nas duas tabelas, das dez posições, cinco são ocupadas por universidades (PUC-Rio,

USP, FGV-RJ, Columbia e Berkeley). No que se refere à capacidade de intermediação com outras instituições, apenas a FGV-RJ fica de fora. Isso mostra o lugar essencial dessas instituições na carreira dos agentes e não seria exagero supor que constituem passagens obrigatórias para se ter acesso às demais instituições da rede e às posições de comando no BC. Nesse sentido, um estudo qualitativo do ensino de Economia professado por essas universidades impõe-se como crucial na análise da formação das preferências dos atores em questões de política econômica.

As instituições de mercado, por sua vez, continuam a ocupar posições subalternas entre as dez primeiras posições de *degree*. Há apenas o Grupo Unibanco, cuja posição melhora no que concerne à capacidade de intermediar o contato com outras instituições ao longo da carreira, com o Grupo BBA mais uma vez assumindo posição de destaque.

Os dados apresentados até o momento, por um lado, contestam os achados de Codato e colaboradores (2016) mas, por outro, reafirmam-nos.

Quando tomamos toda a carreira dos diretores e presidentes do BC, e não apenas a sua última posição antes de ocupar o cargo, a vinculação exclusiva com qualquer um dos setores (público, ensino ou mercado) se desfaz. Para sermos mais enfáticos, os achados de Codato *et al.* (2016), que apontavam para uma clara distinção entre diretores administrativos (*oriundos do interior do próprio BC*) e diretores de política econômica (*oriundos do mercado*) devem ser nuançados quando tomamos a visão de conjunto da carreira desses indivíduos. No caso dos diretores de política econômica, os dados mostram que não há clara vinculação com o mercado, cabendo também às instituições públicas e de ensino um lugar de destaque na rede que forma a carreira desses agentes. Por outro lado, a afirmação de que os diretores de política econômica tendem a ser originários de instituições de ensino do *mainstream* econômico[13] parece ser reforçada. Essa afirmação ganha

[13] "O *mainstream* econômico é aquele que é ensinado nas universidades e faculdades mais prestigiadas, é publicado nos periódicos mais prestigiados, recebe fundos das mais importantes fundações de pesquisa e ganha os prêmios mais

robustez se fizermos uma análise dos *clusters* que se formam no interior da rede (sociograma 3).

Figura 3. **Trajetória dos presidentes e diretores (diretorias de política econômica) do BC antes de ocuparem cargos na autarquia, com clusterização pelo método de Girvan-Newmann**

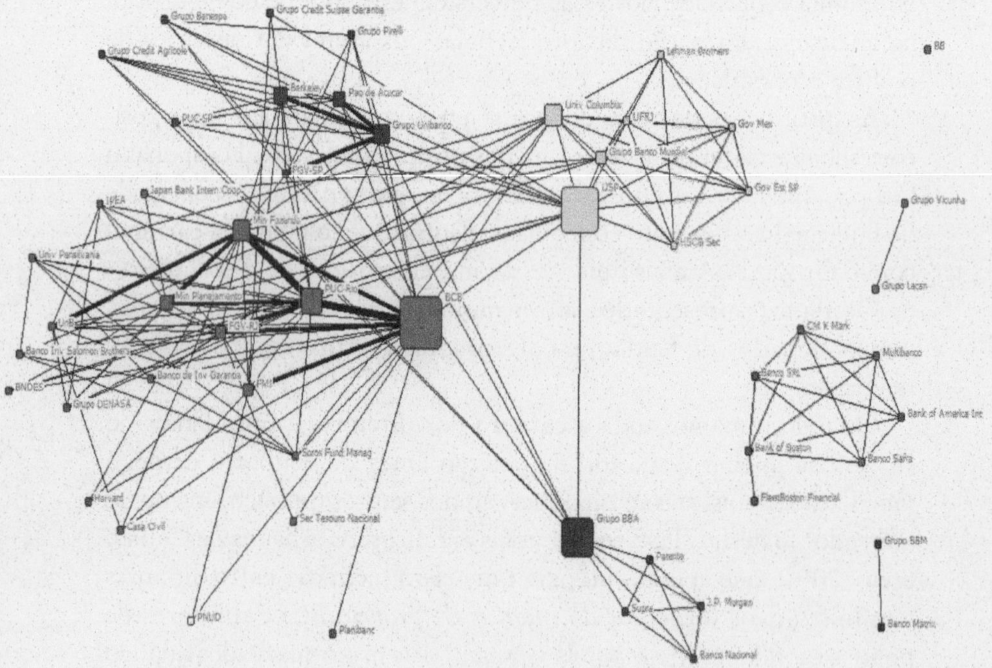

Fonte: elaboração própria

Por meio da "clusterização" da rede conseguimos identificar estruturas comunitárias que representam trajetórias típicas das carreiras que levam às diretorias de política econômica no BC[14]. O sociograma

---

prestigiados" (Dequech, 2007, p. 281). Para essa discussão, conferir também (Colander, Holt e Rosser (2004).

[14] A ferramenta usada para identificar esses agrupamentos é o algoritmo chamado "Girvan-Newman". Tal algoritmo identifica "estruturas comunitárias"

exposto na Figura 3 revela alguns pontos interessantes e esclarece um pouco mais os dados apresentados com base nas medidas de centralidade.

Inicialmente, levando-se em consideração os tamanhos dos nós na rede, podemos identificar quatro grandes *clusters* nas conexões que compõem as carreiras dos diretores de política econômica: o *cluster* em torno do BC, o *cluster* em torno da USP, o *cluster* em torno do Grupo Unibanco e o *cluster* do "mercado puro".

O *cluster* em torno do Banco Central tem no seu núcleo uma intensa conexão entre três instituições públicas (o próprio BC, Ministério do Planejamento e Ministério da Fazenda) e duas instituições de ensino fortemente vinculadas ao *mainstream* econômico. A espessura dos laços que conectam essas instituições revela uma intensa circulação dos diretores de política econômica por elas antes de chegarem às posições de comando no BC. A importância da PUC-Rio é particularmente significativa, pois ela está fortemente conectada às três instituições públicas, ao passo que a FGV-RJ se relaciona mais fortemente com o BC e com a própria PUC-Rio. Portanto, como dissemos acima, o lugar central no recrutamento dos dirigentes de política econômica das instituições de ensino em que predomina uma formação de Economia baseada no *mainstream* dessa disciplina, tal como revelado por Codato e colaboradores (2016), é confirmado pelo sociograma apresentado na Figura 3. Observe-se ainda que a periferia desse *cluster* é muito mais diversificada, contando com instituições públicas, de ensino e de mercado, mas com posição muito mais marginal no processo de recrutamento, exceto, talvez, pela forte relação entre UnB e o Ministério da Fazenda. Ou seja, nesse *cluster*, o mercado se faz presente, mas a trajetória dos agentes não está concentrada em alguma instituição específica desse setor.

O *cluster* em torno da Universidade de São Paulo explica a presença sistemática dessa instituição de ensino nas primeiras posições das

através da remoção das conexões com maior *betweenness*. Essa remoção gera uma separação dentro da rede e cada uma das partes passa a ser caracterizada como um agrupamento (*cluster*) (Girvan e Newman, 2002, p. 1;3).

medidas de centralidade. Ele revela um misto de *instituições de ensino* (Universidade de Columbia e UFRJ, além da própria USP), de *governo* (governos do estado de São Paulo, Banco Mundial e do México) e de *mercado* (Lehman Brothers, HSBC). Observe-se, porém, que os traços que estabelecem as conexões nem de longe são tão expressivos quanto os que conectam as instituições centrais do primeiro *cluster*.

O *cluster* em torno do Grupo Unibanco realiza uma mistura mais homogênea, pois ali encontramos apenas instituições de ensino, a saber, a FGV-SP, a PUC-SP e Berkeley, sendo estas duas últimas as mais intensamente conectadas com os dois grandes grupos econômicos desse *cluster*, Pão de Açúcar e Grupo Unibanco.

Por fim, vejamos o *cluster* totalmente homogêneo do mercado. Na verdade, os grupos do mercado aparecem como quatro grupos separados, situados à direita no sociograma. O único que se conecta com o corpo maior da rede é o Grupo BBA, prioritariamente com instituições do setor privado e com laços muito tênues com as instituições públicas. Do ponto de vista das medidas de centralidade, como vimos, apenas o Grupo BBA se destaca, sendo as demais instituições bastante insignificantes nesse sentido.

Resumindo, no que diz respeito exclusivamente aos diretores de política econômica, os *clusters* acima revelam duas coisas importantes.

De um lado, certas instituições públicas e escolares parecem funcionar como magnetes com alto poder de atração na carreira de muitos dos agentes por nós analisados. É intensa a circulação dos dirigentes por essas instituições, o que se expressa, como vimos, nas medidas de centralidade e, visualmente, na espessura dos traços.

Por outro lado, no que diz respeito às instituições de mercado, as medidas de centralidade e a clusterização mostram que, apesar da importância de alguns grupos (como o BBA e o Unibanco), este setor tem uma presença significativa do ponto de vista quantitativo, porém mais fragmentada. Diferentemente dos setores públicos e de ensino (sobretudo o BC e a PUC-Rio), não há no mercado instituições específicas com alto poder de atração. Isso não quer dizer, evidentemente, que o mercado não seja importante na trajetória dos agentes. A presença numericamente significativa de instituições oriundas desse setor revela que o treinamento no mercado (especialmente em instituições financeiras privadas) é importante para o recrutamento dos diretores de política econômica do BC. Assim, se os nossos dados estão corretos, uma eventual coincidência entre as políticas econômicas implementadas pelos diretores do BC e os interesses do capital financeiro deveria ser explicada tanto por uma teoria da captura (ou da influência, para usar a expressão de Offe e Ronge (1984), como pela homologia entre as ideias econômicas desses agentes e os interesses da banca.

3. As trajetórias típicas

Apresentamos acima uma visão de conjunto da carreira dos dirigentes e presidentes do BC ocultando indivíduos e apresentando apenas instituições, mesmo quando limitamos nossa análise apenas aos diretores de política econômica.

Na Figura 4, por meio de uma *2 mode-network*, que combina tanto indivíduos como instituições, captamos alguns agrupamentos que revelam tipos de trajetórias profissionais de todos os dirigentes do BC. Isso pode ser visto em detalhe no sociograma 4.

A Figura 4 revela treze tipos de trajetória que caracterizam a carreira dos dirigentes e presidentes do BC no período analisado. É possível reduzir esses treze tipos a alguns padrões mais gerais. Antes de tudo, convém observar que apenas quatro dos treze *clusters* concentram 68% dos indivíduos pesquisados: o *cluster* vermelho, com 13 indivíduos (29%), e os *clusters* azul anil (abaixo, no centro), amarelo (no centro) e marrom (acima à esquerda), cada um com seis indivíduos (39%).

Os *clusters* vermelho e marrom são muito interessantes porque em ambos predomina claramente uma trajetória em instituições públicas. No *cluster* vermelho, que tem o BC como centro, não se trata de predomínio, mas de domínio absoluto do setor público na determinação da trajetória de carreira dos agentes, muito provavelmente concentrada nos indivíduos das diretorias administrativas da autarquia. No marrom, a UnB, o Japan Bank (por meio de Luiz Awazu) e o grupo Denasa (por meio de Francisco Lopes) são exceções num emaranhado de

Figura 4. **Trajetória dos presidentes e diretores do BC antes de ocuparem cargos na autarquia, com clusterização pelo método de Girvan-Newmann**

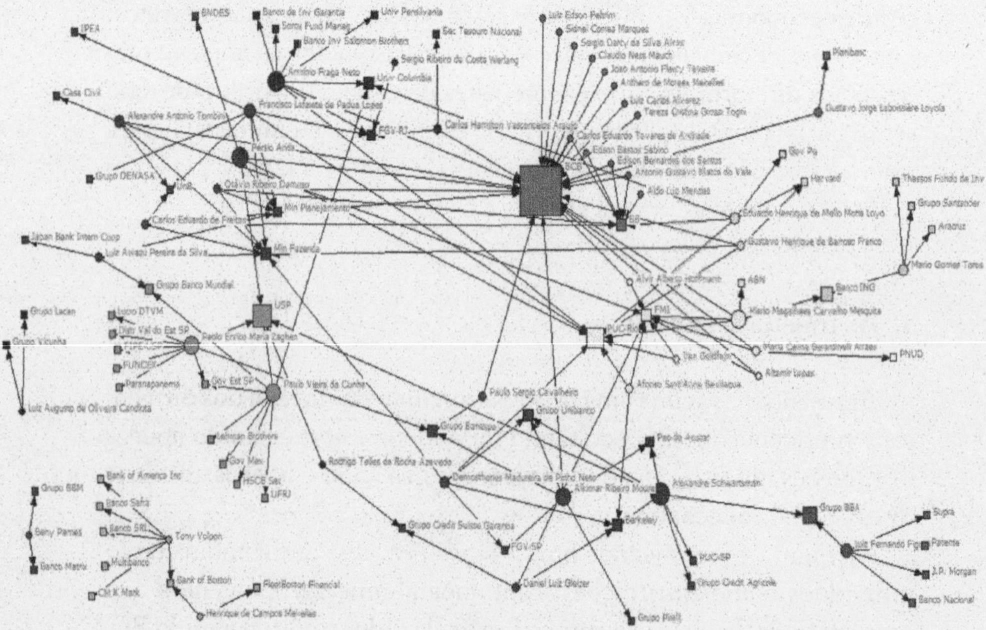

Fonte: elaboração própria

instituições públicas (Casa Civil, Ministério da Fazenda, Ministério do Planejamento, Ipea, BNDES). Essa mistura garante ao *cluster* a presença de funcionários com carreiras públicas, predominantemente, inclusive dentro do próprio Banco Central (como Alexandre Tombini), de indivíduos que trafegam por diversas instituições públicas, além do BC (como Pérsio Arida), e daqueles que transitam entre o mercado e as instituições públicas (como Luiz Awazu e Francisco Lopes).

Entre os grupos com mais indivíduos, o *cluster* azul pode ser chamado de o "*cluster* paulista", um misto de instituições tradicionais de ensino (FGV-SP, PUC-SP e Berkeley) e grupos econômicos sediados preferencialmente neste estado, como é o caso de Banespa, Unibanco e Pão de Açúcar. A proximidade com o mercado se dá em parte pela via do sistema financeiro (com os grupos Banespa e Unibanco, já citados, mas também com o *Crédit Suisse*, o *Crédit Agricole* e o Grupo Pirelli, este último por meio de suas instituições financeiras), em parte por setores do capital comercial (Pão de Açúcar).

Por fim, entre os maiores *clusters*, o amarelo evidencia o poder de atração da PUC-Rio, revelado ao longo de todo o estudo. Nele vemos essa instituição de ensino rodeada, quase sozinha, por um conjunto de nomes. Os indivíduos desse *cluster* parecem trafegar entre PUC-Rio e FMI, preferencialmente, antes de chegar a um cargo de direção no BC.

O que nos dizem os restantes 32% de indivíduos presentes na rede? Basicamente duas coisas. De um lado, temos dois *clusters*, o azul escuro e o alaranjado (sobretudo este último), que de forma bem acentuada apresentam uma mistura de instituições públicas (Secretaria do Tesouro Nacional, Governo do México, Governo de São Paulo), mercado e instituições de ensino (USP, UFRJ, FIPE-USP, Universidade de Columbia, Universidade da Pensilvânia e FGV-RJ). Chama a atenção que o contato desse grupo com o mercado se dê majoritariamente (e especialmente no grupo azul escuro) com o sistema financeiro privado. Esses dois grupos, porém, contam com apenas dois indivíduos, Paolo Zaghen e Paulo Cunha, no caso do grupo laranja, e três indivíduos, Armínio Fraga, Carlos Araújo e Sérgio Werlang, no caso do grupo azul escuro. Um outro *cluster* é o azul claro, com apenas dois indivíduos e formado por uma instituição pública (o Governo de Pernambuco) e uma instituição de ensino (Harvard), cujo membro mais famoso é Gustavo Franco.

Os demais *clusters*, todos juntos, contam com sete indivíduos (15,5%). Aqui temos o grupo do "mercado puro". Os indivíduos aí presentes quase não passam nem por instituições públicas nem por instituições de ensino (a exceção é Gustavo Loyola e sua conexão com o próprio BC). Suas carreiras e treinamento se dão inteiramente no universo do mercado, quase integralmente no sistema financeiro privado, em instituições bancárias muito diversificadas. A rede clusterizada mostra, portanto, que, diferentemente do setor público e do setor ensino, em que algumas poucas instituições constituem polos estruturantes da carreira, no setor mercado a pulverização das instituições impede que qualquer uma delas exerça esse papel. No entanto, a rede também mostra que se, por um lado, nenhuma instituição financeira funciona como magnete, por outro, o sistema financeiro privado tomado como um todo é um *locus* central de recrutamento dos dirigentes do BC. Obviamente, essa afirmação se fortalece se ao grupo do "mercado puro" somarmos aquelas instituições financeiras que compõem os demais *clusters*.

Antes de passarmos às conclusões, convém fazer duas últimas observações.

Primeiramente, que os *clusters* que compõem a rede estão, na sua grande maioria, conectados entre si e, portanto, há indivíduos e instituições que, apesar de terem sido alocadas num *cluster*, conectam-se a outros indivíduos e instituições em outros *clusters* (temos apenas três pequenos subgrafos desconectados do grafo principal). O que descrevemos acima são trajetórias *típicas*. Assim, por exemplo, quando falamos do *cluster* do "mercado puro", estamos desconsiderando conexões externas a que alguns indivíduos desse *cluster* poderiam acessar. Em segundo lugar, há alguns poucos *clusters* que efetivamente não se conectam à grande rede. Estão situados no lado esquerdo do sociograma e compõem, por assim dizer, o "viveiro" de dirigentes cuja carreira prévia se dá exclusivamente no mercado financeiro.

Conclusões

Usando medidas de centralidade (*degree* e *betweenness*) e técnicas de clusterização permitidas pela análise de redes sociais, o estudo da carreira dos dirigentes do Banco Central do Brasil (diretores e presidentes) nos permite três conclusões.

A primeira delas é que há ganhos analíticos importantes quando olhamos para toda a carreira prévia dos dirigentes do Banco Central a fim de entender a sua lógica de recrutamento. Um olhar exclusivo para a última posição ocupacional antes de assumir a função de diretor ou presidente resultava em conclusões enviesadas, sobretudo para os dirigentes das diretorias de política econômica, que tenderiam a aparecer como oriundos exclusivamente do mercado, mas também para os dirigentes de diretorias administrativas, que pareciam ser apenas funcionários públicos. A análise de redes torna os perfis de carreira mais complexos. Revela que há carreiras que ocorrem exclusivamente no sistema financeiro e no setor público, mas a maior parte delas é mista.

A segunda conclusão é o papel central que certas instituições de ensino desempenham na construção da trajetória profissional dos dirigentes. As mais importantes são USP, FGV-RJ e, principalmente, o Departamento de Economia da PUC-Rio. São instituições onde se ensina Economia *mainstream* e que funcionam como um local preferencial de passagem, principalmente para aqueles que atuam nas diretorias encarregadas da política econômica. Isso abre uma janela importante a respeito do conteúdo substantivo do ensino nessas instituições. Sociologicamente falando, esse nos parece ser o *locus* preferencial de produção dos esquemas informacionais que orientam os dirigentes do Banco Central em questões de política econômica e, por essa razão, o lugar das instituições universitárias no sistema de decisões em questão não pode ser menosprezado. Ademais, é importante lembrar que os dirigentes do BC se transformam, eles próprios, em professores e com muita frequência nas mesmas instituições que os formaram. Desse modo, não são apenas receptores dos esquemas informacionais aí produzidos, mas também seus propagadores.

A terceira conclusão, mais especulativa, diz respeito à homologia entre as carreiras aqui analisadas e a natureza da organização. O Banco Central é uma instituição do Estado brasileiro estruturada segundo os critérios da burocracia moderna típica. Ao mesmo tempo, é uma instituição com uma função manifesta evidente, isto é, produzir e gerir política monetária a fim de preservar o valor da moeda nacional. Nesse sentido, trata-se de instituição com evidente conexão funcional com o mercado e em especial com aqueles que operam no setor financeiro.

Desse modo, fica difícil não analisar as três dimensões da carreira prévia dos dirigentes – o mercado, o setor público e o ensino – como efeitos da posição objetiva do próprio Banco no sistema de instituições do Estado. Como parte deste Estado, o Banco tem que se constituir como organização pública, criar quadros administrativos e, por conseguinte, viabilizar carreiras internas até o seu topo. Como gestor da política monetária não pode virar as costas para o mercado e para os agentes que obtêm o complexo conhecimento técnico de gestão monetária *on the job* ou para aqueles que obtêm tal conhecimento em instituições de ensino de Economia que privilegiam técnicas adequadas à sua função.

Reiteramos que se há alguma "coincidência" entre os interesses do mercado financeiro e a política econômica implementada pelo BC (e somente uma análise longitudinal dos efeitos sistemáticos dessa política poderia confirmar tal assertiva), é certamente plausível pesquisar as origens dessa eventual coincidência nas conexões íntimas da instituição com o mercado.

No entanto, parece que tal conexão não é condição necessária para que isso ocorra. A formação acadêmica dos que chegam à instituição, partindo do campo de ensino universitário amplamente dominado pelo *mainstream* econômico, pode induzir o Banco Central a atuar num determinado sentido em função da orientação intelectual e cognitiva de seus diretores, ainda que, como instituição, não seja diretamente instrumentalizado por nenhum grupo de interesse específico – as instituições privadas do setor financeiro, por exemplo. Dito de outro modo, o problema da "independência" do Banco Central não pode ser reduzido a uma problemática estritamente formalista (existência ou não de uma legislação que garanta sua autonomia), mas deve ser pensado, também, tomando-se por base o lugar desta instituição no sistema de poder e de suas conexões perenes com outras organizações do sistema social das quais ele recruta preferencialmente os seus dirigentes, as educacionais, principalmente.

Referências

Adolph, C. *Bankers, Bureaucrates, and Central Bank Politics: the Myth of Neutrality*. New York: Cambridge University Press, 2013.

Ansell, C., Bichir, R. e Zhou, S. "Who Says Networks, Says Oligarchy? Oligarchies as "Rich Club" Networks". *Connections*. [*S.l.*], ano 35, nº 2

(2016), pp. 20-32. Disponível em: <http://dx.doi.org/10.17266/35.2.2>. Acesso em: 25 out. 2022.

Borgatti, S. P. e Everett, M. G. "Network analysis of 2-mode data". *Social Networks*. Elsevier: [*S.l.*], ano 19, nº 3, (1997), pp. 243-269. doi: 10.1016/s0378-8733(96)00301-2.

Cervi, E. U. "Análise de elites em perspectiva relacional: a operacionalização da análise de redes sociais (ARS)". *In*: Perissinotto, R. e Codato, A. (ed.). *Como estudar elites*. Curitiba: Editora UFPR, 2015. pp. 95–118.

Codato, A., Cavalieri, M., Perissinotto, R. e Dantas, E. G. "Economic mainstream and power: a profile analysis of Central Bank directors during PSDB and PT governments in Brazil". *Nova Economia*. Scielo Brasil: Belo Horizonte, ano 26, nº 3 (2016), pp. 687-720. Disponível em: <http://dx.doi.org/10.1590/0103-6351/2845>. Acesso em: 25 out. 2022.

Colander, D., Holt, R. e Rosser, B. "The Changing Face of Mainstream Economics". *Review of Political Economy*. Tandfonline: [*S.l.*], ano 16, nº 4 (2004), pp. 485-499. doi: Disponível em: <http://dx.doi.org/10.1080/0953825042000256702>. Acesso em: 25 out. 2022.

Cukierman, A. *Central Bank Strategy, Credibility, and Independence: Theory and Evidence*. Cambridge: The MIT Press, 1992.

Dequech, D. "Neoclassical, Mainstream, Orthodox, and Heterodox Economics". *Journal of Post Keynesian Economics*. Tanfonline: [*S.l.*], ano 30, nº 2 (2007), pp. 279-302. Disponível em: <http://dx.doi.org/10.2753/PKE0160-3477300207>. Acesso em: 25 out. 2022.

Farvaque, É., Hammadou, H. e Stanek, P. "Select your Committee: The Impact of Central Bankers' Background on Inflation". *Economie internationale*. Cairninfo: [*S.l.*], ano 117 (2009), pp. 99-129. Disponível em: <http://www.cairn.info/revue-economie-internationale-2009-1-page-99.htm>. Acesso em: 14 jan. 2015.

Girvan, M. e Newman, M. E. J. "Community structure in social and biological networks". *Anais da Academia Nacional de Ciências dos Estados Unidos – PNAS*. PNAS: [*S.l.*], ano 99, nº 12 (2002), pp. 7821-7826. Disponível em: <http://dx.doi.org/10.1073/pnas.122653799>. Acesso em: 25 out. 2022.

Göhlmann, S. e Vaubel, R. "The Educational and Occupational Background of Central Bankers and Its Effect On Inflation: An Empirical Analysis". *European Economic Review*. Elsevier: [*S.l.*], ano 51, nº 4 (2007), pp. 925-941.

Disponível em: <http://dx.doi.org/10.1016/j.euroecorev.2006.05.001>. Acesso em: 25 out. 2022.

Granovetter, M. "Business Groups and Social Organization". *In*: Smelser, N. J. e Swedberg, R. (ed.). *The Handbook of Economic Sociology*. Princeton: Princeton University Press, 1994. pp. 429-450.

Horochovski, R. R., Junckes, I. J., Silva, E. A., Silva, J. M. e Camargo, N. F. "Estruturas de poder nas redes de financiamento político nas eleições de 2010 no Brasil". *Opinião Pública*. Scielo Brasil: Campinas, ano 22, nº 1 (2016), pp. 28-55. Disponível em: <http://dx.doi.org/10.1590/1807-0191201622128>. Acesso em: 25 out. 2022.

Lebaron, F. "European Central Bank Leaders in the Global Space of Central Bankers: A Geometric Data Analysis approach". *French Politics*. Springer: [*S.l.*], ano 8, nº 3 (2010), pp. 294-320. Disponível em: <http://dx.doi.org/10.1057/fp.2010.15>. Acesso em: 25 out. 2022.

Loureiro, M. R. "Gestão econômica e democracia: uma perspectiva comparada". *In*: *Os economistas no governo: gestão econômica e democracia*. Rio de Janeiro: Editora Fundação Getulio Vargas, 1997. pp. 119-173.

Marques, E. C. "'Redes sociais e instituições na construção do Estado e da sua permeabilidade". *Revista Brasileira de Ciências Sociais*. Scielo Brasil: [*S.l.*], ano 14, nº 41 (1999), pp. 45-67. Disponível em: <http://dx.doi.org/10.1590/S0102-69091999000300004>. Acesso em: 25 out. 2022.

Marques, E. C. "Redes sociais e poder no Estado brasileiro: aprendizados a partir de políticas urbanas". *Revista Brasileira de Ciências Sociais*. Scielo Brasil: São Paulo, ano 21, nº 60 (2006), pp. 15-41. Disponível em: <http://dx.doi.org/10.1590/S0102-69092006000100002>. Acesso em: 25 out. 2022.

Mintz, B. A. e Schwartz, M. *The Power Structure of American Business*. Chicago: The University of Chicago Press, 1985.

Novelli, J. M. N. *Instituições, política e idéias econômicas: o caso do Banco Central do Brasil (1965-1998)*. São Paulo: Annablume/Fapesp, 2001.

Offe, C. e Ronge, V. "Teses sobre a fundamentação do conceito de "Estado capitalista" e sobre a pesquisa política de orientação materialista". *In*: Offe, C. (ed.). *Problemas Estruturais do Estado Capitalista*. Rio de Janeiro, 1984.

Olivieri, C. "Política, burocracia e redes sociais: as nomeações para o alto escalão do Banco Central do Brasil". *Revista de Sociologia e Política*. Scielo

Brasil: Curitiba, ano 29 (2007), pp. 147-168. Disponível em: <http://dx.doi.org/10.1590/S0104-44782007000200011>. Acesso em: 25 out. 2022.

Scott, J. "Social network analysis and intercorporate relations". *Hitotsubashi Journal of Commerce and Management.* ano 23, nº 1 (1988), pp. 53-68. Disponível em: Disponível em: <http://www.jstor.org/stable/43294908>. Acesso em: 25 out. 2022.

Wasserman, S. e Faust, K. *Social Network Analysis. Methods and Applications.* Cambridge: Cambridge University Press, 1994.

5.

SABATINAS NO SENADO BRASILEIRO DOS BANQUEIROS CENTRAIS[1]

Mateus C. M. de Albuquerque; José Carlos Martines Belieiro Junior

O debate sobre as instituições de autoridade monetária ao redor do mundo costuma se concentrar no conflito entre a autonomia técnica institucional e a garantia de gestão democrática que se supõem caber a um órgão público. Uma determinada narrativa pró-mercado tende a, constantemente, exigir que o presidente do Banco Central tenha mais autonomia para sua atuação. Afinal, se esse órgão vai regular o mercado financeiro, que este não seja contaminado pelos interesses políticos, que podem ter decisões que não sejam pautadas pela isenção e pela racionalidade. Este grupo também tende a argumentar que o insulamento burocrático da autoridade monetária garante a continuidade temporal da gestão monetária, protegida da sazonalidade dos ciclos políticos (Keech, 1995). Outra narrativa tende a exigir maior intervenção do Poder Executivo no Banco Central. Afinal, trata-se de um órgão público e, como órgão público, deve servir ao povo brasileiro, e não apenas ao mercado (Maldonado Filho, 2003).

O Brasil possui um espaço congressual em que este conflito tende a ficar mais aparente, o da sabatina de aprovação. Essas sabatinas ocorrem

---

[1] Publicado originalmente como: Albuquerque, Mateus C. M. e Belieiro Junior, J. C. M.. "Economia, política e democracia: as sabatinas no Senado Federal dos indicados ao Banco Central nos governos FHC e Lula". *Revista Brasileira de Ciência Política*. Scielo Brasil: Brasília, ano 3, nº 30 (2019), pp. 7-46. Disponível em: <https://doi.org/10.1590/0103-335220193001>. Acesso em: 30 out. 2022.

na Comissão de Assuntos Econômicos do Senado. Após uma arguição, os senadores da comissão votam em aprovar – ou não – o indicado. Caso seja aprovado, o seu nome será colocado a prova no plenário do Senado, que dará a chancela final. Esse mecanismo, inspirado na dinâmica existente no *Federal Reserve* americano, foi implementado pela Constituição de 1988. Desde então, esse palco, pouco explorado pela Ciência Política brasileira, com exceção de trabalhos como o de Braga (2006), tem comportado o centro do conflito sobre a caracterização do Banco Central. Assim, fica definido o objeto de estudo desse trabalho: as sabatinas de aprovação dos indicados ao Banco Central do Brasil na Comissão de Assuntos Econômicos do Senado. Como recorte temporal, optamos pelos indicados durante os governos FHC e Lula. Esse recorte compreende as sessões de Gustavo Loyola (1995), Gustavo Franco (1997), Francisco Lopes (1999), Armínio Fraga (1999) e Henrique Meirelles (2002)[2]. Por que os governos FHC e Lula? O primeiro foi escolhido por ser o governo em que o Banco Central conquistou, efetivamente, um elevado grau de autonomia de atuação e relevância política. A estabilização econômica, após o Plano Real, está diretamente relacionada a esse maior destaque. Já o governo Lula apresentou uma continuidade quanto à política monetária que se traduz, no quadro maior, como uma ruptura: é a primeira vez que um governo classificado como desenvolvimentista mantém a autonomia do presidente do Banco Central (Raposo, 2011). Acreditamos que esse elemento faz com que a sabatina de Henrique Meirelles ganhe contornos singulares.

Como *corpus* principal dessa pesquisa, faremos uso das notas taquigráficas das sessões, disponíveis no *website* do Senado Federal. Importante não confundir: a ata das sessões concentra apenas algumas informações básicas, como a lista de presentes e os resultados.

---

[2] Infelizmente não pudemos analisar a sabatina de Pérsio Arida (1995) pelo fato de não ter sido encontrada nos arquivos do Senado. A Sabatina ocorreu formalmente ainda no governo Itamar Franco, em 13 de dezembro de 1994 (Arida, 1994). Esse mesmo fenômeno também ocorreu com Henrique Meirelles: indicado por Lula, sua sabatina ocorreu ainda no governo FHC (Senado, 2002).

Nas notas taquigráficas, temos acesso aos diálogos completos travados pelos senadores e pelo arguido. Não fizemos uso dos vídeos da TV Senado por não ter sido possível localizar essas gravações. Assim, é importante mencionar que a dimensão interpretativa do trabalho se dará a partir da reprodução textual do que foi dito, sem assimilar impressões imagéticas dos presentes nas sessões.

O problema de nossa pesquisa é "como a atuação dos senadores nas sabatinas dos indicados ao Banco Central durante os governos FHC e Lula refletem os conflitos macroeconômicos de suas épocas?". Ou seja, o nosso foco para a análise das sessões são os senadores, não o indicado. Isso acontece porque, na maneira como as sabatinas são configuradas, o indicado está passivo à movimentação dos senadores: todas as suas ações são reações ao que é posto a ele. O método de pesquisa deve ser adequado às necessidades apresentadas pelo problema em questão. A Análise de Conteúdo, de acordo com Pinheiro, Calixto e Cavalcante (2014), é um método que busca compreender os sentidos presentes em formas de comunicação, sejam elas textuais ou verbais. Ela possibilita que o pesquisador sistematize indexadores (que podem ou não ser quantitativos) para destrinchar o texto em suas múltiplas partes. Um de seus principais objetivos é o de racionalizar o que determinado texto quer dizer após a interpretação do que é superficial. Segundo Bardin (1977), a Análise de Conteúdo se divide em três etapas: a pré-análise; a exploração do material; e o tratamento dos resultados, com inferências e interpretações. A primeira envolve a seleção dos textos a serem analisados, as formulações de hipóteses sobre eles e a formulação dos indexadores a serem analisados no próprio texto. A pré-análise se inicia com uma "leitura flutuante", através da qual se tem um primeiro contato com o texto. Em seguida, são selecionados os excertos que serão usados com base nos critérios apontados pelo autor, que não são relevantes aqui, já que todos os textos (no caso, as notas taquigráficas) serão analisados. A partir do que se apreendeu na "leitura flutuante", é formulada uma hipótese e um objetivo a se extrair do texto. Logo, ao contrário de outros métodos, aqui a hipótese não precede o contato com o objeto. Ela é formulada a partir desta "primeira impressão", justamente pelo fato de que este método privilegia o contraste entre a impressão primária e a apreensão detalhada da dimensão textual. Um dos desafios da Análise de Conteúdo é o de, a partir de uma impressão superficial, formular indexadores para compreender uma impressão mais profunda e científica, além de observar se esses indexadores suportam ou não essa profundidade.

Com estes indexadores se faz a segunda etapa, a de Exploração do Material, na qual os elementos do texto serão comportados dentro das categorias de indexação. A definição de indexadores precisos que partem de um processo de codificação que reduza situações às palavras é aqui essencial. Na terceira etapa, os índices, agora preenchidos com informações do texto, serão tratados e representados a fim de, visando um determinado ponto de vista teórico, se formar uma análise. Este quadro geral em três etapas é simples, mas ganha contornos mais específicos conforme a escolha de qual técnica da Análise de Conteúdo será utilizada. Para este trabalho, escolhemos a mais tradicional, a Análise Categorial (Bardin, 1977). O processo da Análise Categorial envolve a formulação de "unidades de codificação" (os indexadores) e "unidades de contexto", utilizadas para se compreender os sentidos produzidos pelas unidades de codificação.

No nosso trabalho, as "unidades de codificação" serão formadas pelas categorias temáticas em que serão organizadas, de maneira quantitativa, as perguntas feitas nas sabatinas. Quando procedermos com a análise, essas categorias não serão comparadas, quantitativamente, entre si. Ao invés disso, serão utilizadas como ferramentas descritivas de auxílio à análise. Logo, não serão estabelecidas categorias pré-definidas, com a intenção de avaliar o quanto elas reagem em cada sabatina. Ao contrário, as categorias serão definidas a partir da apreciação inicial sobre as sabatinas, como apontado acima. Já as nossas "unidades de contexto" foram nomeadas por esse estudo como Situações de Conflito. Estas se referem aos momentos em que um dos senadores entram em confronto direto com o arguido, com a Presidência da Comissão ou com o relator. Os "confrontos" são definidos por descontentamentos expressos com a condução da sessão, a função das sabatinas, a escolha do indicado, os modelos apresentados nas respostas anteriores e a política econômica. Além de quantificarmos esses momentos, também os descreveremos textualmente, afinal, essas unidades servem para demonstrar o contexto em que as sabatinas ocorreram; logo, seus detalhes fornecem conteúdo qualitativo. É claro que essa escolha de "extração" nos impõe limitações: não conseguiremos avaliar, por exemplo, a origem social dos senadores e seu histórico de votação/atuação. Avaliar a movimentação dos senadores apenas a partir do microcosmo das sabatinas com certeza nos impede de visualizar o quadro geral, mas é possível dizer que isso é particularmente raro (para não dizer, improvável) em se tratando de ciência. Nossa contribuição, com esse trabalho, pode não ser o quadro completo, mas contribui para a pintura.

Outro aspecto relevante a tratarmos aqui é a configuração da oposição e da base aliada. Durante as cinco sabatinas analisadas, a coalizão governamental dos partidos presentes nas sabatinas foi representada por PSDB, PFL, PMDB, PPB e PTB; a oposição foi representada por PT, PSB, PDT e PPS. O PFL chegou a se retirar do governo FHC, mas somente após a última sabatina do governo (de Armínio Fraga, em 26 de fevereiro de 1999). A única sabatina do governo Lula foi realizada no final do governo FHC (de Henrique Meirelles, em 17 de dezembro de 2002). Consideramos, então, representantes na sabatina da base aliada, os partidos que formaram a coalizão de Lula no início de seu mandato: PT, PSB, PDT, PPS e PTB. A oposição foi representada por PSDB, PFL, PMDB e PPB. PMDB e PPB ingressariam oficialmente no governo Lula meses após a sabatina. Concomitantemente, PDT e PPS passariam para a oposição (Figueiredo, 2012).

1. O Banco Central e o Senado

O Banco Central do Brasil foi criado em 1964, pela administração do Presidente Castello Branco. O Banco passou a controlar a emissão de moeda, função antes destinada ao Tesouro Nacional, e passa a ser o banco do governo, função antes exercida pelo Banco do Brasil. Para Raposo (2011), a submissão das autoridades monetárias ao poder executivo está relacionada à ascensão do keynesianismo como linguagem social e econômica. A principal função dos Estados, ao assumir esse aspecto, era promover o pleno emprego e o crescimento econômico. No Brasil pré-64, a adoção desta linguagem mitigou a autoridade monetária à chancela de outros setores, como o Ministério da Fazenda, o Banco do Brasil e, posteriormente, a Superintendência da Moeda e do Crédito, a SUMOC (Raposo, 2011).

A intenção de conservar autonomia institucional, presente na fundação do Banco Central, não foi mantida em todos os momentos dos seus mais de cinquenta anos de história. Uma relação trazida por Raposo (2011) demonstra que os governos de caráter desenvolvimentista interviram com afinco no Banco Central, enquanto os governos de caráter liberal/neoliberal garantiram mais autonomia. O governo de Luís Inácio Lula da Silva (2003-2010) representa, então, uma ruptura dessa relação, sob muitos aspectos.

Após a redemocratização, o Banco Central do Brasil passou a desempenhar a função tríplice da maioria das autoridades monetárias do capitalismo. Essa função é descrita por Lourdes Sola:

> O *status* que tem hoje um banco central moderno – como instituição pública não orientada pela maximização do lucro – é resultante de um processo histórico evolutivo, ancorado nas regras e nas instituições que sustentam suas três funções básicas: a de banco do governo, a de detentor do monopólio da emissão de moeda e a de banqueiro do sistema bancário (Sola, 2011, pp. 79-80).

Alguns fatores contribuíram para a constituição do "tênue consenso, entre os tecnocratas econômicos e os políticos mandatários (especialmente no Executivo Federal)" (Taylor, 2011, p. 200), que possibilitou a execução plena dessas funções. A noção da estabilização como prioridade do governo só pode ser dada por todo um cenário, orquestrado em causas e consequências que pendiam para esse direcionamento. Outro fator influente para a mudança nas políticas econômicas – e, consequentemente, no perfil do Banco Central – após a redemocratização é a reconfiguração das atribuições da autoridade monetária no mundo todo. Sola (2011) demonstrou como o mundo, após o abandono dos acordos de Bretton Woods, ampliou o papel da autoridade monetária:

com o capital internacionalizado, os Bancos Centrais passam a atuar também no cenário externo, tornando menos rígidas as barreiras que antes separavam público e privado. Há intensa relação entre essa maior autonomia do Banco Central do Brasil com a demanda internacional por uma regulamentação "sem fronteiras", o que pode significar, em muitos casos, "sem intervenção de governos".

> Em um sistema em que não há um governo mundial, a capacidade de governança se localiza em múltiplos *loci* de autoridade monetária (e fiscal), pública e privada, nacional e transnacional. (...) Nesse quadro, os agentes econômicos privados que operam no mercado cambial, e no mercado de títulos soberanos, têm o poder de adjudicar a credibilidade das políticas monetária e fiscal de cada país; e o fazem por meio de julgamentos de mercado. (...) Esse tipo de poder reflete uma transformação estrutural sem precedentes, que caracteriza a era do capital globalizante: a emergência da autoridade privada como parte integrante do sistema de governança global, ambiente no qual os bancos centrais passaram a operar (Sola, 2011, p. 91).

Para Sola Kugelmas e Whitehead (2002), a concepção de "autoridade monetária", dada aos bancos centrais, passa por duas dimensões. A primeira é a dimensão coercitiva, em que essas instituições podem operar no sentido normativo e punitivo para regular o sistema financeiro, em graus variados. A outra é a do cultivo de práticas voluntárias dos agentes privados, que surgem através de um cálculo racional, a partir da condição do Banco Central de monopolizador do crédito. Assim, é plausível assumir que a autoridade monetária possui uma autoridade política e um poder econômico. Essas dimensões só passam a ter sentido social quando há uma consciência coletiva de que a estabilidade dos preços é um bem público. A garantia dessa estabilidade, ao redor do globo, tem estado atrelada a um suposto insulamento técnico da autoridade monetária. Como garantir o funcionamento de uma democracia, com instâncias consultivas amplas e, consequentemente, mais atores políticos opinando e divergindo, em paralelo ao insulamento técnico? Essas questões, como bem apontam os autores, não são próprias da economia, que tende a mitigar o discurso político dos processos técnicos, formulando uma lógica meramente operativa.

Em primeiro lugar, é importante desconstruir – e aqui fazemos novamente eco a Sola (2011) – a ideia de que as decisões macroeconômicas são puramente técnicas, por mais insuladas que estejam da disputa política. Esse insulamento por si só é uma decisão política e ideológica, que atende a interesses dos agentes no poder. Em segundo lugar, é necessário apontar que não é apenas a autonomia ou não que caracteriza o Banco Central como uma instituição democrática. Whitehead (2002) apontou que existem duas características que medem a democracia de uma autoridade monetária: a construção de mecanismos que permitem aos agentes no poder – e, indiretamente, à população que os elegeu – a interferir no banco; e o modo como essa instituição se comunica, fazendo de sua população informada sobre as suas decisões. Em resumo, é preciso analisar essa instituição sob a ótica de como ela, apesar de sua intensa especificidade técnica, presta contas à democracia:

Entretanto, este fenômeno ocorre após as decisões já terem sido tomadas. Segue questionável como compatibilizar decisões ditas técnicas com processos democráticos. Como o próprio Whitehead (2002) levanta, trata-se de um equilíbrio delicado. No Brasil, existem mecanismos de vinculação do BC à vontade popular: além de ter de ser indicado diretamente pelo Presidente da República, o candidato indicado deve passar por sabatina na Comissão de Assuntos Econômicos do Senado Federal para ser aprovado à Presidência do Banco. Ao mesmo tempo, por mais impactantes que sejam no dia a dia popular, existe a impressão de um afastamento das decisões do BC na agenda cotidiana. Sola, Kugelmas e Whitehead (2002) apontam que, por vezes, a linguagem política é vista como um problema, como algo que contamina negativamente as decisões técnicas. Evitar o "populismo" é a justificativa dada para que se garanta a autonomia.

O conceito de autonomia foi criticado por autores como Crocco e Jayme Jr. (2003). Segundo eles, a razão de sustentação desta autonomia se dá na tentativa de conquistar legitimidade da autoridade monetária para com os agentes privados. Para os autores, o que se pautou por "autonomia" na América Latina não se tratou de autonomia de fato, e sim de independência. Quando um ator tem o poder de decidir a taxa de juros e a emissão de moeda, ele não possui apenas controle dos meios, a partir de seu conhecimento técnico, mas também define parte preponderante dos fins. Os presidentes do BC não são apenas operadores, tomam decisões políticas. Os mecanismos legislativos de controle e fiscalização não garantem uma autonomia que seja democrática e vinculante, já que os agentes podem agir conforme seus interesses privados. Segundo Minella (1988), um dos aspectos essenciais do Banco Central é o de salvaguarda dos bancos privados. O autor apontou quatro ações que o Banco Central toma nessas situações: empréstimos às instituições financeiras em crise; estímulos às fusões; intervenção na administração dos bancos e, por último, liquidação. Minella (1988), que concentrou sua pesquisa entre os anos de 1966 e 1979, informa que nesse período foram realizadas 192 intervenções e liquidações.

A participação direta no processo de concentração do sistema bancário, com o poder de "decidir" quais bancos seriam liquidados e quais seriam salvos, além de estimular, em outros casos, situações de fusão, não é a única relação contraditória entre o Banco Central e o sistema financeiro privado. Minella (1988) também aborda uma forte presença dos intelectuais orgânicos (em suas palavras) desses bancos em cargos públicos decisivos da economia nacional. "Incrementa-se, dessa forma, o poder de determinação de um banco ou um grupo de bancos ou banqueiros sobre recursos bancários e financeiros e sobre a política a ser adotada para o setor" (Minella, 1988, p. 163). A gestão da regulamentação bancária e da política monetária por parte das agências públicas perpassa diretamente o debate sobre as mudanças no processo formativo-ideológico destes gestores na academia, debate conectado com o processo de fortalecimento do papel dos economistas como operadores técnicos da atividade política brasileira ao longo do século XX.

Em Loureiro (1997), é possível observar uma grande mudança formativa dos economistas pós-1964. Um seminário organizado por Delfim Netto na USP, em 1970, daria o novo caráter da formação econômica brasileira: uma formação voltada ao governo e à macroeconomia.

Assim, ao invés de profissionais oriundos de outras áreas de estudo que tornaram por "virar" economistas (Furtado e Bulhões eram inicialmente juristas; Gudin e Simonsen, engenheiros), o principal centro de formação de economistas no Brasil passou a ser a universidade. Essas universidades iniciaram um processo de internacionalização dos economistas no Brasil, através da captação de verbas de grandes fundações internacionais e envio de professores para doutoramento nos Estados Unidos, concretizando um padrão formativo para esses economistas, especialmente em escolas privadas como a FGV e a EPGE, que mantiveram o caráter "privatista", monetarista e ortodoxo de seus fundadores.

Essa diferença formativa não é mero detalhe, pois estabelece uma reconfiguração do perfil dos agentes econômicos que atuariam na Nova República, como uma nova elite política:

> Se no passado a maioria dos Ministros da Fazenda provinha de partidos políticos ou do meio empresarial e, quando tinham títulos universitários, eram engenheiros ou advogados, hoje em dia, como se verá, tal maioria é formada de economistas, muitos diplomados no exterior. Também os postos de direção do Banco Central são ocupados predominantemente por economistas. Em um total de 68 dirigentes do banco (presidentes e diretores) dos quais se conseguiu informação, 39 são economistas. Ou seja, quase 60%. (...) Em outras palavras, além de consolidar padrões relativamente homogêneos de formação dos economistas, a internacionalização da ciência econômica inaugura novas formas de acesso ao poder e de legitimação da elite dirigente. A notoriedade acadêmica é garantida por fortes vínculos com o circuito internacional, e a visibilidade que ela propicia na imprensa, no meio empresarial e político no Brasil é grande (Loureiro, 1997, pp. 78-79).

Belieiro Jr. e Backes (2017) afirmam que o período de redemocratização dos anos de 1980 deu aos economistas centralidade no debate nacional, devido à hiperinflação. Assim, as decisões tomadas por esses economistas passam a influenciar diretamente as decisões políticas, tornando-se o centro da análise política brasileira no período.

De acordo com Loureiro (1997), esses economistas seriam selecionados não mais por suas relações políticas, mas sim pela formação técnica. Novamente, a importância da internacionalização da carreira para o estabelecimento de uma nova política de recrutamento. O perfil de carreira "economista-dirigente político", de um acadêmico recrutado para exercer postos no governo, passaria a ser o padrão da economia brasileira. Esse perfil se dá pela formação universitária (com provável doutorado nos Estados Unidos), o ingresso na carreira acadêmica no eixo Rio-São Paulo, o recrutamento para alto cargo no governo e, ao fim, o ingresso nas consultorias privadas. Se observarmos apenas os economistas estudados neste trabalho, veremos a comprovação desse recorte: apenas Gustavo Loyola não realizou o seu doutoramento nos Estados Unidos (mas o fez na FGV, que se encaixa no perfil acadêmico) e apenas Henrique Meirelles seguiu atuando no setor público após deixar cargo (no Comitê Público Olímpico e, posteriormente, no Ministério da Fazenda).

Codato e Cavalieri (2015) demonstram um processo de homogeneização de carreiras dos recrutados para ocupar cargos decisórios da política monetária. Dos 39 economistas que passaram pelas diretorias do Banco Central entre 1995 e 2014, 21 tiveram formação em universidades de tradição ortodoxa/monetarista. Metade destes diretores possui doutorado, sendo que a maioria destes fez carreira no setor privado, e não na vida acadêmica. Ainda no universo dos que possuem doutorado, 75% cursaram em universidades estadunidenses de perfil ortodoxo. Dos três que cursaram doutorado no Brasil, apenas um não o fez em um curso de tradição ortodoxa. Somados, os de formação completamente filiada à economia ortodoxa totalizam 84% dos que alcançaram o título de doutor.

A hegemonia da formação dos economistas que ocupam posição de poder político no Brasil é significativa, quando se pensa no protagonismo assumido por esses economistas nos últimos vinte anos no Brasil. Quando se reflete sobre os governos de FHC e Lula, se visualiza que os economistas tiveram forte participação nas instâncias decisórias, seja no debate sobre a estabilização no governo FHC, seja no debate por mais desenvolvimento econômico e social no governo Lula. A questão, como vemos em Belieiro Jr. e Backes (2017), é que o processo de redemocratização pós-1988 inseriu esses atores em um novo contexto: sua capacidade técnica era mais necessária que nunca, tendo em vista o grande dilema da inflação. Ao mesmo tempo, a chegada de uma democracia impunha a esses atores demandas de maior responsividade social, ou seja, maior participação pública no debate econômico.

Com a Constituição de 1988, novos mecanismos de controle do Legislativo sobre o Executivo foram criados. Quando o Banco Central foi criado, em 1964, o Poder Executivo Federal obteve a prerrogativa de escolher seu presidente e seus diretores. A novidade apresentada em 1988 foi a necessidade de o indicado à Presidência do Banco Central ser aprovado pelo plenário do Senado Federal, como competência indicada no artigo 52 da nova Carta Magna, que trata das funções do Senado. No inciso III do artigo fala-se em "aprovar publicamente por voto secreto, após arguição pública a escolha de: d) presidente e diretores do Banco Central". Os incisos VI, VII, VIII, IX e XV também apresentam tarefas econômicas da Casa, como avaliação da dívida mobiliária, das dívidas estaduais, de acordos financeiros internacionais e do Sistema Tributário Nacional.

O Senado delega parte dessa função para uma de suas comissões permanentes, a Comissão de Assuntos Econômicos (CAE), que sabatina os indicados sobre as temáticas econômicas mais relevantes do momento, para depois aprovar ou não o indicado. Tendo o parecer favorável da Comissão, o nome do candidato à vaga segue para o Plenário. Até 2018, ano em que este trabalho foi produzido, todos os indicados haviam sido aprovados pela Comissão e pelo Plenário. Em 2018, a CAE possuía 27 membros titulares, e outros 27 suplentes, mas este número variou durante as diferentes legislaturas. Suas competências, regidas pelo artigo 99 do Regimento Interno do Senado Federal, incluem o debate sobre legislação econômica; a convocação de Ministros da Fazenda, do Planejamento e do Presidente e diretores do Banco Central; a promoção de audiências públicas e as sabatinas aqui estudadas. A CAE também sabatina os indicados ao Tribunal de Contas da União (TCU). Segundo afirma Lemos (2008), em um estudo sobre o funcionamento das comissões do Senado nos anos 90, a CAE vinha sendo considerada por 35,3% dos senadores como a comissão mais relevante da Casa, atrás apenas da Comissão de Constituição, Justiça e Cidadania, considerada a mais importante por 58,8% dos senadores.

As Comissões do Senado são definidas no artigo 90 do Regimento da Casa. Suas funções passam pela aprovação de leis, audiências públicas, sabatinas com ministros de Estado, promoção de debates sobre temas encaminhados, entre outras. Em 2018, enquanto este trabalho era escrito, o Senado possuía catorze comissões permanentes e sete comissões provisórias, criadas para tratar de temas específicos. Lemos (2008) observou que uma grande minoria dos projetos legislativos parte das comissões, mas que esses têm ampla taxa de aprovação, indicando que o caminho das comissões apresenta uma maior probabilidade de que um projeto vire lei. Um número muito grande de comissões, apesar de garantir maior pluralidade de temas, torna mais amortecido o processo parlamentar, assim como a permissão para que um parlamentar participe de muitas comissões. Outro ponto destacado por Lemos (2008) é o de não haver uma homogeneidade de posições nas comissões do Senado Federal, tendo em vista que o número de membros das comissões é previamente estipulado, seguindo a proporcionalidade dos partidos na Casa. Isso garante a presença de uma ampla gama de partidos nas Comissões.

Um ponto relevante para se avaliar a atuação do Senado é a mudança no perfil dos senadores no período posterior à redemocratização, como mostram Codato, Massimo e Heinz (2016). Os autores demonstram que houve uma clara expansão das carreiras técnicas (economistas, engenheiros, administradores, contadores etc.) em relação aos outros períodos da República, mesmo que ainda haja dominância dos oriundos das ciências jurídicas. Formado em sua maioria por empresários, o Senado tem um grau de formação educacional consideravelmente mais elevado que o resto da população, com apenas 7,8% dos senadores não possuindo o ensino superior. O Senado segue uma casa de concentração de elites. Entretanto, essas elites apresentam um caráter diferenciado: além de um crescimento de formações não jurídicas na Casa, há uma redução da média etária e uma valorização da política regional na carreira de senador. Contudo, o fato de um senador ter construído carreira em seu estado antes de alavancar-se para o Congresso não o impede de exercer uma atuação mais partidária do que regional. Se um senador faz parte da base aliada, ele tende a apoiar o Executivo nas decisões. As decisões giram em torno do Executivo federal com mais intensidade que do Executivo de seu estado de origem (Neiva; Soares, 2013).

Analisamos aqui mudanças nas carreiras de economistas e senadores. É possível avaliar a fiscalização dos senadores sobre atuação dos economistas na gestão pública como *accountabillity?* Segundo Arato (2002), a *accountability* faz parte da dimensão representativa, sendo um mecanismo por onde a população exige respostas de seus representantes. Nas democracias modernas, nada impede o representante de agir de forma contrária ao interesse de seus eleitores, a não ser o cálculo racional de que isso lhe trará perdas futuras (como a possibilidade de se reeleger). Essa prestação de contas é o momento em que o representante avalia se suas ações estão ao agrado de seus eleitores ou não. A *accountability* política é uma dimensão de extrema importância na democracia moderna, justamente por reforçar os elos entre representantes e representados, garantindo que o poder dos primeiros não emane de nada além do povo. O constitucionalismo, ao criar regramentos universais que restringem a atuação do representante, é o meio pelo qual a *accountability* vai se tornar compulsória. É uma ferramenta de interesse do representante, por dar mais munições ao seu cálculo, e do interesse da sociedade, por solidificar as instituições democráticas.

Seguindo o pensamento de O´Donnell (1998), podemos caracterizar as sabatinas como uma tentativa de *accountabillity* horizontal. A *accountabillity* surge, de acordo com o autor, como uma resposta aos conflitos das três tradições que cunham nosso sistema político: a liberal, a republicana e a democrática, conflitos que constantemente demandam mecanismos de interação pública e privada. Os mecanismos verticais são aqueles que partem diretamente do privado ao público. As eleições podem ser caracterizadas como *accountabillity* vertical: é o poder emanando da população ao Estado. Mas existem mecanismos intra-institucionais, em que as próprias instituições realizam essa conferência de funcionamento. Essa *accountabillity* horizontal está presente em uma situação na qual o Poder Legislativo – o Senado, por exemplo – realiza um processo de questionamento sobre a política econômica indicada pelo Executivo. Entretanto, há limites nessas ferramentas: a *accountabillity* horizontal completa é caracterizada por poderes de delegação e retirada de autoridade (Carneiro, 2004). O próprio O'Donnell, ao falar dos limites da *accountabillity* horizontal, menciona a disposição para vigiar e punir a atuação pública.

O debate sobre a *accountabillity* no Brasil também perpassou perspectivas críticas. Para Diniz (2000), a *accountabillity* surge em um contexto que evoca as razões de Montesquieu: que o poder deve ter mecanismos para fiscalizar o próprio poder. No Brasil, existiria um grande "déficit de *accountabillity*", justamente porque o processo de redemocratização e a adoção de mecanismos para tornar o Estado mais eficiente geraram um insulamento burocrático, que refreiam a prestação de contas e maior intervenção substancial da população nos trâmites estatais. O Estado brasileiro tem um problema de substância, que é uma reduzida capacidade de executar e fiscalizar políticas, fazer com que elas deixem a dimensão abstrata das formulações. A Nova República, negociada com os que formavam o Estado ditatorial no Brasil, representaria, na visão da autora, uma acentuação do poder despótico estatal, através de uma hiper concentração de poder em poucas burocracias que administram a coisa pública e que, além disso, tem pouca capacidade de execução. O aumento dos poderes legislativos do Executivo representaria o caso mais paradigmático disso[3]. Diniz crê em um "comportamento czarista" do Poder Executivo que, no geral, não assume responsabilidades ou presta contas sobre seus atos. Para a autora, a *accountabillity* horizontal não existiria de fato no Brasil pela ausência de mecanismos de regulação com ampla participação da população.

---

[3] A autora traz o dado de que o governo FHC emitiu 70% das Medidas Provisórias expedidas nos anos 1990. 78% das leis aprovadas entre 1989 e 1993 partiram do poder Executivo.

2. As sabatinas

Neste excerto, trataremos das cinco sabatinas que foram analisadas no estudo. Demonstraremos, através de gráficos e tabelas, a evolução dos temas ao longo do processo das sabatinas. Também demonstraremos a evolução do envolvimento dos partidos em Situações de Conflito. Infelizmente, o espaço limitado de páginas nos impediu de reproduzir aqui a descrição das Situações de Conflito de cada uma das sabatinas. Descreveremos brevemente aqui os contextos de indicação de cada um dos indicados e sua posterior aprovação.

Gustavo Loyola já havia tido carreira no Banco Central. Em 1990, durante a gestão de Ibrahim Eris na presidência do BC, assumiu a Diretoria de Normas. Em 1992, já no governo Itamar Franco, assumiu, pela primeira vez, a presidência da instituição. Saiu do cargo em 1993, após discordar com o presidente sobre a taxa de juros e a política de mudança nos funcionários do segundo escalão sem consultar os ministros. A partir dessa experiência, foi trabalhar no mercado privado, quando fundou a MCM Consultoria. Seu convite para o retorno ao cargo, em 1995, veio em contexto de crise: seu antecessor, Pérsio Arida, vinha sendo acusado pela imprensa de liberar informações privilegiadas quanto à mudança na taxa de câmbio ao banco BBA. O anúncio de Loyola também foi bastante tumultuado, já que ele foi acusado pela imprensa de realizar o anúncio de sua entrada aos seus sócios da MCM antes de os mercados fecharem, indicado um possível repasse de informações privilegiadas. A sua sabatina ocorreu no dia 8 de junho de 1995. Ao todo, 26 Senadores votaram, sendo 24 votos favoráveis e 2 contrários à Loyola. À tarde, Loyola foi aprovado no Plenário do Senado Federal com 45 votos favoráveis, 12 contrários e uma abstenção. Loyola foi empossado no dia 13 de junho de 1995.

Filho de Guilherme Arinos, um dos fundadores do BNDES, Gustavo Franco cursou sua graduação e mestrado em economia na PUC-Rio. Realizou seu doutoramento em Harvard. Como professor da instituição em que se graduou, Franco foi convidado pelo então Ministro da Fazenda Fernando Henrique Cardoso para integrar a equipe do Real. O então presidente do Banco Central Pedro Malan o empossa como Diretor de Assuntos Internacionais da instituição. No governo FHC, foi mantido no cargo. Nessa diretoria, obteve bastante destaque, especialmente como defensor da paridade cambial. Em julho de 1997 foi indicado para substituir Gustavo Loyola no cargo, que havia passado por inúmeros enfrentamentos no cargo, especialmente no que se refere a liquidações de bancos públicos e privados ligados a lideranças regionais, como o senador baiano Antônio Carlos Magalhães. O resultado foi de 21 votos favoráveis e 6 votos contrários, e a comissão aprovou o nome de Gustavo Franco. Cinco dias depois, o nome foi aferido pelo plenário do Senado Federal, que o aprovou por 56 votos favoráveis e 10 votos contrários. Gustavo Franco tomou posse no dia 21 de agosto de 1997.

Filho de Lucas Lopes, ministro do governo Vargas, Francisco Lopes possui sólida carreira acadêmica. Com doutorado em Harvard, lecionou na UnB e na PUC-Rio e foi diretor de pesquisa do Instituto de Pesquisas (IPES). Foi assessor do Ministro do Planejamento João Sayad em 1986, durante a presidência de José Sarney. Com a vitória de Collor nas eleições, retirou-se do governo e passou a trabalhar no mercado privado. Sem compor a equipe do Real, foi consultado em algumas reuniões para a formulação do plano. Em 1995, tornou-se diretor do Banco Central. Dentro da instituição, é creditada a ele a criação do Comitê de Política Monetária (COPOM). No final de 1998, com a forte crise cambial oriunda das crises russa e asiática, e com a recusa de Gustavo Franco em mexer no câmbio, foi convidado para assumir a presidência do BC. Antes de sua sabatina, quando ocupou o cargo como interino, aprovou o modelo de banda diagonal endógena. A nova regra não foi bem-sucedida – ocasionando novos ataques cambiais – e durou apenas três dias, quando o BC decidiu optar pelo câmbio flutuante. Sua sabatina ocorreu em 26 de janeiro de 1999. Francisco Lopes já estava, como interino, há 18 dias no cargo. O arguido foi aprovado pelo placar de 23 a 2. Lopes teve seu nome avaliado pelo plenário da casa, em sessão rápida, no dia 28 de janeiro. Os senadores da oposição o pouparam de críticas, direcionando seus posicionamentos ao governo. Lopes foi aprovado com 67 votos favoráveis e 3 votos contrários, mas não chegou a assumir o mandato. Poucos dias após a aprovação, Lopes foi demitido do cargo. A razão seriam os constantes ataques cambiais que o Brasil sofria. Após o seu sucessor assumir, Lopes seria acusado de vender dólar a um preço abaixo da cotação aos bancos Marka e Fonte Cindam. A razão seria compensar esses bancos por suas perdas durante a crise cambial. O processo durou quase duas décadas.

Armínio Fraga se graduou na PUC-Rio e fez mestrado na mesma Universidade. Realizou o seu doutoramento na Universidade de Princeton, nos Estados Unidos. Após um período trabalhando no mercado financeiro brasileiro, retornou aos Estados Unidos para trabalhar no banco de investimentos Solomon Brothers. De volta ao Brasil em 1991, assumiu a Diretoria de Operações Internacionais do Banco Central, a convite do então Ministro da Economia Marcílio Marques Moreira. Com o *impeachment* do presidente Collor, retornou aos Estados Unidos, quando foi contratado por George Soros para assumir o Soros Found. No Soros, tornou-se diretor do Quamtum Founds, braço do Soros ligado a investimentos em países subdesenvolvidos. Com a saída de Gustavo Franco, em janeiro de 1999, recebeu convite do presidente FHC para assumir a presidência do Banco Central. Recusou. O convite tornou a ser feito com a saída de Francisco Lopes. Dessa vez, aceitou. Seu envolvimento profissional com especuladores focalizados diretamente em países como o Brasil envolveu a sua indicação em polêmicas e dilemas éticos e morais. Sua sabatina aconteceu no dia 26 de fevereiro de 1999.

Após a sabatina, houve o escrutínio, em que Fraga foi aprovado por 21 votos favoráveis defronte a 6 contrários. No dia 4 de março, o nome de Fraga foi aprovado no plenário do Senado Federal, por 57 votos a favor e 20 contrários. Conturbada, a sessão durou mais de duas horas, com muitas provocações entre oposição e base aliada. Em 8 de março, Fraga e sua equipe foram oficialmente empossados.

Henrique Meirelles nasceu em uma família com ampla influência política no estado de Goiás. Durante a juventude, foi liderança no movimento estudantil secundarista. Mudou-se para São Paulo, onde graduou-se em Engenharia Civil pela USP. Logo após a formatura, ingressou no mercado financeiro. Enquanto trabalhava no setor, fez mestrado em Administração de Empresas pela UFRJ. No início da década de 1980, foi contratado a trabalhar na filial brasileira do Boston

Bank. Viajou até os Estados Unidos, onde cursou especialização em Administração em Harvard. No retorno ao Brasil, assumiu a presidência da sessão brasileira do banco. Em 1996, chegou ao topo da carreira, ao assumir a presidência global do Boston Bank. Também assumiu a presidência da Associação Brasileira de Bancos Internacionais. Em 1999, recebeu o título de doutor *honoris causa* do Bryant College. No mesmo ano, capitaneou a fusão do Boston Bank com o Fleet Bank, assumindo então a presidência do FleetBoston Financial. Em 2002, retornou ao Brasil com a intenção de concorrer a um cargo público. Filiou-se ao PSDB (após ser sondado por diversos partidos) para concorrer ao cargo de deputado federal e foi eleito, com a maioria dos votos em seu estado, Goiás. Surpreendeu a todos ao aceitar o convite do vencedor do pleito presidencial, Luís Inácio Lula da Silva, ao cargo de presidente do Banco Central. O partido de Lula derrotara o PSDB de Meirelles nas eleições. Sua sabatina ocorreu antes mesmo da posse de Lula, em 17 de dezembro de 2002.

A votação da sabatina totalizou 26 votos, sendo 21 favoráveis e 5 contrários. No dia seguinte, o nome de Meirelles foi aprovado pelo Senado Federal, por 39 votos a 12. Henrique Meirelles tomou posse no dia 2 de janeiro de 2003, sem discurso, durante a solenidade de posse de Antonio Palocci no Ministério da Fazenda.

Ao todo, realizando o processo de Pré-Análise descrito por Bardin (1977), identificamos 17 temas nas perguntas realizadas nas sabatinas. Abaixo, descreveremos o que cada um destes temas significa:

- "Relações Público-Privadas" versa sobre as propostas de instauração de uma "quarentena" para os indicados do Banco Central, sobre os funcionários do BC se relacionarem com empresas privadas e as questões éticas da relação entre a autoridade monetária pública e o sistema financeiro privado, e as movimentações financeiras e profissionais do indicado;
- "Juros e Crescimento Econômico" é um indexador criado para as questões acerca dos juros, do aquecimento do consumo, do crescimento do PIB, da ortodoxia econômica como via adotada e de incentivos ao crescimento para determinados setores;

- "Regulação do Sistema Financeiro" trata das "contas fantasmas", da privatização dos Bancos Estaduais, da internacionalização do sistema bancário privado, do incentivo à concorrência e aos pequenos bancos e da relação com a especulação financeira. Também incluindo perguntas específicas sobre os programas PROER (Programa de Estímulo à Reestruturação e ao Fortalecimento do Sistema Financeiro Nacional) e PROES (Programa de Incentivo à Redução do Setor Público Estadual na Atividade Bancária);
- "Gestão do Banco Central" são perguntas sobre o gerenciamento do quadro de funcionários e dos cortes de gastos impostos à instituição, sobre a fiscalização de possíveis fraudes dentro do BC e questões administrativas internas da instituição;
- "Questão Regional" trata de incentivos a regiões específicas do país;
- "Política cambial" trata das relações de emissão de moeda e regulação da taxa de câmbio referente ao real;
- "Desindexação" versa sobre o processo de desindexação dos contratos na economia brasileira;
- "Inflação" se refere aos questionamentos sobre retorno de inflação no Brasil;
- "Senado e Banco Central" são perguntas e comentários sobre os limites da fiscalização do Senado no Banco Central, como a insuficiência das sabatinas;
- "Privatizações" trata de questionamentos sobre a possibilidade de se privatizarem empresas estatais (excetuando os bancos públicos estaduais, inclusos no indexador "Regulação do Sistema Financeiro");
- "Legado do Real" se refere a perguntas sobre avaliação geral do plano ou sobre seu histórico (como quem esteve envolvido em sua elaboração etc.);
- "Dívida Pública" são perguntas sobre a dívida externa e interna brasileira;
- "Avaliação do Governo" se refere aos questionamentos de ponderações gerais sobre o governo, sobre como classificá-lo;

- "Desigualdade Social" aborda questionamentos sobre as diferenças nos níveis de renda e qualidade de vida na população brasileira;
- "Relações Internacionais" abarca perguntas sobre a soberania do Banco Central quanto à condução de sua política monetária em relação a entidades (governos, autoridades monetárias, credores, agências de risco) internacionais;
- "Questão Partidária" abarca questões referentes à vinculação do arguido com determinado partido e como isso afetaria sua política.

Abaixo, compilamos a média de perguntas, de perguntadores e de Situações de Conflito gerados por cada partido. Através desta tabela, é possível observar a atuação geral dos partidos nas cinco sabatinas analisadas. Na tabela, não é possível identificar as diferenças entre as sabatinas, e sim o caráter total de cada partido nas sabatinas.

Tabela 1. **Informações das sabatinas de Gustavo Loyola, Gustavo Franco, Francisco Lopes, Armínio Fraga e Henrique Meirelles**

	Média de Perguntas	**Média de Senadores Perguntando**	**Média de Situações de Conflito**
PT	14,6	3,2	3,2
PSB	3	1	0,8
PDT	3	0,6	0,6
PPS	0,8	0,4	0,2
PTB	0,8	0,4	0
PSDB	4,8	2,8	0,8
PMDB	11,8	3,8	1,2
PPB	1,6	0,8	0,2
PFL	7,2	2,8	0,2
Total	47,6	15,8	7,2

Fonte: Notas Taquigráficas das Sabatinas de Gustavo Loyola (Senado Federal, 1995), Gustavo Franco (Senado Federal, 1997), Francisco Lopes (Senado Federal, 1999a), Armínio Fraga (Senado Federal, 1999b), e Henrique Meirelles (Senado Federal, 2002)

A natureza metodológica deste trabalho impõe certas limitações à avaliação geral dos dados coletados. Como o método permitiu a criação de múltiplos indexadores posteriores à análise, aqui não cabe a comparação entre os indexadores por si, e sim expô-los temporalmente, como um recurso a contribuir para a observação qualitativa. Esses dados podem ilustrar, em retrospecto histórico, as diferentes temperaturas entre as sabatinas, como reflexo dos conflitos macroeconômicos atuando através dos senadores.

Nos dois gráficos abaixo, está exposta a evolução dos indexadores ao longo das cinco sabatinas que pudemos avaliar. Separamos essa evolução entre a base aliada e a oposição. É importante frisar o que as categorias "Base Aliada" e "Oposição" significam quando se trata dos partidos presentes nas sabatinas: a base aliada durante as sabatinas de Gustavo Loyola, Gustavo Franco, Francisco Lopes e Armínio Fraga era formada pelo PSDB, PFL, PTB, PMDB e PPB, e a oposição por PT, PSB, PDT e PPS. Já durante a sabatina de Henrique Meirelles, a base aliada era formada pelo PT, PSB, PDT, PPS e PTB, enquanto a oposição era composta pelo PSDB, PFL, PMDB e PTB. Para fins gráficos, categorizamos "Outros" os indexadores que apareceram em menos de três sabatinas no gráfico da Figura 1; e em menos uma ou nenhuma sabatina no gráfico da Figura 2.

Também foi mapeada a evolução das Situações de Conflito nas cinco sabatinas que foram analisadas. Mais uma vez, nos deparamos com uma armadilha metodológica: apesar de parecer rica, em primeira instância, a projeção de um gráfico que demonstrasse a evolução na razão entre o número de perguntas realizadas pelos partidos em cada sabatina e o número de Situações de Conflito, essa relação seria falsa, já que nem todas elas foram geradas a partir de uma pergunta ao indicado. Comentários, protestos contra a mesa e toda uma sorte de eventos similares também foram categorizados como Situação de Conflito. Assim, adotou-se aqui a opção de representar a evolução numérica das Situações de Conflito. Essas informações, lembrando, não são atestados conclusivos, e sim complementos para a análise posterior.

Figura 1. **Evolução dos temas abordados pela Base Aliada nas sabatinas de Gustavo Loyola, Gustavo Franco, Francisco Lopes, Armínio Fraga e Henrique Meirelles**

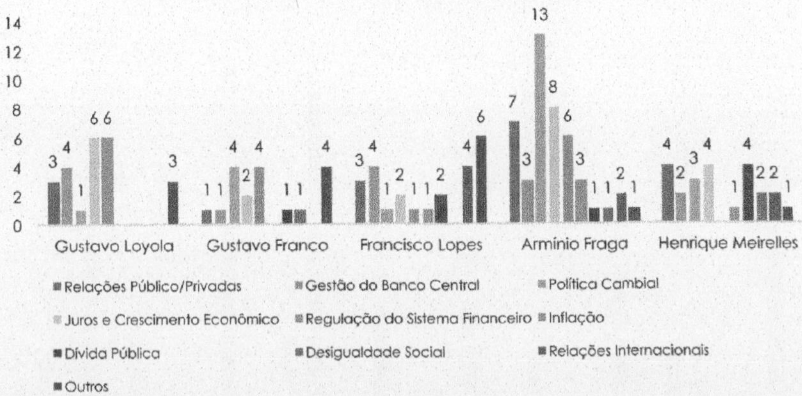

Fonte: Notas Taquigráficas das Sabatinas de Gustavo Loyola (Senado Federal, 1995), Gustavo Franco (Senado Federal, 1997), Francisco Lopes (Senado Federal, 1999a), Armínio Fraga (Senado Federal, 1999b), e Henrique Meirelles (Senado Federal, 2002)

Figura 2. **Evolução dos temas abordados pela Oposição nas sabatinas de Gustavo Loyola, Gustavo Franco, Francisco Lopes, Armínio Fraga e Henrique Meirelles**

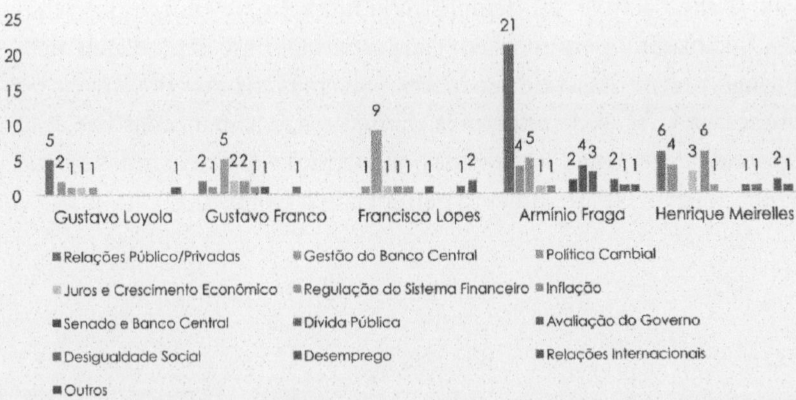

Fonte: Notas Taquigráficas das Sabatinas de Gustavo Loyola (Senado Federal, 1995), Gustavo Franco (Senado Federal, 1997), Francisco Lopes (Senado Federal, 1999a), Armínio Fraga (Senado Federal, 1999b), e Henrique Meirelles (Senado Federal, 2002)

Figura 3. **Evolução das situações de conflito criadas pelos partidos nas sabatinas de Gustavo Loyola, Gustavo Franco, Francisco Lopes, Armínio Fraga e Henrique Meirelles**

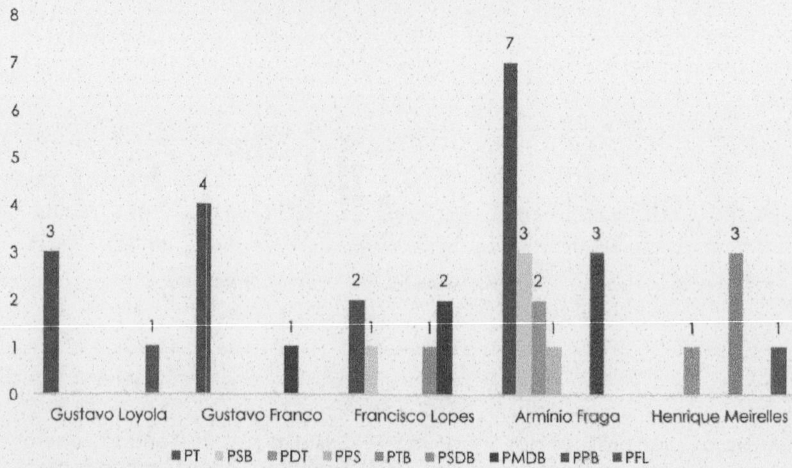

Fonte: Notas Taquigráficas das Sabatinas de Gustavo Loyola (Senado Federal, 1995), Gustavo Franco (Senado Federal, 1997), Francisco Lopes (Senado Federal, 1999a), Armínio Fraga (Senado Federal, 1999b), e Henrique Meirelles (Senado Federal, 2002)

No gráfico abaixo, foi demonstrada também a evolução dos senadores que fizeram perguntas em cada sabatina. Esse dado é mais rico, em longo prazo, que o de senadores presentes, tendo em vista que a presença na CAE é definida pela divisão entre as bancadas (ou seja, proporcional aos senadores eleitos por partido) e que nem todos os que fizeram perguntas formalmente pertenciam à Comissão.

Figura 4. **Evolução no número de parlamentares que fizeram perguntas, por partido, nas sabatinas de Gustavo Loyola, Gustavo Franco, Francisco Lopes, Armínio Fraga e Henrique Meirelles**

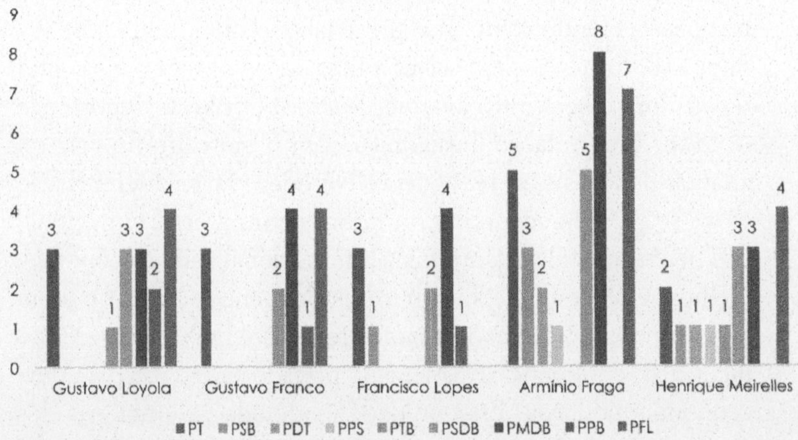

Fonte: Notas Taquigráficas das Sabatinas de Gustavo Loyola (Senado Federal, 1995), Gustavo Franco (Senado Federal, 1997), Francisco Lopes (Senado Federal, 1999a), Armínio Fraga (Senado Federal, 1999b), e Henrique Meirelles (Senado Federal, 2002)

3. Análises e conclusão

As limitações deste trabalho impedem que acrescentemos à análise um mapeamento das origens sociais, escolaridade e profissão dos senadores envolvidos na sabatina. Como dito na Introdução, nos limitamos a observar as movimentações desses senadores no microcosmo da sabatina, sem avaliações sobre os caminhos prévios por eles tomados até aquele momento. Mesmo que essa neutralização do agente público estudado apresente uma lacuna metodológica, já que impede avaliar as razões estruturais e pessoais que motivam a sua ação, ainda nos restam dois elementos importantes para ponderar sobre o problema de pesquisa: a ação e a unidade discursiva do agente político.

Assim, a sabatina apresentou uma série grande de uniformidades. Uma análise que condense as cinco sessões revelará três blocos de unidade de ação e discurso político:

- *Unidade 1*: O Banco Central deve ser independente, respondendo ao Estado em demanda mínima para evitar contaminação política sobre a política monetária. A política monetária deve ser responsável tendo como foco principal a contenção da inflação. Para isso, torna-se inegociável a taxa de juros alta para conter o consumo caso a inflação ameace subir. O Banco Central não deve ter uma relação antagônica com o mercado financeiro, adaptando-se às suas tendências. Não deve fazer diferenciação entre setores da economia ou mesmo com a origem nacional dos investimentos: quanto mais internacionalizada a economia, melhor. Os presidentes e diretores do Banco Central podem ser oriundos do mercado financeiro e isso, inclusive, agrega à instituição experiência do mercado privado necessária para uma economia moderna. Essa unidade é adotada pela maioria dos parlamentares vinculados ao PSDB e PFL, mas também por alguns do PMDB, PTB e PPB/PP;
- *Unidade 2*: O Banco Central deve primar pelo desenvolvimento da economia nacional, logo, suas decisões estratégicas têm de ser pautadas para incentivar o crescimento de determinados setores econômicos específicos. Nesse sentido, a contenção da inflação não pode interromper o crescimento da agricultura, da indústria e do comércio nacional. As críticas aos juros, então, são constantes. Não há um problema com o mercado financeiro internacional, desde que haja uma hierarquização privilegiando os interesses dos setores nacionais de produção. O mesmo para a escolha dos que administrarão a autoridade monetária: suas origens importam menos que a expressão de suas intenções para com a economia nacional. É necessário haver certo grau de autonomia da autoridade monetária, mas ela deve ser mais responsiva à política. Aqui cabem críticas à insuficiência das sabatinas. Encaixam-se aqui alguns parlamentares do PMDB, do PDT, do PSB, do PT, do PPS e do PPB;
- *Unidade 3*: O Banco Central é um balcão de negócios do mercado financeiro internacional. Ele existe para garantir o crescimento da burguesia. Sua política de juros e cambial é usada para acirrar

> as desigualdades sociais, mantendo pobreza e miséria quando instaurada. Nessa visão, há a ponderação de que a política da Unidade 1 não comete apenas um erro estratégico, mas um erro ético. Assim, essa visão é extremamente crítica à presença de funcionários ou intelectuais orgânicos do sistema financeiro internacional por ela significar, por si só, a perda da soberania popular sobre os rumos da economia. Consequentemente, essa visão tece críticas amplas à forma como o Banco Central é constituído, como uma instituição fechada, onde agentes do mercado têm mais acesso às suas ações que a população. Aqui entram, principalmente, parlamentares do PT, do PSB, do PDT e do PPS.

A Unidade 1 é, sem dúvida, o pensamento apresentado pelos sabatinados às sabatinas. É o discurso comum de todos os cinco indicados do Banco Central que analisamos aqui. As Unidades 2 e 3 são os discursos de oposição, os levantados nas Situações de Conflito. Esses não são, de forma alguma, excludentes entre si, mas não estão necessariamente vinculados. Um apontamento importante é que, dentro da nossa análise empírica, não houve nenhuma Unidade clara quanto à questão cambial.

O modelo de valorização cambial foi compartilhado, nas duas primeiras sabatinas, pelas Unidades 1 e 2, sendo criticado pela Unidade 3. Na terceira sabatina, a Unidade 1 defende a flutuação cambial, enquanto as Unidades 2 e 3 passam a criticar a falta de controle sobre o câmbio, temendo, inclusive, o *currency board* como horizonte possível. Na quarta e na quinta sabatinas acontece um fenômeno: a pauta cambial aparece em menor volume, resumindo-se a críticas da Unidade 3 à falta de controle do Brasil sobre o seu próprio câmbio.

Na primeira sabatina analisada, a de Gustavo Loyola, praticamente todos os tensionamentos surgem a partir da categoria "Relações Público-Privadas". Os senadores do PT monopolizam essa crítica, bastante direcionada ao que categorizamos como Unidade 3. Uma figura da base aliada também tensionou o processo, Esperidião Amin (PPB-SC), com uma narrativa adequada à Unidade 2. A base aliada, em sua maioria, mantém a narrativa da Unidade 1, embora tenha havido questionamentos sobre o desenvolvimento regional.

A avaliação hegemônica da sabatina foi a de que o Plano Real vinha sendo um sucesso absoluto e, por isso, seus marcos formais deveriam ser mantidos. A conturbada saída do antecessor, no caso BBA, e a entrada questionada de Loyola sob as alegações de concessão de informação privilegiada à MCM pautaram a sabatina: "Relações Público-Privadas" foi o tema mais abordado, quase majoritariamente pela oposição. "Regulação do Sistema Financeiro" foi um tema muito abordado, mas notoriamente por cobranças quanto às contas fantasmas. Curiosamente, as intervenções, privatizações e liquidações de bancos de escopo regional (públicos ou privados) deram cabo na gestão de Loyola, algo praticamente não citado na sabatina.

Na sabatina de Gustavo Franco, houve uma inversão das temáticas abordadas. Franco era oriundo da academia, e não do mercado. Assim, as "Relações Público/Privadas" foram substituídas pela "Política Cambial". Novamente, o padrão da sabatina anterior se repetiu nas Situações de Conflito: todos os senadores do PT presentes criaram Situações de Conflito, pautadas pela Unidade 3, e um senador da base aliada, Pedro Simon (PMDB-RS) produziu outra, pautada pela Unidade 2. Nas situações de conflito, uma grande multiplicidade de temas foi abordada, mas "Política Cambial" aparece como o aspecto mais notável. Ela seria, segundo os conflitantes, geradora de um modelo por vezes mantenedor de desigualdades, por vezes inimigo da produção nacional. É interessante notar a inversão no grau de participação dessa sabatina: enquanto a base aliada diminuiu o número de perguntas consideravelmente em relação à sabatina anterior, a oposição aumentou. A manutenção da política cambial ante a crise acabaria por derrubar Franco. A visão constituinte do que formaria a Unidade 1 quanto ao câmbio passaria a mudar.

A sabatina de Lopes foi marcada por críticas ao modelo cambial adotado até então, e representado pela figura de Gustavo Franco. Acadêmico e representante menos radical da ortodoxia econômica, o discurso da oposição esteve muito mais centrado em ataques ao governo que em ataques à indicação de Lopes. A postura de Lopes, de assumir que a banda diagonal endógena foi (ao menos) um erro comunicacional, agradou aos senadores. Ainda assim, isso não impediu as Situações de Conflito, com algumas novidades: o PMDB agora possuía dois senadores conflituosos (o já citado Simon e Roberto Requião[4], do Paraná) e o PSDB, partido do governo, também tinha um: Jefferson Péres (PSDB-AM). Os três realizam críticas categorizáveis dentro da Unidade 2. Os dois senadores do PT agora são acompanhados por um senador do PSB na produção de Situações de Conflito, embora fique claro que a postura deste senador é identificável com a Unidade 2, enquanto os petistas seguem vinculados à Unidade 3.

A questão cambial monopolizou a sabatina mais do que em qualquer outra, tanto por parte da oposição quanto da base aliada. O interessante a se notar aqui é que as críticas quanto ao câmbio não se referem ao que Lopes afirmava que faria, mas a um estudo de intenções: hora se criticava o governo pela demora (supostamente deliberada através de motivos escusos), hora se criticava o modelo de *currency board*, que o indicado insistiu não ser o ideal. No fim, Lopes acabou saindo devido a um ataque cambial. Seria julgado criminalmente por vender dólares mais baratos a bancos que teriam sido prejudicados pela crise cambial.

A sabatina de Armínio Fraga é notável. Ao observarmos os gráficos e tabelas, é possível notar que ali se tratou de um evento em que o conflito esteve presente em altíssima quantidade. Isso se deve ao fato de a sessão concentrar dois questionamentos pontuais, duas crises: a crise da desvalorização do Real – que culminou na saída dos dois presidentes anteriores em um curto intervalo de tempo –, e a crise da indicação em si de Fraga, devido a seu papel como especulador. Esses dois eventos marcaram maior descrédito, uma fragilidade, na

[4] Em todas as suas participações, Requião demonstrou oposição às colocações feitas pelos indicados por FHC ao BC, a despeito de seu partido compor a base aliada. Um fato curioso é que o senador iniciava suas perguntas sempre citando o livro "Alice no País das Maravilhas", de Lewis Caroll. Na passagem citada, o gato falante perguntava para Alice que caminho ela deveria seguir. Esse trecho configurava-se em seu primeiro questionamento: que caminho seguir?

Unidade 1. Averiguando os gráficos, é notório que a base aliada focou na primeira situação, enquanto a oposição, na segunda.

A oposição produziu um número alto de Situações de Conflito, majoritariamente focados no tema "Relações Público/Privadas". PPS e PDT (do agora oposicionista Jefferson Péres) se juntam a PT e PSB nessa narrativa. Os senadores usaram de termos fortes e frases de efeito, bastante vinculados à Unidade 3, para expor suas críticas. O PMDB protagonizou três Situações de Conflito, uma delas vinculada à Unidade 2 e duas delas à Unidade 3, sendo as duas últimas situações geradas antes da sabatina em si. É a primeira vez que as Situações de Conflito questionam a validade da sabatina em si, usando como argumento a questão da idoneidade do indicado. Mesmo com tanta movimentação, a gestão de Fraga foi estável. O economista se manteve no cargo até o fim do mandato do presidente que o indicou.

Uma nova virada acontece na sabatina de Meirelles, na qual os números de perguntas e Situações de Conflito caem de maneira generalizada. O debate centrou-se menos na discussão do modelo econômico ideal para o Brasil e mais na caracterização do que era apresentado. Assim, os partidos que antes formavam a oposição não transitaram para a Unidade 1, mas se reuniram em torno de um discurso de Unidade 2, caracterizando Meirelles como um candidato que expunha os elementos que formam essa Unidade. Já os partidos que antes formavam a base aliada se mantiveram na defesa das propostas da Unidade 1, e caracterizaram Meirelles dessa forma. Tal qual em Lopes, a oposição focou na presumida contradição existente no fato de o PT indicar um economista com esse perfil do que em atacar o economista indicado. Tanto pelo discurso adotado, quanto por sua atuação ao longo dos oito anos em que se manteria no cargo, Meirelles se adequou muito mais ao que foi descrito como Unidade 1. Ainda assim, conviveu com diferentes interesses ao longo de sua gestão e, mesmo enfrentando crises internas e externas, teve altíssimo grau de estabilidade e autonomia concedidas.

Cabe agora responder ao problema proposto pelo trabalho: como a atuação política dos senadores durante as sessões de sabatina dos indicados ao Banco Central nos governos FHC e Lula reflete os conflitos macroeconômicos da época? Após esse extenso processo de averiguação, podemos inferir que há uma *reflexão ampla, utilitária e contida*. Explicaremos o que isso quer dizer nos parágrafos a seguir.

É bastante razoável assumir que os elementos que compõem a Unidade 1, hegemônica em todas as sabatinas, são elementos do que pode se caracterizar como neoliberalismo. Para Dardot e Larval (2016), existem quatro traços que caracterizam a racionalidade neoliberal: o de que é necessária intervenção ativa do Estado para a constituição de um modelo jurídico que permita o avanço do mercado; o de que o neoliberalismo é (mais do que um sistema de trocas) um sistema de concorrência que carece de regulação constante para a manutenção dessa concorrência; o que retira todo e qualquer grau de excepcionalidade do Estado e da coisa pública, submetendo o Estado regulador ao crivo da concorrência do mercado; e, por último, o traço que amplia essa "norma concorrencial" a um patamar acima dos previamente definidos pelo Estado, regulando relações internacionais e até mesmo intrapessoais.

Esse tipo de relação é o que pode ser estabelecido como hegemônico durante o governo FHC, pautando as três Unidades, seja em forma de endosso, seja em forma de combate. No governo Lula, essa relação se manteve hegemônica, mas isso não configura, imediatamente, uma continuidade. Um dos traços de diferença, segundo Boito Jr. (2005), está no maior papel dado aos setores ditos "produtivos" da economia. Esse papel não chegou a romper a hegemonia da razão neoliberal, mas trabalhou a favor dela, de forma diferente, em nova configuração. Isso explica, por exemplo, porque os parlamentares da nova base aliada aderiram à Unidade 2 e trabalharam para construir uma narrativa em que Meirelles se encaixasse.

Assim, nas sabatinas, os conflitos foram expressos. Seguindo os pressupostos de Miliband (1982), as diferentes elites econômicas e até mesmo setores da classe trabalhadora se transformaram em elites estatais que detêm parte do poder estatal. Ao exercer essa transformação, os conflitos de classe, as disputas macroeconômicas, foram suprimidos, ampliados, transfigurados e rearranjados. Aderiram à forma própria da política (Codato, 2011).

É a partir desse raciocínio que falamos em "reflexão ampla": assumindo formas diversas, todos os conflitos macroeconômicos que envolvessem o Banco Central estiveram presentes nas sabatinas, conforme o grau de importância. A sabatina traduziu esses confrontos dentro da arena política, sejam eles debates sobre o câmbio, discussões sobre os limites éticos do conflito de interesses público-privado, empréstimos internacionais, privatizações etc.

Porém, essa reflexão, essa tradução dos conflitos tem também uma função "utilitária". A sabatina, como espaço conflituoso, também tem a capacidade de chancelar a Unidade 1, chancelar a racionalidade neoliberal hegemônica. Essa chancela parte dos valores compartilhados (Miliband, 1982) que cunham o confronto político no Estado capitalista moderno: participação, debate, voto.

A delegação do poder de autoridade monetária, emanado do Senado para o indicado, seria frágil sem a existência do confronto. Claro, os agentes desse confronto não estão necessariamente cientes de seu papel desempenhado, já que, sendo o confronto um dos elementos essenciais da constituição do espaço político, a não-consciência dos autores é elemento-chave para decifrar esse espaço de maneira a não representar uma grande conspiração racionalizada envolvendo todos os agentes (Miliband, 1979).

Usando os termos do estudo de Codato e Perissinotto (2011), a dimensão estratégica da política também serve para sustentar a dimensão estrutural da política. O que difere essa conclusão de qualquer afirmação estrutural-determinista é que a forma como essa sustentação se dá ocorre de maneiras diversas. Nas sabatinas dos quatro indicados durante o governo FHC, parlamentares da base aliada produziram conflito para tensionar o governo rumo a ações identificadas na Unidade 2. Na sabatina de Meirelles, os parlamentares da nova base aliada assumiram o discurso da Unidade 2, mesmo que seu indicado estivesse vinculado à Unidade 1. Os interesses dos agentes são diversos, logo, sua atuação é diversa, mesmo que aquele espaço esteja servindo a um mesmo propósito estrutural.

Por fim, há também uma dimensão "contida" na reflexão da sabatina sobre os conflitos, pois o que é debatido na sabatina não influencia a atuação do presidente do Banco Central ou em mudança de política econômica. Os mecanismos legislativos são, de fato, moeda de troca poderosa, mas os próprios agentes parecem ter certo nível de consciência dessa limitação.

Em praticamente todas as sessões, parlamentares da oposição reclamaram do baixo grau de impacto que a sessão teria. Antes das sessões, declarações dos líderes de bancada da base aliada sempre deram a aprovação por garantida. Ideias constantemente ventiladas nas sabatinas não são postas em prática pela administração do BC – salvo aqui a relevante exceção da quarentena, aprovada de maneira reativa à polêmica gerada pela indicação de Fraga. A chegada ao poder do grupo que sempre exigiu maior responsividade do BC para com o Congresso e a sociedade representou, inclusive, uma ampliação da autonomia de atuação do presidente do BC: Meirelles foi blindado com o *status* de ministro, inédito até então.

Concluindo, esperamos ter contribuído para os estudos sobre as instituições políticas brasileiras e seus atores principais. Ao escolher essas sabatinas como microcosmo, pudemos observar elementos interessantes da relação entre o Estado e o mercado na democracia brasileira. Uma relação constantemente tensa e cheia de nuances por vezes ignoradas em duas frações científicas que aqui pretendemos evitar: a de neutralizar os agentes políticos e as instituições das relações socioeconômicas a ponto de criar uma teoria utilitária do fazer político; e a de constituir relações pré-determinadas estruturalmente a ponto que os detalhes da disputa política se tornem irrelevantes para a análise.

Talvez a conclusão tomada nesse último excerto tenha levado alguns leitores a acreditarem que adotamos essa segunda via, mas repetimos aqui que não. Esse estudo buscou valorizar, mais que o resultado, os diferentes processos que encaminham esse resultado e o porquê de eles se constituírem em determinado momento. Se os diferentes caminhos do gato conduziram Alice para um só destino, importa tanto esse destino quanto os diferentes cenários que as vias cruzaram.

Referências

Arato, A. "Representação, soberania popular e accountability". *Lua Nova Revista de Cultura e Política*. Scielo Brasil: São Paulo, 55-56, (2002), pp. 85-103. Disponível em: <http://dx.doi.org//10.1590/S0102-64452002000100004>. Acesso em: 25 out. 2022.

Bardin, L. *Análise de conteúdo*. Lisboa: Edições 70, 1977.

Belieiro Junior, J. C. M. e Backes, G. C. "Economistas e política no Brasil: a participação dos economistas no poder nos governos FHC (1995-2002) e Lula (2003-2010)". *Desenvolvimento em Questão*, Ijuí: ano 15, nº 40 (2017), pp. 401-432. Disponível em: <https://doi.org/10.21527/2237-6453.2017.40.401-432>. Acesso em: 25 out. 2022.

Braga, R. J. *A Comissão de assuntos econômicos do Senado Federal frente à política de câmbio administrado (janeiro de 1995 a janeiro de 1999)*. 2006. Dissertação (Mestrado em Ciência Política) – Instituto de Ciência Política, Universidade de Brasília, Brasília, 2006. Disponível em: <https://repositorio.unb.br/handle/10482/6664?locale=en>. Acesso em: 25 out. 2022.

Boito Jr., A. "A burguesia no governo Lula". *Crítica Marxista*. [*S.l.*], ano 21, (2005), pp. 52-76. Disponível em: <https://www.ifch.unicamp.br/critica-marxista/arquivos_biblioteca/critica21-A-boito.pdf>. Acesso em: 25 out. 2022.

Carneiro, C. B. L. "Governança e accountability: algumas notas introdutórias". *Texto Para Discussão – Escola de Governo da Fundação João Pinheiro*. Biblioteca Digital: Belo Horizonte, ano 13 (2004), pp. 1-14. Disponível em: <http://www.bibliotecadigital.mg.gov.br/consulta/consultaDetalheDocumento.php?iCodDocumento=57301>. Acesso em: 25 out. 2022.

Codato, A. "O espaço político segundo Marx". *In*: Codato, A. e Perissinotto, R. (org.). *Marxismo como Ciência Social*. Curitiba: Editora UFPR, 2011.

Codato, A. e Cavalieri, M. "Diretores do Banco Central do Brasil nos governos Cardoso, Lula e Dilma: uma radiografia dos seus backgrounds educacionais". *Newsletter*. The Observatory of Social and Political Elites of Brazil: Curitiba, ano 2, nº 5 (2015), pp. 2-17. Disponível em: <hhttps://www.academia.edu/10256879/Diretores_do_Banco_Central_do_Brasil_nos_governos_Cardoso_Lula_e_Dilma_uma_radiografia_dos_seus_backgrounds_educacionais>. Acesso em: 25 out. 2022.

Codato, A., Costa, L. D., Massimo, L. e Heinz, F. "Regime político e recrutamento parlamentar: um retrato coletivo dos senadores brasileiros antes e depois da ditadura". *Rev. Sociol. Política*. Scielo Brasil: [*S.l.*], ano 24, nº 60 (2016), pp. 47-68. Disponível em: <https://doi.org/10.1590/1678-987316246005>. Acesso em: 25 out. 2022.

Codato, A. e Perissinotto, R. "O Estado como instituição: uma leitura das obras históricas de Marx". *In*: Codato, A. e Perissinotto, R. (org.). *Marxismo como Ciência Social*. Curitiba: Editora UFPR, 2011.

Crocco, M. e Jayme Jr., F. "Independência e autonomia do Banco Central: mais sobre o debate". *In*: Paula, J. A. *A Economia Política da Mudança: Os desafios e equívocos do início do governo Lula*. Belo Horizonte: Autêntica, 2003.

Dardot, P. e Laval, C. *A nova razão do mundo: ensaios sobre a sociedade neoliberal*. São Paulo: Boitempo, 2016.

Diniz, E. *Globalização, reformas econômicas e elites empresariais: Brasil anos 1990*. Rio de Janeiro: Editora FGV, 2000.

Figueiredo, A. C. "Coalizões governamentais na democracia brasileira". *Primeiros estudos*. São Paulo: ano 3, (2012), pp. 159-196. Disponível em: <https://doi.org/10.11606/issn.2237-2423.v0i3p159-196>. Acesso em: 25 out. 2022.

Keech, W. R. *Economic politics: The costs of democracy*. Cambridge: Cambridge University Press, 1995.

Lemos, L. B. S. *O Senado Federal brasileiro no pós-Constituinte*. Brasília: Senado Federal, Unilegis, 2008.

Loureiro, M. R. *Os economistas no governo*. Rio de Janeiro: Editora FGV, 1997.

Maldonado Filho, E. "Autonomia do Banco Central, desenvolvimento e democracia". *In*: Paula, J. A. (org.). *A Economia Política da Mudança: Os desafios e equívocos do início do governo Lula*. Belo Horizonte: Autêntica, 2003.

Miliband, R. *Marxismo e política*. Rio de Janeiro: Zahar, 1979.

Miliband, R. *O Estado na sociedade capitalista*. Rio de Janeiro: Zahar, 1982.

Minella, A. *Banqueiros: Organização e poder político no Brasil*. Rio de Janeiro: Espaço e Tempo, 1988.

Neiva, P. R. P. e Soares, M. M. "Senado brasileiro: casa federativa ou partidária?". *Rev. bras. Ci. Soc.* Scielo Brasil: [*S.l.*], ano 28, nº 81 (2013), pp. 98-115.

Disponível em: <https://doi.org/10.1590/S0102-69092013000100007>. Acesso em: 25 out. 2022.

O'Donnell, G. "Accountabillity horizontal e novas poliarquias". *Lua Nova Revista de Cultura e Política.* Scielo Brasil: [*S.l.*], ano 44, (1998), pp. 27-114. Disponível em: <https://doi.org/10.1590/S0102-64451998000200003>. Acesso em: 25 out. 2022.

Pinheiro, M. M. K, Calixto, P. e Cavalcante, R. B. "Análise de Conteúdo: Considerações Gerais, Relações com a Pergunta de Pesquisa, Possibilidades e Limitações do Método". *Informação & Sociedade: Estudos.* João Pessoa: ano 24, nº 1 (2014), pp. 13-18. Disponível em: <https://periodicos.ufpb.br/index.php/ies/article/view/10000>. Acesso em: 25 out. 2022.

Raposo, E. *Banco Central do Brasil: O Leviatã ibérico, uma interpretação do Brasil Contemporâneo.* Rio de Janeiro: Editora PUC-Rio, 2011.

Sola, L. "Governança global e Banco Central: a emergência da autoridade privada". *In*: Sola, L. e Loureiro, M. R. *Democracia, Mercado e Estado: O B de Brics.* Rio de Janeiro: Editora FGV, 2011.

Sola, L., Kugelmas, E. e Whitehead, L. "Democratização, Estado e autoridade monetária num mundo globalizado – qual é o lugar da política democrática?". *In*: Sola, L., Kugelmas, E. e Whitehead, L. (org.). *Banco Central – autoridade política e democratização: um equilíbrio delicado,* Rio de Janeiro: Editora da FGV, 2002.

Taylor, M. "Desenvolvimento institucional na trilha das polícias públicas: um estudo de caso sobre o Banco Central do Brasil". *In*: Sola, L. e Loureiro, M. R. *Democracia, mercado e Estado: o B de Brics.* Rio de Janeiro: Editora FGV, 2011.

Whitehead, L. "O delicado equilíbrio entre credibilidade financeira e responsabilização política: reestruturando a autoridade monetária em novas democracias". *In*: Sola, L., Kugelmas, E. e Whitehead, L. *Banco central, autoridade política e democratização: um equilíbrio delicado.* Rio de Janeiro: Editora FGV, 2002.

Outras fontes

Arida defende fim dos bancos estaduais. *Folha de S.Paulo.* 14 dez.1994. Disponível em: <https://www1.folha.uol.com.br/fsp/1994/12/14/brasil/12.html>. Acesso em: 27 jun. 2019.

Senado aprova Meirelles para o Banco Central por 39 votos contra 12. *Folha de S.Paulo*. 18 dez. 2002. Disponível em: <https://www1.folha.uol.com.br/folha/Brasil/ult96u43691.shtml>. Acesso em: 27 jun. 2019.

Senado Federal. *Comissão de Assuntos Econômicos*. Ata da Comissão Permanente do Senado Federal, Referente a 16a Reunião Extraordinária de 08/06/1995 da Comissão: CAE – Comissão de Assuntos Econômicos. Brasília, 08 de jun. de 1995. Disponível em: <https://legis.senado.leg.br/comissoes/pesquisaAnteriorA2012?siglaComissao=CAE&dataReuniaoIni=1995-06-08&dataReuniaoFim=1995-06-20>. Acesso em: 10/11/2022.

Senado Federal. *Comissão de Assuntos Econômicos*. Ata da Comissão Permanente do Senado Federal, Referente a 18a Reunião Extraordinária de 07/08/1997 da Comissão: CAE – Comissão de Assuntos Econômicos. Brasília, 07 de ago. de 1997. Disponível em: <https://legis.senado.leg.br/comissoes/pesquisaAnteriorA2012?siglaComissao=CAE&dataReuniaoIni=1997-08-01&dataReuniaoFim=1997-08-10>. Acesso em: 10/11/2022.

Senado Federal. *Comissão de Assuntos Econômicos*. Ata da Comissão Permanente do Senado Federal, Referente a 3a Reunião Extraordinária de 26/01/1999 da Comissão: CAE – Comissão de Assuntos Econômicos. Brasília, 26 de jan. de 1999a. Disponível em: <https://legis.senado.leg.br/comissoes/pesquisaAnteriorA2012?siglaComissao=CAE&dataReuniaoIni=1999-01-26&dataReuniaoFim=1999-01-29>. Acesso em: 10/11/2022.

Senado Federal. *Comissão de Assuntos Econômicos*. Ata da Comissão Permanente do Senado Federal, Referente a 2a Reunião Extraordinária de 26/02/1999 da Comissão: CAE – Comissão de Assuntos Econômicos. Brasília, 26 de fev. de 1999b. Disponível em: <https://legis.senado.leg.br/comissoes/pesquisaAnteriorA2012?siglaComissao=CAE&dataReuniaoIni=1999-02-25&dataReuniaoFim=1999-02-27>. Acesso em: 10/11/2022.

Senado Federal. *Comissão de Assuntos Econômicos*. Ata da Comissão Permanente do Senado Federal, Referente a 2a Reunião Extraordinária de 17/12/2002 da Comissão: CAE – Comissão de Assuntos Econômicos. Brasília, 17 de dez. de 2002. Disponível em: <https://legis.senado.leg.br/comissoes/pesquisaAnteriorA2012?siglaComissao=CAE&dataReuniaoIni=2002-12-16&dataReuniaoFim=2002-12-18>. Acesso em: 10/11/2022.

6.

IDEIAS E TANQUE DE IDEIAS DO CONSELHO MONETÁRIO NACIONAL[1]

Mateus C. M. de Albuquerque; Pedro Rodrigues Alves

A questão da presença de *think thanks* no Estado tem mobilizado a literatura sobre a política brasileira. Não é para menos, já que o Brasil é o 11º país com mais *think tanks*, totalizando 103, segundo o *ranking* anual elaborado pela Universidade de Pennsylvania (Johnson; Mcgann, 2019). De fato, os espectros ideológicos diversos não mobilizariam esforços para essa estratégia se estes não fossem recompensados com a produção prática de efeitos que esse tipo de lógica acional exerceria, através de pressões e influências, sobre o Estado. O debate sobre os *think tanks* perpassa uma importante mudança estratégica que estas associações passaram. Em sua primeira geração, segundo Rich (2004), os *think tanks* buscavam influenciar soluções para os diversos problemas sociais, sem uma coesão ideológica ou fins lucrativos. A partir dos anos 60, como demonstra Hauck (2015), o modelo de *advocacy think tanks* passa a se vincular diretamente a um determinado paradigma ideológico, tomando por objetivo defender estas ideias frente ao Estado e à sociedade.

---

[1] Publicado originalmente como: Albuquerque, M. C. M. e Silva, P. R. A. F. "Circulação de ideias e política monetária no Brasil: presença dos membros do Conselho Monetário Nacional em *think tanks* (1995-2018)". *In*: XI Encontro da Associação Brasileira De Ciência Política. *Anais* [...]. João Pessoa: ABCP, 2020. pp. 1-26. Disponível em: <https://www.abcp2020.sinteseeventos.com.br/simposio/view?ID_SIMPOSIO=10>. Acesso em: 30 out. 2022.

Estes "tanques de ideias" costumam garantir ainda mais prioridade para a política econômica, sendo atores relevantes no debate público, já que a orientação da política econômica é sustentada por paradigmas ideacionais que definem prioridades na alocação de recursos, trazendo ponderações de interesses sobre os ganhos materiais dos indivíduos agentes na política e nos mercados. Teixeira (2007, p. 140), por exemplo, aponta que os empresários, em sua maioria de alinhamento ideológico conservador, perceberam que financiar *think tanks* para que produzissem certo tipo de conhecimento era "a maneira mais fácil, econômica, discreta e sem aborrecimento de produzir e espalhar suas ideias". A partir desse apontamento, um problema típico da sociologia política se apresenta como agenda de pesquisa: a pressão e a influência exercida por esta estratégia de disputa ideacional encontram expressão através da penetração de seus quadros dentro do aparelho estatal? Eles atuam, efetivamente, "como um celeiro de recrutamento de quadros de intelectuais" (Dreifuss, 1986, p. 28)?

Para identificar isso, devemos limitar o trabalho a um determinado recorte de análise que represente, da melhor maneira possível, a central decisória da política econômica brasileira. A condução da política monetária, no Brasil, tem sido norteadora para as demais instâncias econômicas, especialmente no período que compreende a estabilização inflacionária do país, através de mecanismos monetários diretos, como a âncora cambial e o sistema de metas da inflação. Julgamos então como arena privilegiada para esta análise o Conselho Monetário Nacional (CMN) por duas razões. A primeira delas é grande poder de decisão do Conselho quanto à política monetária nacional e à regulação do sistema financeiro. A segunda reside na composição do CMN, que contempla três das principais arenas decisórias da política econômica do país em nosso recorte temporal: o Ministro da Fazenda, o Ministro do Planejamento e o Presidente do Banco Central.

Assim sendo, justifica-se o nosso objeto de pesquisa: a presença em *think tanks* de membros do Conselho Monetário Nacional, durante o período entre 1995 e 2018, anos em que o Conselho manteve homogeneidade de composição de membros. Tendo em vista essas ponderações, o problema que este trabalho pretende responder é se há uma real presença de membros do CMN em *think thanks* durante o recorte estabelecido. A partir desse questionamento, dois problemas auxiliares aparecem. O primeiro é o da causalidade temporal desta relação, se a presença de um agente político no CMN o gabarita a ser membro de um *think tank* ou se o *think tank* foi um mecanismo importante para que esse agente chegasse ao Conselho. O segundo se refere ao espectro ideológico: existindo *think tanks* propagadores de ideias ortodoxas e não ortodoxas, quais deles costumam possuir mais membros oriundos ou atuantes no CMN? Para o primeiro problema, a nossa hipótese é que existe sim forte vinculação entre membros do CMN e *think tanks*. Em relação ao primeiro problema auxiliar, acreditamos que é mais comum que os agentes cheguem aos *think tanks* depois de ocuparem cargos no Estado, já que muitos desses sujeitos acabariam por fundar *think tanks* devido à projeção que o Estado lhes deu, especialmente nos anos 1990. Quanto ao segundo, hipoteticamente propomos que agentes de perfil ortodoxo tendem a participar mais de *think tanks*, já que a própria natureza liberal de sua vinculação teórica os aproxima de debates paralelos ao Estado, priorizando a sociedade civil.

Gostaríamos de ressaltar uma limitação do estudo: pretendemos aqui mapear vinculações, mas não realizaremos o passo inerentemente posterior a este mapeamento, que seria a análise quanto aos efeitos que essa vinculação produziria praticamente na política. Entretanto, acreditamos que este é um caminho aberto para estudos futuros.

1. Os think tanks e o Estado

O presente capítulo tem como objetivo compreender a presença de *think tanks* dentro do Estado, de modo mais específico, dentro do Conselho Monetário Nacional (CMN). Quais membros do CMN possuem vínculos com *think tanks*? Quais *think tanks* estão representados? Onde eles estão representados? Para atingir esses objetivos, primeiro devemos compreender o que é esse modelo de instituição que é compreendido como *think tank* e como ele se relaciona com o Estado.

Diante disso, o presente capítulo está estruturado em 3 partes: *i)* O que são os *think tanks* e como se relacionam como Estado e a sociedade civil; *ii)* As duas gerações de interpretação sobre o conceito; *iii)* Os *think tanks* como celeiro de recrutamento.

Ao se falar de *think tanks*, nos referimos a um modelo de instituição da sociedade civil que busca atuar no processo de consolidação de ideias. Tal termo advém da esfera militar, significando centros de reflexão ou locais de discussões estratégicas sobre questões vitais (Barbosa, 2016).

Os *think tanks* possuem como objetivo atuar em defesa de suas propostas, agindo na sociedade civil com objetivo de criar condições para que seus ideais floresçam na sociedade, o que auxilia no processo legitimação de suas ideias. Também buscar atuar na esfera estatal, trabalhando para que seus objetivos se tornem políticas públicas. Podem atuar através de *lobby*, como grupos de pressão, mas também podem agir diretamente dentro do Estado através da ocupação de cargos eletivos e comissionados.

O conceito de *think tanks* pode ser entendido através de dois períodos. O primeiro abordando as instituições que buscam se afastar da presença direta dentro do Estado e de defesas ideológicas, pois entendiam que assim manteriam a legitimidade científica. Essa interpretação ganha força por volta da década de 1960 nos Estados Unidos, onde

> [...] as concepções seminais de *think tanks* geralmente buscam defini-los a partir de uma descrição que mescla funções, formato organizacional e operações de funcionamento dando significativo enfoque à autonomia/independência dos *think tanks* frente a outros atores do processo político (Hauck, 2015, pp. 31-32).

Já Rich (2004) entende que os *think tanks* são organizações independentes, não baseadas em interesses, sem fins lucrativos, que produzem e principalmente se apoiam na *expertise* e nas ideias para obter apoio e influência no processo de elaboração de políticas. Na mesma toada, McGann e Jonhson (2005) atendem esse papel na elaboração de pesquisa, se mantendo autônomos ao governo e a interesses.

Atuando da forma citada acima, os *think tanks* começaram a ganhar força entre as décadas de 1950 e 1960, principalmente na Inglaterra e nos Estados Unidos da América (Rich, 2004; Teixeira, 2007). Nos primeiros anos, seu modelo institucional indicava seus objetivos, atuando de maneira a encontrar soluções para os problemas sociais que permeavam a sociedade. Portanto, havia um comprometimento público em busca da solução para os problemas sociais, tanto aqueles que eram atrelados ao Estado, quanto aqueles originários da sociedade civil, de modo que Andrew Rich define os *think tanks*:

> [...] como organizações independentes, sem base ideológica e sem fins lucrativos que produzem e dependem principalmente de perícia e ideias para obter apoio e influenciar o processo de formulação de políticas – politicamente, *think tanks* são instituições agressivas que procuram ativamente maximizar a credibilidade pública e o acesso político para fazer seus conhecimentos e ideias influentes na formulação de políticas. (Rich, 2004, p. 11, tradução nossa).

Ao que se refere à segunda interpretação sobre o conceito de *think tanks*, se parte da ideia sartoriana de que o conceito pode ser insuficiente para descrever o fenômeno, pois o

> [...] conceito tal como é utilizado, portanto, se mostra como uma categoria de análise inadequada ou, na melhor das hipóteses, obsoleta, frente às feições atuais do fenômeno, configurando-se aí um estiramento conceitual (Hauck, 2015, p. 34)

Esse entendimento surge devido ao fato de que começaram a aparecer *think tanks* com atuações diferenciadas daqueles característicos dos anos 1960, como abordamos anteriormente. Surgem *think tanks* que não se importam em estabelecer vínculos ideológicos ou governamentais, o que demanda a criação de novas categorias (Quadro 1).

Quadro 1. **Tipologia dos *think tanks***

Tipo	Descrição
Acadêmico	Baseados em universidades ou provenientes delas devotados a realizar e disseminar pesquisas científicas que subsidiem o debate de políticas públicas.
Governamentais	Divisões estratégicas governamentais ou agências financiadas pelo governo. Gozam de estabilidade financeira com o ônus da não independência.
Pesquisa por contrato	Conduzem pesquisa sob demanda, privada ou governamental e têm fortes credenciais acadêmicas, por isso, rigor metodológico, mas podem sofrer interferências nos rumos da pesquisa pelos contratantes.
Advocacy político	Direcionadas ideologicamente, podem devotar mais atenção à disseminação de ideias do que a produzi-las. O processo político é uma guerra de ideias e sua equipe é pouco acadêmica. Frequentemente, obtém recursos de fontes ligadas aos interesses que promovem.

Fonte: Hauck (2016, p. 7)

Caminhando no sentido de compreender os *think tanks* também como agentes ideológicos, os autores Bhatnagar e Chacko (2019) utilizam da teoria marxista para compreender os *think tanks* a partir de uma disputa de classe, sendo um centro de intelectuais orgânicos, que atuam na guerra de ideais a partir da defesa dos grupos que representam.

É importante ressaltar que cada sociedade pode gerar uma demanda de ação diferente aos *think tanks*. Nos países asiáticos podemos ver uma maior presença de *think tanks* que atuam de modo externo ao Estado, buscando uma atuação que vise a neutralidade, como podemos ver nos estudos de Naughton (2002) e Han, Xue e Zhu (2018). Enquanto isso, nas sociedades ocidentais se demonstra a tendência para uma atuação com viés ideológico e com forte presença dentro do Estado, como é demonstrado nos trabalhos de Kelstrup (2020), Ohemeng (2005), Abelson (1998), Rocha (2017) e Hauck (2015).

Nessa toada, podemos compreender que os *advocacy think tanks* possuem certa permeabilidade dentro da esfera estatal a partir de seu atrelamento ideológico e partidário. Abelson (1998), que estuda os *think tanks* do Canadá, aponta que as diferenças estruturais dos países mudam as ações dos *think tanks* Assim, nos Estados Unidos há uma estrutura que favorece a ação nas margens do Estado. A vizinhança dos *think tanks* com o Estado e a grande interação entre essas duas organizações faz com que o segundo recrute nos primeiros novos *policy makers*. Como os integrantes dos diferentes *think tanks* possuem, em geral, alta capacidade técnica, tanto os políticos vão buscar aí o pessoal para compor o seu *staff*, como o Estado canadense recrutará aí também parte de sua burocracia.

Nesse modo de ação mais ideológico e que adentra ao Estado, se faz a necessidade de criar tipologias para diferenciar os *think tanks*. Nesse sentido, a tipologia que vem ganhando força é a dos *advocacy think tanks*, de modo que

> [...] entre 1970 e 2000 o número de *think tanks* mais do que quadruplicou, crescendo de menos de 70 para mais de 300 organizações atuantes. Mais da metade dos novos *think tanks* que se formaram neste período possuíam uma orientação ideológica facilmente identificável e, dentre estes, dois terços são de direita. (Rocha, 2017, p. 98)

Esse aumento de *advocacy's* pode ser explicado a partir da presença de *think tanks* em realidades distintas dos países onde começaram a aparecer, Estados Unidos da América e Inglaterra. A partir da ideia de repertório de Charles Tilly, entendemos que realidades diferentes geram necessidades diferentes, fazendo com que modos de atuação surjam para suprir essa necessidade, como é abordado por Alonso (2012). É nessa toada que Stone e Denham (2004) partem do pressuposto de que a interpretação da neutralidade dos *think tanks* é um pensamento anglo-americano, de modo que não se aplica a outras sociedades, como é o caso da brasileira.

Esses *think tanks* serão trabalhados a partir da perspectiva elaborada por Dreifuss (1986), que parte da ideia de que eles são o lugar privilegiado daqueles agentes que buscam atuar em defesa de suas ideias e ideologias. *Think tanks* não são somente especializados em agir politicamente, mas atuam também como um braço pensante para formular políticas públicas de interesse do setor que representam. Mas talvez sua principal função seja atuar "como um celeiro de recrutamento de quadros de intelectuais" (Dreifuss, 1986, p. 28).

Os *think tanks* agiriam como uma instituição que possui certa legitimidade diante da sociedade civil, de modo que todos os seus membros compartilham, em boa medida, dessa legitimidade. Por isso, o recrutamento de seus membros traria legitimidade para o governo ou para a coalizão política, permitindo a determinado *think tank* materializar suas ideias em políticas públicas. Para isso, é necessário que o vínculo com o *think tank* seja anterior à entrada no Estado.

É a partir da atuação dos *think tanks* como celeiros de recrutamento que buscaremos responder quais *think tanks* se fazem representados no Conselho Monetário Nacional. Essa resposta é importante, pois poderia colaborar na criação das condições necessárias para que o *think tank* representado possa atingir seus objetivos. Outro ponto que merece atenção se refere à seguinte questão: o *think tanker* foi recrutado para a elite do Estado antes de se vincular ao *think tank* ou depois? Essa pergunta é de extrema importância, pois é o requisito para compreender os *think tanks* como celeiros de recrutamento.

2. O CMN após o Real: ideias em conflito

O Conselho Monetário Nacional foi fundado em 31 de dezembro de 1964, através da Lei nº 4.595. A mesma lei foi responsável pela extinção da Superintendência da Moeda e do Crédito (Sumoc). Por fim, a lei também criou a instituição que substituiria a Sumoc, o Banco Central do Brasil (Lourenço Neto, 2010). A fundação do Conselho e do Banco Central se dava em resposta à demanda dos credores internacionais de constituição de uma autoridade monetária brasileira capaz de manejar politicamente a autonomia necessária para enfrentar a inflação e os interessados em lucrar com sua manutenção (Vianna, 1987). O caráter fundacional do Conselho em 1964 era de autorregulação:

o CMN surgiu sob a égide liberal de uma instituição que iria fiscalizar o governo, um discurso alinhado a uma perspectiva de autonomia e suposta tecnicidade (Calmon; Silva, 2006; Vianna, 1987).

Como demonstra a literatura, o Conselho passou por diversas alterações ao longo de sua história. No período de Costa e Silva, foi gradativamente ampliado, assumindo também tarefas que vão além da política monetária, tornando-se assim uma agência de regulamentação máxima da economia brasileira. Além disso, seus poderes ficaram absolutamente concentrados no Poder Executivo, na figura do Ministro da Fazenda, Delfim Netto. Esse processo se amplia com o "milagre econômico" durante o governo Médici: mais ampliação do CMN, mais ampliação e concentração de seus poderes (Calmon; Silva, 2006; Vianna, 1987). Uma forte pressão dos empresários (especialmente do setor bancário) por um redesenho institucional da política econômica leva o governo Geisel a construir o Conselho de Desenvolvimento Econômico (CDE), organização mais generalizada da política econômica, deixando o CMN mais focalizado na política monetária (Codato, 1997). O fato de essa política não ter logrado êxito em reduzir a concentração na política monetária soma-se como um dos elementos da chamada "campanha antiestatal" encabeçada pelos empresários, que condicionou a ampliação da representação empresarial no Conselho. Entretanto, decretos seguintes lograram em aumentar a participação do Estado no CMN, além de que a ação empresarial no Conselho se mostrava artificial: o CMN era inchado e as posições já chegavam "prontas" por parte do governo.

Em princípio, a redemocratização ampliaria essa concentração do executivo. O governo Sarney emitiu o Decreto nº 85776/86, que produziu uma instituição que marcaria profundamente o desenvolvimento desta agência: as deliberações *ad referendum*. Esse mecanismo basicamente consiste no fato de que o presidente do Conselho (no caso, o Ministro da Fazenda) possui a liberdade para tomar decisões de maneira antecipada às reuniões do Conselho. Ou seja, as decisões poderiam ser executadas de maneira anterior à sua aprovação. Silva (2013) aponta que esse mecanismo tornou o Conselho apenas uma instância "formal" de participação.

O governo Collor iniciou com uma robusta reforma ministerial, o que representou uma redução na quantidade de membros ocupantes do Conselho. Mas este caráter foi alterado em medidas posteriores, que tornaram a ampliá-lo. Mesmo reduzido em relação ao governo anterior, o Conselho não conseguia dar voz efetiva às diferentes demandas ali presentes, seja pela força do mecanismo *ad referendum* em concentrar poderes no Ministro da Fazenda, seja pela ampla desorganização da política econômica. O *impeachment* de Fernando Collor e a ascensão de seu vice, Itamar Franco, ao poder no final de 1992 representou, ao menos no início, uma redução na possibilidade de se garantir autonomia técnica à política monetária. Raposo (2011) narra que o novo presidente gostaria de deixar o Banco Central perto da arena política, para ser observado e, quando necessário, controlado. Em seu primeiro semestre de mandato, foi alterada a legislação para que o Conselho Monetário Nacional agregasse ainda mais participantes (de 24 para 27, através do Projeto de Lei nº 8646/93). Mas esse processo não seria duradouro. As passagens, em sequência, de Gustavo Krause, Paulo Roberto Haddad e Eliseu Rezende no Ministério da Fazenda não foram eficientes em combater a inflação. Em agosto de 1993, o então Ministro das Relações Exteriores, o senador eleito por São Paulo, Fernando Henrique Cardoso, assumiria a pasta.

A equipe do Real, formada majoritariamente por jovens economistas de linha liberal, com doutoramento nas principais universidades dos Estados Unidos, passa a encaminhar um processo de redesenho institucional que desse sustentação às etapas do plano: combate heterodoxo da inflação inercial pela criação de uma "semi-moeda" indexada em dólar e redução da máquina estatal. Calmon e Silva (2006) ao realizarem este retrospecto, observam que os ditames estabelecidos no processo constituinte de 1988 impediam algumas das mudanças desejadas pela equipe econômica. Um dos empecilhos mais tenazes seria o art. 192 da Carta Magna, que regulava o sistema financeiro nacional. O artigo limitava poderes do Banco Central, impedindo assim a concessão de sua plena autonomia. Sobre o processo de confecção deste artigo, versam os autores:

> A equipe formuladora do Real percebeu que a paralisia imposta pelo art. 192 seria um forte obstáculo legal para modificações nas instituições responsáveis pela moeda. Nesse sentido, uma observação merece ser feita acerca desse dispositivo constitucional. Na Assembleia Constituinte, a redação do art. 192 incorporou vários dispositivos de forma a acomodar interesses diversos, o que tirou a unidade dos temas ligados a esse artigo. Assim, para ser regulamentado, um forte obstáculo foi a exigência de que a regulamentação fosse contemplada integralmente em uma única lei complementar, abordando, assim, uma grande quantidade de temas sobre os quais o consenso não existia (Calmon; Silva, 2006, pp. 15-16).

Para além do impedimento quanto à autonomia do BC, havia também a impossibilidade de se extinguir o inchado CMN. Segundo Raposo (2011), o empecilho seria o próprio Presidente, que não era simpático à ideia de reduzir a capacidade de intervenção da presidência no Conselho. A partir desta negociação, criou-se o modelo de trinca que perduraria pelas próximas três décadas. Implementado através da Medida Provisória 542/94 (que na época ficaria conhecida como a "MP do Real", por ser, oficialmente, o marco zero do plano, através do começo da vigência da nova moeda), o novo desenho do CMN era agora formado pelos titulares da pasta da Fazenda, do Planejamento e pelo presidente do Banco Central. Com a presidência do Conselho mantida com a Fazenda, a Presidência da República possuía a segurança de garantir uma espécie de "autonomia informal" (Silva, 2013) ao Banco Central sem que houvesse um fiador do governo para atuar como freio de controle.

Essas mudanças representaram uma alteração no caráter do Conselho para além dos redesenhos anteriores, pois ele deixava de ser "um órgão representativo que buscava a formação de um consenso entre membros da burocracia e representantes da sociedade civil e se transformou em um organismo exclusivamente burocrático" (Lourenço Neto, 2010). Uma característica do formato de triunvirato, de acordo com Silva (2013), é a de concentrar as expectativas dos conflitos e consensos nas interações entre os três agentes, reduzindo as mediações que tornavam opacas as relações entre os conselheiros. O caráter estratégico suplantaria o caráter de conselho "enquanto houvesse afinidade entre os membros" (Silva, 2013, p. 19). Além da composição de trinca formada pelo Ministro da Fazenda, o do Planejamento e o presidente do Banco Central, as legislações que encaminharam a criação do Real também estabeleceram a periodicidade mensal das reuniões (podendo haver reuniões extraordinárias) e duas prerrogativas exclusivas do Ministro da Fazenda: a de convidar membros externos de maneira consultiva a participar de reuniões específicas (sem poder de voto) e a de tomar decisões previamente à reunião do Conselho, que teria o papel de chancelá-las posteriormente. Ou seja, uma manutenção do mecanismo *ad referendum*. Também foram criadas Comissões Consultivas ao CMN, para auxiliar pautas específicas: de Normas e Organização do Sistema Financeiro; de Mercado de Valores Mobiliários e de Futuros; de Crédito Rural; de Crédito Industrial; de Crédito Habitacional e para Saneamento e Infraestrutura Urbana; de Endividamento Público; de Política Monetária e Cambial (esta última sob a sigla de COMOC).

O modelo de trinca não sofre novas alterações quanto à sua composição durante o recorte aqui escolhido. Entretanto, houve mudanças no que se refere a vários aspectos que tangem à ação direta do Conselho Monetário Nacional. Outro elemento, trazida por Calmon e Silva (2006) é que, apesar de facilitar a "autonomia informal" do Banco Central, a própria existência do CMN sob este formato tornava-se fator impeditivo para a concessão de autonomia plena, já que o Conselho se tornava um espaço de concentração das tensões existentes entre os interesses e as diferenças de leitura macroeconômica do governo e do corpo técnico do Banco Central.

Constantes foram as situações conflitivas identificadas no Conselho após o redesenho promovido pela equipe do Real. De maneira razoável, podemos inferir que diferenças ideológicas na leitura da condução da economia brasileira emolduram todos estes embates. No governo FHC, Pedro Malan (Fazenda) e José Serra (Planejamento), apoiado pelo empresariado paulista, discordavam publicamente sob temas como a valorização do Real e os incentivos às exportações brasileiras (Sardenberg, 1994; 1995). No governo Lula, Guido Mantega (Fazenda) discordava publicamente da política gradualista de redução de juros adotada por Henrique Meirelles (Banco Central) (Alencar; Billi, 2006). No segundo governo Dilma, após um período de maior ativismo estatal (Singer, 2015), a decisão de adotar políticas mais orientadas para o mercado colocam o banqueiro Joaquim Levy no cargo de ministro da Fazenda. Suas propostas de austeridade o colocaram em rota de colisão com setores do PT e com o ministro do Planejamento Nelson Barbosa. Discordavam quanto à política orçamentária, chegando a defender propostas diferentes no Congresso (Cruz, 2015; Divergências, 2015; Rocha, 2015).

3. CMN e think tanks: há alguma relação?

3.1. Metodologia

Para responder a pergunta que motiva este capítulo, recorremos a uma prosopografia. Segundo Stone (2011), prosopografia é a "investigação das características comuns de um grupo de atores na história por meio de um estudo coletivo de suas vidas" (Stone, 2011, p. 115). Neste método, se buscam tanto correlações internas quanto correlações com um tipo de ação deste ator. O aspecto da vida a ser analisado varia conforme o objeto.

O método possui dificuldades inerentes à sua natureza, como a deficiência de dados (muitos dados biográficos são difíceis de se encontrar, e quanto mais baixa a camada social do sujeito, mais difícil ainda de se encontrar); erros de classificação (nenhuma categoria de classificação é universal, não serão formados padrões, além disso, existe sempre o risco de se perderem subclassificações importantes que colocam sujeitos iguais em um mesmo escopo); erros de interpretação (não mensurar as proporções das categorias elencadas, criar relações de determinação que não podem ser imputadas). Entretanto, para o autor, esses pontos podem ser mitigados adotando-se estudos de grupos pequenos, com uma determinada coesão que os identifique como objeto (bem definido) e pertencentes a um mesmo recorte temporal ou a um recorte temporal próximo. Acreditamos que o objeto aqui definido atende a esses predicados.

Segundo Heinz e Codato (2015), a prosopografia nas Ciências Sociais é uma extensão dos procedimentos realizados na sociologia descritiva. O trabalho prosopográfico, segundo os autores, não pode se bastar a coletar dados sobre os indivíduos, e sim deve ser a soma de elementos que possam reconstituir "a partir de um problema histórico determinado, os dados biográficos de um grupo para, aí então, se pensar as regularidades que há entre os atributos de seus atores conforme os contextos históricos" (Heinz; Codato, 2015, p. 255).

A prosopografia deste capítulo não pretende descrever toda a trajetória de *background* dos Conselheiros do CMN, mas "capturar", a partir de fontes diversas, as informações necessárias para responder as questões que levantamos. No Anexo 1, podemos visualizar a presença dos Conselheiros do CMN em *think tanks*. As fontes para estas informações são o Dicionário Histórico-Biográfico Brasileiro (Paula; Lattman-Weltman, 2010), os *websites* dos *think tanks* citados e a pesquisa de Silveira (2013). Dividimos a participação em dois blocos: os *think tanks* em que o Conselheiro entrou antes ou durante a sua entrada no CMN; e os *think tanks* em que o Conselheiro passou a participar depois de ter deixado o governo. Desconsideramos as participações de Francisco Lopes e Romero Jucá, que ficaram em seus cargos (Presidência do Banco Central e Ministério do Planejamento, respectivamente) por menos de um mês. Como alguns conselheiros participaram mais de uma vez do CMN (em cargos diferentes, em governos diferentes ou mesmo nas duas situações), contamos como momento de entrada a data de nomeação do agente em seu primeiro cargo com assento no CMN. As entradas em *think tanks* posteriores ao fim de sua primeira gestão como conselheiro foram consideradas como "posteriores ao cargo", mesmo que o indivíduo tenha participado posteriormente do Conselho em outra ocasião. Isso porque a sua primeira participação no Conselho pode ter servido como "porta de entrada" para o *think tank* em questão, sendo empiricamente relevante considerá-lo assim.

3.2. A presença de membros do CMN em think tanks

Notamos que 50% dos agentes que se tornaram conselheiros do CMN durante o recorte temporal selecionado não tiveram qualquer relação formal com *think tanks*. Dos que tiveram, uma maioria se envolveu com este tipo de instituição antes ou durante a sua primeira participação como conselheiro (30,7%), e um número minoritário ingressou em *think tanks* após participar do Conselho (19,3%). Esses dados podem ser mais bem visualizados no Gráfico 1.

Gráfico 1. **Número de conselheiros que participaram ou não de *think tanks* antes, durante ou depois da passagem pelo CMN**

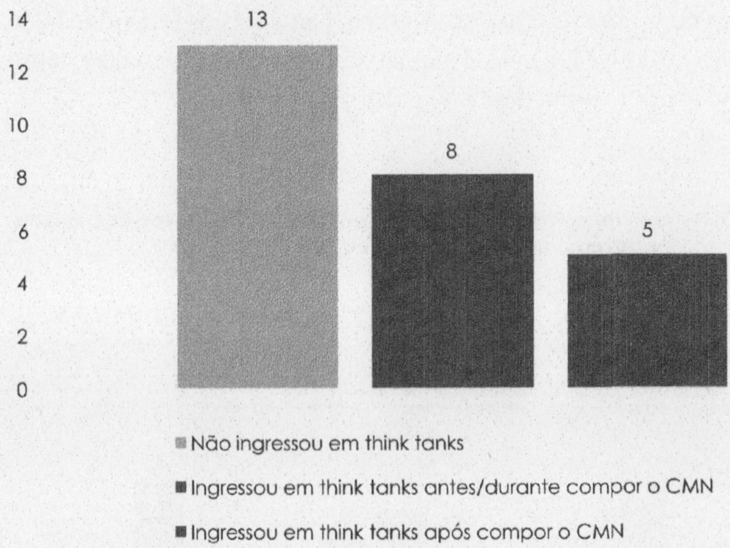

Fonte: elaborado pelos autores

Apesar de o universo geral demonstrar que a presença de *think tanks* não compõe uma maioria dentre os membros do CMN, o resultado analisado dentro dos cargos específicos é um pouco diferente. Dos que ocuparam o Ministério da Fazenda, 28,5% jamais se envolveram com *think tanks*. Dentre os que se envolveram, apenas 14,2% entraram em *think tanks* após a sua participação no governo. A maioria dos ministros da Fazenda (57,3%) já participou de *think tanks* antes ou entraram durante a sua gestão. No caso dos presidentes do Banco Central, apenas 28,5% nunca se envolveram com *think tanks*. Entretanto, no que se refere aos que se envolveram, os números são diferentes: 42,8% entraram no Conselho já tendo feito parte de *think tanks* ou entraram em *think tanks* durante o mandato, enquanto 28,5% entraram depois do mandato. O caso do Ministério do Planejamento é, certamente, o que justifica os dados do Gráfico 1. 64,2% dos ministros do Planejamento não possuem qualquer ligação com *think tanks*. Dos que possuem, 28,5% ingressaram antes ou durante os seus mandatos, enquanto apenas 7,3% ingressaram em *think tanks* após ocuparem seus cargos. Isso demonstra um perfil diferente para cada cargo, como podemos visualizar no Gráfico 2. Para este gráfico, contamos os indivíduos que participaram do CMN mais de uma vez em cargos diferentes como uma unidade por cargo, para não gerar distorções.

Gráfico 2. **Número de conselheiros do CMN por posição na equipe econômica de governo que participaram ou não de *think tanks***

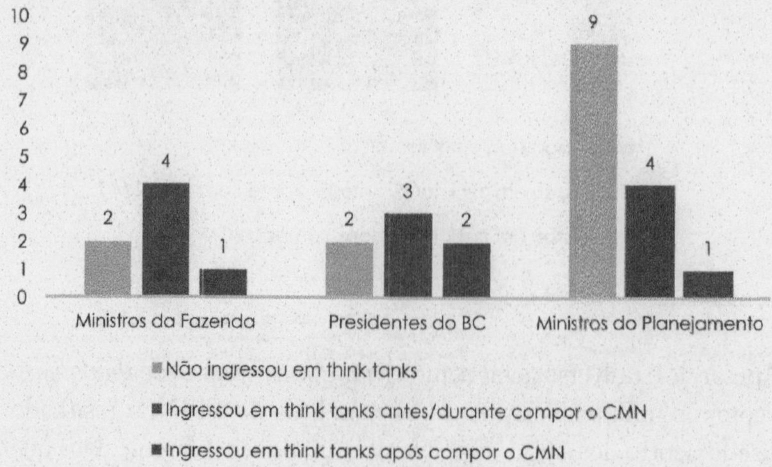

Fonte: elaborado pelos autores

Assim, é possível perceber que os dados do Gráfico 1 estavam sendo condicionados pela maior rotatividade de ministros do Planejamento durante o período estudado. O recrutamento de indivíduos que participam de *think tanks* é majoritário nos casos do Ministério da Fazenda e do Banco Central. Observamos como isso se comporta por governo no Gráfico 3. Para evitar distorções, indivíduos que participaram de dois governos foram contados unitariamente por governo. Assim, foi possível observar que no governo Fernando Henrique Cardoso, 45,6% dos Conselheiros nunca se envolveram em *think tanks,* enquanto 27,2% já entraram no CMN estando vinculado a *think tanks* ou se vincularam durante a sua presença no governo, enquanto 27,2% se vincularam após a sua participação no CMN. No governo Luís Inácio Lula da Silva, 42,8% nunca participaram de *think tanks* e os mesmos 42,8% estiveram vinculados antes de entrar no governo ou durante a sua participação no governo. Uma minoria de 14,4% se vinculou em *think tanks* após participar do governo. Nos governos Dilma Rousseff e Michel Temer, nenhum

Gráfico 3. **Número de conselheiros do CMN em *think tanks* nos por diferentes governos (FHC, Lula, Dilma e Temer)**

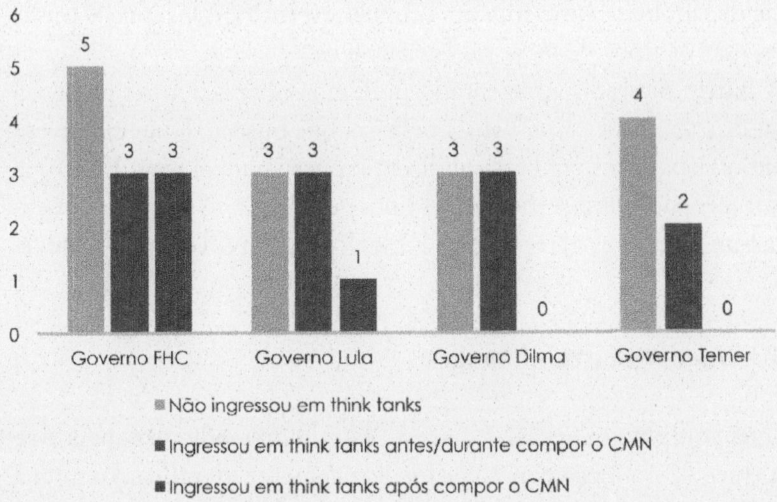

Fonte: elaborado pelos autores

Conselheiro ingressou em *think tanks* após a sua saída do governo. No caso do governo Dilma, metade dos Conselheiros nunca se envolveu em *think tanks* e metade se envolveu antes ou depois do governo. Já no governo Temer, 66,7% nunca se envolveram com *think tanks* e 33,3% se envolveram antes ou durante a sua participação no governo.

Com esta informação, é possível observar que o recrutamento de Conselheiros que estão vinculados a *think tanks* é relativamente constante, variando levemente em relação à proporção dos recrutados. Uma informação notável é a de que o governo FHC foi responsável pela grande maioria dos conselheiros que depois viriam a fazer parte de *think tanks*. Uma possível explicação para isso seria o fato de que a presença de *think tanks* na política brasileira é algo relativamente recente, portanto, muitos dos conselheiros do CMN durante o governo FHC seriam, na verdade, fundadores de importantes *think tanks* nos anos que se seguem. A pesquisa de Silveira (2013), por exemplo, demonstra este fato.

Ao se abordar a questão da presença de membros de *think tanks* na composição do CMN, se respondeu à questão sobre quais áreas possuem vinculação, assim. Às diferenças entre governos. Porém, uma questão ainda fica em aberto, qual tipo de *think tank* se faz presente dentro do CMN? É a partir dessa indagação que, fundamentado a partir da tipologia apresentada no início do texto, o Gráfico 4 busca apresentar os tipos de *think tanks* presentes.

A partir do dado apresentado podemos observar uma presença maior de *think tanks* de *advocacy* político, que buscam atuar em defesa de valores e políticas públicas condizente com suas ideologias. Isso se faz importante para compreender quais tipos de *think tanks* se fazem presentes, assim como sua relação com a ideologia, como veremos adiante.

3.3. Ideologia **e think tanks**

Uma pergunta secundária que este estudo pretende responder é se os agentes da política econômica ideologicamente identificados com a ortodoxia econômica tendem a ser mais vinculados a *think tanks* que agentes ideologicamente não identificados com a ortodoxia econômica.

Gráfico 4. **Número de conselheiros do CMN que ingressaram ou não em *think tanks* por formação econômica**

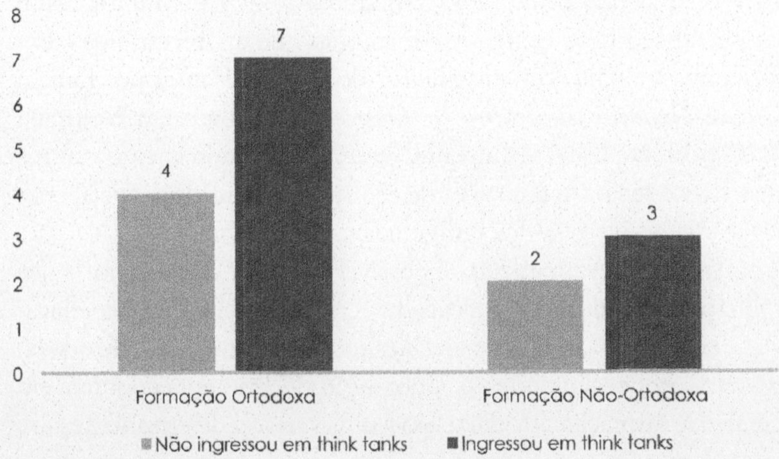

Fonte: elaborado pelos autores

Existem inúmeras dificuldades em atribuir ideologia a um agente determinado. Ao identificarmos o seu *background* educacional a um escopo valorativo, corremos o risco de assumir que os indivíduos não podem admitir posições contrárias às usualmente adotadas pelos seus espaços de formação. Além disso, "ortodoxia econômica" é uma categoria majoritariamente vinculada aos cursos de economia, e esta não é a formação de todos os integrantes do CMN: do universo de 25 indivíduos analisados, 14 (56%) possuem o seu último grau de formação em economia, enquanto os demais 11 (44%) possuem o grau de formação mais elevado em outras áreas do conhecimento. Por outro lado, simplesmente assumir a atribuição ideológica por parte de terceiros também possui seus problemas: a visão do outro sobre os conselheiros varia em grau de credibilidade (pesquisadores, especialistas, jornalistas, militantes políticos) da atribuição.

Para atenuar esses problemas, buscamos os dois dados em nossa prosopografia, a fim de que as vantagens de um compensem as desvantagens do outro. Quanto ao *background* educacional, aproveitamos os dados de outros estudos (Codato e Cavalieri, 2015; Önder e Terviö, 2015) para classificar os centros de estudo em economia como ortodoxos ou como não ortodoxos. No Anexo 2, demonstramos como foram classificados os centros de formação que aparecem nos *backgrounds* educacionais dos conselheiros do CMN. Usamos por fonte o *Dicionário Histórico-Biográfico Brasileiro* (Paula; Lattman-Weltman, 2010). Importante frisar novamente, estamos contando apenas centros de formação educacional na área de economia e consideramos apenas a formação mais elevada dos indivíduos.

A partir deste levantamento, é possível perceber que a maioria dos conselheiros com última formação em economia tiveram a sua educação em centros de formação identificados com a ideologia ortodoxa. Entretanto, proporcionalmente, a obtenção de grau em economia em um centro de formação ortodoxo não é uma variável determinante para vincular-se ou não em *think tanks*. Dentre os de formação ortodoxa, 63,6% vincularam-se em *think tanks* em algum ponto de sua trajetória pessoal, enquanto entre os de formação não ortodoxa, estes são 60%. Esses dados podem ser visualizados no Gráfico 5, abaixo.

Gráfico 5. **Número de conselheiros do CMN com formação ortodoxa e não ortodoxa em *think tanks***

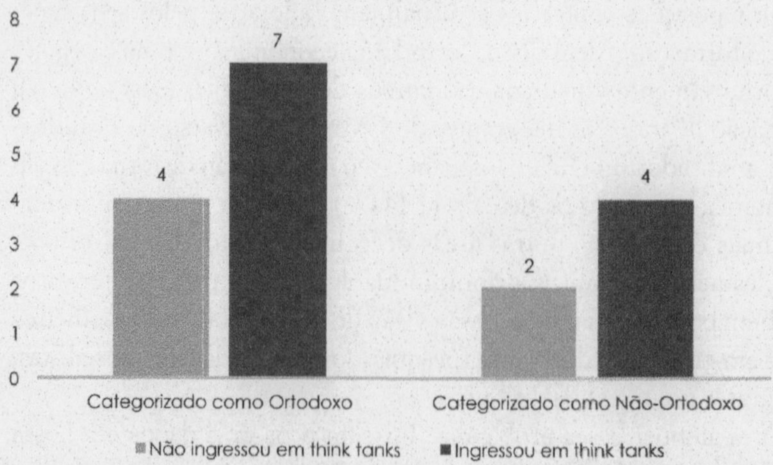

Fonte: elaborado pelos autores

Quanto à ideologia atribuída, recorremos a fontes diversas. Devido ao grau de notoriedade e protagonismo no debate público destes conselheiros ser bastante diverso, nem todos os agentes possuem uma ideologia bem definida. Muitos têm sua ideologia atribuída em comentários de jornal ou mesmo em entrevistas dadas por terceiros. Outros, com mais presença no debate econômico, são categorizados graças a estudos acadêmicos[2]. Existe ainda um terceiro grupo, mais nebuloso, em que não foi possível encontrar comentários atribuindo qualquer tipo de ideologia econômica, tornando-se assim "indefinidos". Por fim, existem também aqueles agentes para os quais é possível encontrar duas interpretações diferentes no caso da atribuição de sua ideologia. Estes também tiveram de ser categorizados como "indefinidos". No Anexo 3 compilamos essa relação.

Assim, partimos para considerar a vinculação destes agentes com *think tanks*. Consideramos apenas os agentes que foram categorizados pelas fontes como "ortodoxos" ou "não ortodoxos". Os agentes em que há divergência quanto à sua categorização foram elencados como "indefinidos". Neste caso, repete-se a tendência evidenciada na variável anterior. Dentre os categorizados como ortodoxos, 63,6% se vincularam em algum momento a *think tanks*. Entre os categorizados como não ortodoxos, a proporção é de 66,6%. Os números muito semelhantes confirmam a tendência: tanto ortodoxos quanto não ortodoxos buscam, em igual tendência, *think tanks* como instituições associativas. A princípio, a ideologia econômica não é um critério para a busca dessa estratégia. Essas informações podem ser observadas a seguir, no Gráfico 6.

---

[2] Os artigos consultados foram, em ordem alfabética: Belieiro Junior e Backes (2017); Crespo e Meireles (2016) Cunha (2000); Fonseca (2016); Hartmann (2017); Kliass (2007); Meireles (2015); Narciso (2018); Novelli (2010); Pio, (2001); Ridente (2010).

Gráfico 6. **Presença dos Conselheiros do CMN ortodoxos e não ortodoxos em *think tanks***

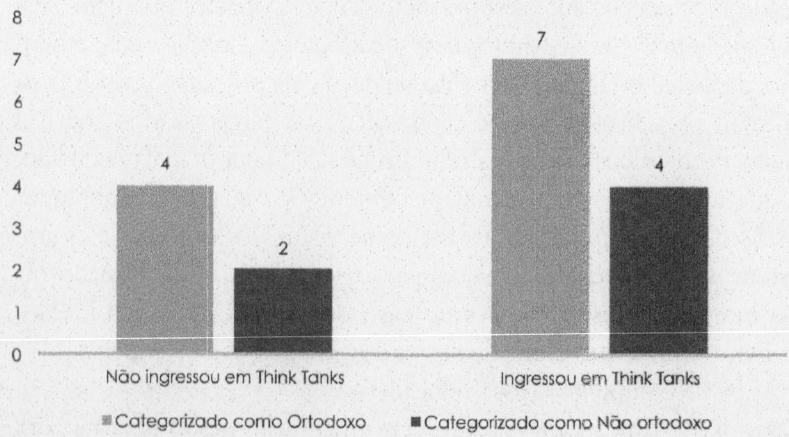

Fonte: elaborado pelos autores

Conclusões

Quanto à primeira problemática apresentada por este estudo, ficou claro que há sim uma considerável participação de conselheiros do CMN em *think tanks*. Essa participação é muito mais significativa quando se tratam de ministros da Fazenda e presidentes do Banco Central. Está falseada a hipótese de que os cargos são, majoritariamente, um vocativo de prestígio para a entrada destes sujeitos na política. Muitos dos sujeitos analisados já entraram nos cargos como membros efetivos de *think tanks*. Assim, a participação de grandes nomes da política econômica neste tipo de entidade contempla sua estratégia de ambição política: alcançar postos no governo para projetar-se na sociedade civil.

Esse achado se faz relevante para compreender a ação dos *think tanks* na realidade brasileira, ainda mais quando entra em diálogo com a ideia de tratar essas instituições como celeiro de recrutamento. A demonstração empírica de que esses membros entram, em sua maioria, nos *think tanks* antes de fazer parte da CMN contribui para o entendimento de que essas instituições atuam como segmentos auxiliares e de assessoria para a formulação de políticas públicas de interesses do setor que representam. Isso só é possível se esses membros já faziam parte dos institutos antes de adentrar ao Estado, como foi observado no presente trabalho.

Dados como esses nos ajudam a compreender a relação dos *think tanks* no Brasil por uma lente que ainda está se desenvolvendo na academia brasileira. Desse modo, podemos pontuar que esses dados não ajudam apenas na compreensão da relação dos *think tanks* com a CMN, mas também em um sentido mais amplo, na compreensão de como esses institutos atuam na sociedade brasileira.

Quanto à ideologia, temos também um outro falseamento de hipótese. Agentes que não são classificáveis como ortodoxos, seja pelo seu *background* educacional, seja pela classificação de terceiros, se filiam a este tipo de entidade no mesmo volume que os ortodoxos. Isso indica que *think tanks* são estratégias de disputa ideacional-econômica adotadas por mais de uma forma de se interpretar a economia. Além disso, o fato de a grande maioria destes *think tanks* se enquadrarem na categoria "*advocacy*" demonstra que, de fato, existe um "viés de disputa" nestas vinculações. Os dois lados da política monetária vinculam-se à *think tanks* majoritariamente para ganhar a sociedade.

Importante ressaltar as limitações deste escrito. Como atuamos apenas de forma descritiva, não foi possível observar se estas vinculações possuem qualquer impacto na política. Assim, poderíamos diferenciar sujeitos que estão de maneira *pro forma* em *think tanks* de sujeitos ativos nessa estratégia. Nossa classificação ideacional também é limitada pela própria natureza de classificações via *background* educacional e de categorização de terceiros. Também vale frisar que, ao falarmos de "ortodoxo" e "não ortodoxo", estamos focalizando apenas a política monetária, não englobando outros aspectos do ideário econômico ou mesmo do político. Acreditamos que futuros estudos possam refinar, acrescentar e até mesmo corrigir essas insuficiências.

ANEXOS

Anexo 1. **Presença de membros do CMN em *think tanks* antes/durante e depois de sua participação no Conselho Monetário Nacional**

Conselheiro	Cargo(s)	Governo(s)	*Think thank(s)* antes/durante	*Think thank(s)* depois
Pedro Malan	MF	FHC	Não	Casa das Garças; Millenium
Antônio Palocci	MF	Lula	Não	Não
Guido Mantega	MPLAN/MF	Lula/Dilma	CEBRAP	Não
Joaquim Levy	MF	Dilma	CDPP	Não
Nelson Barbosa	MPLAN/MF	Dilma	Ibre/FGV	Não
Henrique Meirelles	PBC/MF	Lula/Temer	CDPP, Instituto Millenium	Não
Eduardo Guardia	MF	Temer	Não	Não
José Serra	MPLAN	FHC	CEBRAP	Não
Antônio Kandir	MPLAN	FHC	CEBRAP	Não
Paulo Paiva	MPLAN	FHC	Não	Não
Pedro Parente	MPLAN	FHC	Não	Não
Martus Tavares	MPLAN	FHC	Não	Não
Guilherme Dias	MPLAN	FHC	Não	Não
Nelson Machado	MPLAN	Lula	Não	CCIF
Paulo Bernardo	MPLAN	Lula	Não	Não
Miriam Belchior	MPLAN	Dilma	Não	Não
Valdir Simão	MPLAN	Dilma	Não	Não
Dyogo Oliveira	MPLAN	Temer	Não	Não
Esteves Colnago	MPLAN	Temer	Não	Não
Pérsio Arida	PBC	FHC	Não	Casa das Garças, CDPP
Gustavo Loyola	PBC	FHC	Não	Não
Gustavo Franco	PBC	FHC	Não	Millenium, Casa das Garças
Armínio Fraga	PBC	FHC	G30	Millenium, Casa das Garças
Alexandre Tombini	PBC	Dilma	Não	Não
Ilan Goldfajn	PBC	Temer	Casa das Garças, CDPP, Millenium	Não

Fonte: elaborado pelos autores.

Anexo 2. **Ideologia econômica dos centros de formação em Economia a partir do grau mais alto de dos Conselheiros do CMN**

Conselheiro	Centro e grau de formação	Ideologia econômica
Pedro Malan	Berkeley (EUA), doutorado	Ortodoxo
Joaquim Levy	Chicago (EUA), doutorado	Ortodoxo
Nelson Barbosa	The New School (EUA),doutorado	Não Ortodoxo
Eduardo Guardia	USP, doutorado	Ortodoxo
José Serra	Cornell (EUA), doutorado	Não Ortodoxo
Antônio Kandir	Unicamp, doutorado	Não Ortodoxo
Martus Tavares	USP, mestrado	Ortodoxo
Guilherme Dias	UFRJ, mestrado	Não Ortodoxo
Dyogo Oliveira	Unb, mestrado	Não Ortodoxo
Esteves Colnago	Unb, mestrado	Não Ortodoxo
Pérsio Arida	MIT (EUA), doutorado	Ortodoxo
Gustavo Loyola	FGV-RJ, doutorado	Ortodoxo
Gustavo Franco	Harvard (EUA), doutorado	Ortodoxo
Armínio Fraga	Princeton (EUA), doutorado	Ortodoxo
Alexandre Tombini	Illinois (EUA), doutorado	Ortodoxo
Ilan Goldfajn	MIT (EUA), doutorado	Ortodoxo

Fonte: elaborado pelos autores

Anexo 3. **Ideologia econômica atribuída aos Conselheiros do CMN**

Conselheiro	Ideologia Econômica Atribuída
Pedro Malan	Ortodoxo/Liberal/Inercialista
Antônio Palocci	Ortodoxo/"Neo-Ortodoxo"
Guido Mantega	Não Ortodoxo/Desenvolvimentista
Joaquim Levy	Ortodoxo
Nelson Barbosa	Não Ortodoxo/Desenvolvimentista
Henrique Meirelles	Ortodoxo
Eduardo Guardia	Liberal
José Serra	Não Ortodoxo/Desenvolvimentista
Antônio Kandir	Indefinido
Paulo Paiva	Indefinido
Pedro Parente	Ortodoxo
Martus Tavares	Indefinido
Guilherme Dias	"Oposição ao grupo ortodoxo"/Transita entre os dois grupos
Nelson Machado	Não Ortodoxo/Desenvolvimentista
Paulo Bernardo	Monetarista/Ortodoxo
Miriam Belchior	Não Ortodoxo/Desenvolvimentista
Valdir Simão	Indefinido
Dyogo Oliveira	Desenvolvimentista
Esteves Colnago	Indefinido. "Perfil técnico"
Pérsio Arida	Indefinido. Ortodoxo e Heterodoxo
Gustavo Loyola	Ortodoxo//Tecnocrata
Gustavo Franco	Ortodoxo/Liberal
Armínio Fraga	Ortodoxo/"Liberal Radical"
Alexandre Tombini	Indefinido
Ilan Goldfajn	Ortodoxo

Fonte: elaborado pelos autores

Referências

Abelson, D. e Carberry, C. "Following suit or falling behind? A comparative analysis of think tanks in Canada and the United States". *Canadian Journal of Political Science*. Jstor: [*S.l.*], ano 31, nº 3 (1998), pp. 525-555. Disponível em: <https://www.jstor.org/stable/3233043>. Acesso em: 25 out. 2022.

Barbosa, J. R. "Protestos da direita no Brasil contemporâneo: think tank, grupos empresariais, intelectuais e aparelhos orgânicos da burguesia". *Lutas Sociais*. [*S.l.*], ano 20, nº 36 (2016), pp. 151-164. Disponível em: <https://doi.org/10.23925/ls.v20i36.31854>. Acesso em: 25 out. 2022.

Bhatnagar, S. e Chako, P. "Peacebuilding think tanks, Indian foreign policy and the Kashmir conflict". *Third World Quarterly*. Tandfonline: [*S.l.*], ano 40 (2019), pp. 1496-1515. Disponível em: <https://doi.org/10.1080/01436597.2019.1642743>. Acesso em: 25 out. 2022.

Belieiro Junior, J. C. M. e Backes, G. C. "Economistas e Política no Brasil: a participação dos economistas no poder nos governos FHC (1995-2002) e Lula (2003-2010)". *Desenvolvimento em Questão*. Ijuí: ano 15, nº 40 (2017), pp. 401-432. Disponível em: <https://doi.org/10.21527/2237-6453.2017.40.401-432>. Acesso em: 25 out. 2022.

Calmon, P. D. e Silva, R. S. "Matriz institucional e a dimensão temporal do Conselho Monetário Nacional". *Anais do XXX Encontro Anual da ANPOCS,* Caxambu, 2006.

Codato, A. *Sistema estatal e política econômica no Brasil pós-64*. São Paulo: Hucitec/ANPOCS/UFPR, 1997.

Codato, A. N. e Cavalieri, M. "Diretores do Banco Central do Brasil nos governos Cardoso, Lula e Dilma: uma radiografia dos seus backgrounds educacionais". *Newsletter: Observatório de elites políticas e sociais do Brasil*. Núcleo de Pesquisa em Sociologia Política Brasileira/Universidade Federal do Paraná: Curitiba, ano 2, nº 5 (2015), p. 1-17. Disponível em: <https://doi.org/10.13140/2.1.3804.1920>. Acesso em: 25 out. 2022.

Crespo, R. e Meireles, M. "La política económica brasileña". *America Latina en Movimento,* n. 511, (2016), p. 14-17. Disponível em: <http://ru.iiec.unam.mx/3551/1/La_politica_economica_brasilena.pdf>. Acesso em 9 nov. 2022.

Denham, A. e Stone, D. *Think tank traditions: policy analysis across nations*. Manchester University Press: Manchester, 2004.

Dreifuss, R. *A Internacional Capitalista: estratégias e táticas do empresariado transnacional: 1918-1986*. Editora Espaço & Tempo: Rio de Janeiro, 1986.

Grün, R.. "Entre a plutocracia e a legitimação da dominação financeira". *Revista Brasileira de Ciências Sociais*. Scielo Brasil: [*S.l.*], ano 22, nº 65 (2007), pp. 85-107. Disponível em: <https://doi.org/10.1590/S0102-69092007000300008>. Acesso em: 25 out. 2022.

Fonseca, P. C. D. "O projeto desenvolvimentista no Brasil: histórico e desafios da atualidade". *Cadernos do Desenvolvimento*. Rio de Janeiro, ano 11, nº 19 (2016), pp. 117-128. Disponível em: <http://www.cadernosdodesenvolvimento.org.br/ojs-2.4.8/index.php/cdes/article/view/7>. Acesso em: 25 out. 2022.

Han, W., Xue, L. e Zhu, X. "Embracing Scientific Decision Making: The Rise of Think-Tank Policies in China". *Pacific Affairs*. Ingenta: [*S.l.*], ano 91, nº 1 (2018), pp. 49-71. Disponível em: <https://www.researchgate.net/publication/323667214>. Acesso em: 22 out. 2020.

Hauck, J. C. R. *Think tanks: quem são, como atuam e qual seu panorama de ação no Brasil*. 2015. Dissertação (Mestrado em Ciência Política) – Universidade Federal de Minas Gerais, Belo Horizonte, 2015. Disponível em: <http://hdl.handle.net/1843/BUBD-A8ZN9P>. Acesso em: 25 out. 2022.

Hartmann, D. S. "Ortodoxos e heterodoxos: uma análise do debate através de diferentes metodologias de pesquisa". *Revista Iniciativa Econômica*. Araraquara, ano 3, nº 2 (2017), pp. 39-51. Disponível em: <https://periodicos.fclar.unesp.br/iniciativa/article/view/9662>. Acesso em: 25 out. 2022.

Heinz, F. e Codato, A. "Prosopografia explicada para cientistas políticos". *In*: Perissinotto, R. e Codato, A. (org.). *Como estudar elites*. Curitiba: Editora UFPR, 2015.

Johnson, E. e Mcgann, J. *Comparative think tanks, politics and public policy*. Edward Elgar Publishing: Cheltenham, 2005.

Kelstrup, J. "Introduction to Special Issue: Think Tanks in the Nordic Countries". *Scandinavian Political Studies*. Wiley Online Library: [*S.l.*], ano 43, nº 3 (2020), pp. 129-144. Disponível em: <https://doi.org/10.1111/1467-9477.12179>. Acesso em: 25 out. 2022.

Kliass, P. "O início do segundo mandato de Lula e o plano de aceleração do crescimento". *Lusotopie*. Open Edition Journal: [*S.l.*], ano 14, nº 2 (2007), pp. 157-168. Disponível em: <https://journals.openedition.org/lusotopie/986#quotation>. Acesso em: 25 out. 2022.

Lourenço Neto, S. “Conselho Monetário Nacional (CMN)”. *In*: Paula, C. J. e Lattman-Weltman, F. (org.). *Dicionário Histórico-Biográfico Brasileiro Pós-193*. Rio de Janeiro: CPDOC-FGV, 2010.

Mcgann, J. “Global go to think tank index report: 2018”. *TTCSP Global Go To Think Tank Index Reports*. Scholarly Commons: Filadélfia, ano 16 (2019), pp. 1-261. Disponível em: <https://repository.upenn.edu/cgi/viewcontent.cgi?article=1017&context=think_tanks>. Acesso em: 18 nov. 2019.

Meireles, M. “Las derechas en Argentina y Brasil”. *Política y cultura*, Scielo México: Cidade do México, ano 44 (2015), pp. 257-261. Disponível em: <https://www.scielo.org.mx/pdf/polcul/n44/n44a13.pdf>. Acesso em: 25 out. 2022.

Naughton, B. “China's economic think tanks: Their changing role in the 1990s”. *The China Quarterly*. Cambridge University Press: [*S.l.*], ano 171 (2002), pp. 625-635. Disponível em: <https://www.jstor.org/stable/4618773>. Acesso em: 25 out. 2022.

Narciso, P. F. “Neodesenvolvimentismo, neoliberalismo e o desenvolvimento no pensamento econômico e social brasileiro”. *MovimentAção*. Dourados, ano 5, nº 8 (2018), pp. 68-84. Disponível em: <https://doi.org/10.30612/mvt.v5i8.8102>. Acesso em: 25 out. 2022.

Novelli, J. M. N. “A questão da continuidade da política macroeconômica entre o governo Cardoso e Lula (1995-2006)”. *Revista de Sociologia e Política*. Scielo Brasil: Curitiba, ano 18, nº 36 (2010), pp. 227-240. Disponível em: <https://doi.org/10.1590/S0104-44782010000200014>. Acesso em: 25 out. 2022.

Ohemeng, F. L. “Getting the state right: Think tanks and the dissemination of New Public Management ideas in Ghana”. *Journal of Modern African Studies*. Cambridge University Press: [*S.l.*], ano 43, nº 3 (2005), pp. 443-465. Disponível em: <https://www.jstor.org/stable/3876063>. Acesso em: 25 out. 2022.

Önder, A. S. e Terviö, M. “Is economics a house divided? Analysis of citation networks”. *Economic Inquiry*. Wiley Online Library: [*S.l.*], ano 53, nº 3 (2015), pp. 1491-1505. Disponível em: <https://doi.org/10.1111/ecin.12164>. Acesso em: 25 out. 2022.

Paula, C. J. e Lattman-Weltman, F. (org.). *Dicionário Histórico-Biográfico Brasileiro Pós-193*. Rio de Janeiro: CPDOC-FGV, 2010.

Pio, C. "A estabilização heterodoxa no Brasil: idéias e redes políticas". *Revista Brasileira de Ciências Sociais.* Scielo Brasil: [*S.l.*], ano 16, nº 46 (2001), pp. 31-54. Disponível em: <https://doi.org/10.1590/S0102-69092001000200002>. Acesso em: 25 out. 2022.

Raposo, R. *Banco Central do Brasil: O Leviatã Ibérico.* São Paulo-Rio de Janeiro: Hucitec Editora; Editora PUC Rio, 2011.

Rich, A. *Think tanks, public policy and the politics of expertise.* Cambridge University Press: Cambridge, 2004.

Ridente, M. "Vinte anos após a queda do muro: a reencarnação do desenvolvimentismo no Brasil". *Revista USP.* [*S.l.*], ano 84 (2010), pp. 50-57. Disponível em: <https://doi.org/10.11606/issn.2316-9036.v0i84p50-57>. Acesso em: 25 out. 2022.

Rocha, C. "O papel dos think tanks pró-mercado na difusão do neoliberalismo no Brasil". *Revista Digital de Ciencias Sociales.* Mendoza, ano 4, nº 7, (2017), pp. 95-120. Disponível em: <https://revistas.uncu.edu.ar/ojs/index.php/millca-digital/article/view/1020>. Acesso em: 25 out. 2022.

Silva, R. S. "Conselho Monetário Nacional como condicionante da autonomia do Banco Central". In: Senado Federal. *Agenda Legislativa.* 03 /05/2013. Disponível em: < https://www12.senado.leg.br/publicacoes/estudos-legislativos/tipos-de-estudos/outras-publicacoes/agenda-legislativa/capitulo-18-conselho-monetario-nacional-como-condicionante-da-independencia-do-banco-central>. Acesso em 9 nov. 2022.

Silveira, L. *Fabricação de ideias, produção de consenso: estudo de caso do Instituto Millenium.* 206 p. 2013. Dissertação (Mestrado em Sociologia) – Universidade Estadual de Campinas, Campinas, SP 2013. Disponível em: <https://hdl.handle.net/20.500.12733/1619966>. Acesso em: 9 nov. 2022.

Singer, A. "Cutucando Onças com Varas Curtas". *Novos Estudos.* Scielo Brasil: [*S.l.*], ano 102 (2015), pp. 39-67. Disponível em: <https://doi.org/10.25091/S0101-3300201500020004>. Acesso em: 25 out. 2022.

Stone, L. "Prosopografia". *Rev. Sociol. Polit.* Biblioteca Digital de Periódicos: Curitiba, ano 19, nº 39 (2011), pp. 115-137. Disponível em: <https://revistas.ufpr.br/rsp/article/view/31689>. Acesso em: 25 out. 2022.

Teixeira, T. *Os think tanks e sua influência na política externa dos EUA.* Rio de Janeiro: Revan, 2007.

Vianna, M. L. T. W. *A administração do" milagre": o Conselho Monetário Nacional, 1964-1974.* Petrópolis: Vozes, 1987.

Outras fontes

Alegretti, L. e Matoso, F. "Ministro Romero Jucá anuncia que deixa o cargo a partir desta terça". *G1*, Brasília, 23 maio 2016. Disponível em: <http://g1.globo.com/politica/noticia/2016/05/ministro-romero-juca-diz-que-vai--se-licenciar-partir-desta-terca.html>. Acesso em: 21 set. 2020.

Alencar, K. e Billi, M. "Ata do COPOM gera atrito entre Fazenda e BC". *Folha de S.Paulo*, São Paulo, 28 abr. 2006. Disponível em: <https://www1.folha.uol.com.br/fsp/dinheiro/fi2804200602.htm>. Acesso em: 4 jun. 2020.

Alonso, A. "Repertório, segundo Charles Tilly: História de um conceito". *Sociol. Antropol.* Scielo Brasil: [*S.l.*], Ano 2, nº 3 (2012), pp. 21-41. Disponível em: <https://doi.org/10.1590/2238-38752012v232 >. Acesso em: 19 set, 2020.

Cruz, V. "Governo monta 'dia do fico' e Levy para acalmar mercado". *Folha de S.Paulo*, São Paulo, 26 mai. 2015. Disponível em: <https://www1.folha.uol.com.br/mercado/2015/05/1633604-governo-monta-dia-do-fico-de-levy-para-acalmar-o-mercado.shtml>. Acesso em: 9 jun. 2020.

Cunha, P. H. F. *Heterodoxos? Ortodoxos? Os falsos moedeiros falsos: subsídios à história do pensamento econômico brasileiro sobre políticas de estabilização.* 2000. Tese (Doutorado em Economia) – Fundação Getúlio Vargas. Escola de Administração de Empresas de São Paulo, São Paulo, 2000. Disponível em: <https://bibliotecadigital.fgv.br/dspace/bitstream/handle/10438/4620/1200000530.pdf?sequence=1&isAllowed=y>. Acesso em: 22 set. 2020.

"Divergências de Levy e Barbosa vão além do orçamento". *Estado de Minas*, Belo Horizonte, 24 de maio 2015. Disponível em: <https://www.em.com.br/app/noticia/economia/2015/05/24/internas_economia,650785/divergencias-de-levy-e-barbosa-vao-alem-do-orcamento.shtml >. Acesso em: 9 jun. 2020.

"O desabafo de Chico Lopes". *Istoé Dinheiro*, São Paulo, 24 de maio 2013. Disponível em: < https://www.istoedinheiro.com.br/o-desabafo-de-chico--lopes-2/>. Acesso em: 21 set. 2020.

Rocha, L. "Levy e Nelson Barbosa duelam na Comissão de Orçamento". *Congresso em Foco*, Brasília, 11 dez 2015. Disponível em: <https://congressoemfoco.uol.com.br/especial/noticias/divergencia-na-area-economica--sobre-superavit-chega-ao-congresso/>. Acesso em: 9 jun. 2020.

Sardenberg, C. A. "Indicado 'racha' economia". *Folha de S.Paulo*, São Paulo, 15 nov. 1994. Disponível em: <https://www1.folha.uol.com.br/fsp/1994/12/15/brasil/17.html>. Acesso em: 11 mai. 2020.

Sardenberg, C. A. "Arida é contra valorizar dólar". *Folha de S.Paulo*, São Paulo, 5 jan. 1995. Disponível em: <https://www1.folha.uol.com.br/fsp/1995/1/05/dinheiro/2.html>. Acesso em: 11 mai. 2020.

7.

A INSTABILIDADE NO COMANDO DO BRANCO CENTRAL DO BRASIL[1]

Adriano Codato, Renato Perissinotto, Eric Gil Dantas, Paulo Franz Jr., Wellington Nunes

Escolhas dos integrantes do gabinete ministerial pelos presidentes sempre chamam a atenção dos analistas. As nomeações para as pastas da área econômica, mais ainda. O interesse se deve a várias questões correlatas: (*i*) o *perfil profissional* dos nomeados (eles são economistas, burocratas, empresários, banqueiros ou políticos?); (*ii*) a *posição de origem* de onde foram recrutados (se vieram do mercado de capitais, do parlamento, de repartições públicas, das universidades, de firmas de assessoria financeira ou de agências internacionais multilaterais); (*iii*) as *concepções sobre a política econômica* que advogam (são filiados a que escolas econômicas de pensamento, ortodoxas ou heterodoxas?). Uma dúvida relevante nesse caso também é se os critérios para o recrutamento da equipe econômica refletem a lógica de formação de coalizões políticas do presidencialismo brasileiro ou se a área econômica do governo é sempre preservada da distribuição de ministérios. Essas são algumas das perguntas padrão sobre as indicações dos chefes do governo nacional.

---

[1] Publicado originalmente como: Codato, A., Perissinotto, R., Dantas, E. G., Franz, P. e Nunes, W. "A instabilidade da 'equipe econômica' do governo brasileiro". *In*: Pires, R., Lotta, G. e Oliveira, V. E. (ed.). *Burocracia e políticas públicas no Brasil: interseções analíticas*. Brasília: IPEA/Enap, 2018. pp. 299-325. Disponível em: < https://repositorio.enap.gov.br/handle/1/3247>. Acesso em: 30 out. 2022.

Este capítulo coloca outro tipo de questão. Em vez de analisarmos as variáveis típicas que afetam o processo de recrutamento para as posições ministeriais (vínculos partidários, *expertise* na área da pasta, lealdade ao presidente etc.), discutiremos as razões pelas quais eles deixaram seus postos e as taxas de sobrevivência dos ministros no cargo. Dada a centralidade dos ministérios econômicos, este texto analisa a duração e a queda de todos os ministros das quatro instituições que compõem a *área econômica* do governo federal brasileiro – o Ministério da Fazenda (MF), o Ministério do Planejamento, Orçamento e Gestão (MP), o Ministério do Desenvolvimento Indústria e Comércio Exterior (MIC) e o Banco Central do Brasil (BC) – entre os anos de 1964 e 2016.

Ministros "da Economia" (em sentido *lato*) não costumam ser burocratas de carreira, nem o tipo de estudo sobre ministérios realizado poderia ser tomado como uma investigação sobre a burocracia no sentido tradicional. Contudo, o foco na estabilidade/instabilidade do primeiro escalão do governo é útil em função de suas múltiplas repercussões sobre o trabalho burocrático. Num ambiente de grande rodízio de ministros, não só a segurança do primeiro escalão (secretários-executivos, burocracia de alto nível, funções comissionadas superiores) fica prejudicada, mas também a continuidade das políticas públicas pode vir a ser afetada. Há, potencialmente, um efeito desorganizador sobre rotinas administrativas, programas e projetos do ministério que toda mudança brusca provoca. Isso é mais verdadeiro quando se considera o impacto que o personalismo e a liberdade de nomeação de um dado ministro pode exercer sobre toda a estrutura burocrática do "seu" ministério.

Assim, este estudo procura oferecer uma *base empírica* para estimar a instabilidade dos mandatos dos ministros da área econômica e do presidente do Banco Central do Brasil nas últimas seis décadas através da duração dos seus mandatos. Com base nos dados compilados e discutidos aqui se poderia estudar se e como a variação nos tempos de mandatos dos ministros de Estado e do presidente do Banco Central poderia afetar o processo decisório dessas agências.

Na primeira seção, apresentamos algumas justificativas de interesse desse tema para os estudos sobre burocracia e políticas públicas em geral sem relacioná-las com a questão da gestão econômica. Na segunda seção, indicamos em que medida tanto análises sobre a taxa de sobrevivência, como os porquês implicados nas saídas dos ministros de Estado antes do fim do mandato do presidente justificam-se e como a literatura tem tratado essa questão. Fazemos uma breve sistematização da literatura sobre razões de nomeação e razões de demissão de gabinetes para dar uma ideia da multiplicidade, da heterogeneidade e do desacordo das variáveis mobilizadas nesse tipo de estudo. Na terceira seção, descrevemos os dados e a metodologia empregada neste capítulo e analisamos informações referentes ao tempo de permanência dos ministros nos seus cargos, identificando as motivações para a saída dos titulares. Na quarta seção descrevemos quanto tempo ficam e porque saem do governo os ministros da área econômica no Brasil. Na última seção, avaliamos o impacto de algumas variáveis nas razões de chance de demissão dos ministros. Para cada um desses processos, analisamos as três pastas mais o Banco Central e comparamos sistematicamente os dados do período da ditadura militar (1964-1985) com os dados do período democrático (1985-2016). Nas conclusões, sintetizamos os principais achados empíricos e insistimos em alguns aspectos associados às frequentes mudanças no primeiro escalão do poder Executivo e seus efeitos contraditórios.

Em agosto de 2004, o presidente Luís Inácio Lula da Silva, através da Medida Provisória 207, conferiu ao presidente do Banco Central *status* de Ministro de Estado. Em setembro de 2021, o presidente Jair Bolsonaro confirmou esse *status* através do Decreto nº 10.789. Por isso também, além de fazer parte da "equipe econômica" do governo, ele será estudado aqui junto com os demais ministros.

1. Rotatividade ministerial, políticas públicas e estabilidade burocrática

Instabilidade dos mandatos dos ministros à frente das suas pastas afetam de várias maneiras o processo de produção, implementação e gestão de políticas de governo. Isso engloba desde o impacto do *turnover* ministerial sobre dinâmicas de funcionamento internas dos governos até capacidades e oportunidades de influência dos variados atores em presença – burocratas, políticos e grupos de interesse – na produção de políticas públicas.

Há vários indicadores para medir instabilidade. Pode ser a relação entre o tempo total do mandato do presidente (medido em meses ou dias) comparado com o tempo total de um determinado ministro à frente de um determinado ministério. Pode ser o número de trocas de titulares de uma pasta *versus* o número médio de trocas de todas as outras durante um período presidencial. Pode ser ainda a sucessão de partidos diferentes no controle do mesmo ministério.

Huber (1998) demonstrou, analisando apenas políticas de saúde, que mudanças de partidos na coalizão de governo dificultam a adoção e implementação de novos programas e que a mudança constante de partidos à frente de uma pasta ("*portfolio volatility*") torna difícil para o ministro controlar informações sobre as políticas sob sua supervisão. Apesar disso, a relação entre a instabilidade (tomada como variável independente) e a política de gastos com saúde (variável dependente) não se mostrou, *nesse caso específico*, e no longo prazo, prejudicial. Esse, como se imagina, não é um problema simples, já que diferentes interações são possíveis. A incerteza sobre se e quando um ministro será substituído pode fazer com que os burocratas ou ignorem as ordens ministeriais ou que não escolham as melhores alternativas de políticas. Isso resulta do dilema das expectativas da vida burocrática: o medo de que os seus esforços não sejam recompensados ou mesmo que sejam punidos se o seu ministro for substituído de forma inesperada (Huber e Lupia, 2001).

Lopez, Bugarin e Bugarin (2014) mostram que o *turnover* aumenta significativamente quando há alteração do presidente e que quanto mais central for a função de assessoramento superior, mais essas taxas são expressivas (2014, p. 114, gráfico 3). Na substituição de Cardoso por Lula, em 2003, todos os ministros foram trocados, 91% dos DAS 6 também e cerca de 70% dos DAS 5. Na sucessão de Lula para Dilma, em 2011, foram substituídos 59% dos DAS 6 e aproximadamente 50%

dos DAS 5[2]. Como isso acontece nas mudanças de chefe de Executivo, é possível imaginar que isso pode/deve ocorrer, em menor medida, quando um ministro é substituído. Em que grau isso influencia a continuidade e a qualidade da decisão pública, que pastas são mais afetadas pela rotatividade ministerial e que mecanismos ligam esses dois eventos – mudança de ministro, mudança nas políticas – é uma importante questão a ser verificada empiricamente.

Uma pesquisa sobre política educacional mostrou que essa é uma agenda importante. Estudando os efeitos da mudança de partidos nas sucessões nas prefeituras brasileiras, Akhtari, Moreira e Trucco (2017) mostraram que são substituídos professores e diretores de escolas, o que tem um efeito negativo sobre o desempenho dos estudantes. Problemas desse tipo não são incomuns. Nos EUA, uma avaliação da administração Bush revelou que os programas administrados por chefes de gabinete nomeados politicamente tinham menor desempenho do que os programas administrados por chefes de gabinete oriundos do serviço público (Lewis, 2007). Em menor medida, e com efeitos menos deletérios, isso ocorre na Inglaterra também (Boyne, James, John e Petrovsky, 2010), mas, conforme um estudo de caso, não na Índia (Iyer e Mani, 2012).

[2] Praça, Freitas e Hoeper relatam que na transição de Luís Inácio Lula da Silva para Dilma Rousseff no Ministério da Pesca todos os titulares de cargos de confiança (DAS 4, DAS 5 e DAS 6) foram trocados. No Ministério de Desenvolvimento Social e no Ministério das Relações Exteriores essa taxa foi de 70%. No Ministério da Fazenda, por sua vez, a troca foi de apenas 36,4% dos DAS. Esse dado, escrevem, "alerta para a pertinência de repensar o Ministério da Fazenda como excepcional, com padrões de funcionamento diferentes dos demais ministérios da Esplanada" (2012, p. 99). Sobre a relação entre o presidente e os nomeados politicamente e a duração desses últimos no cargo, ver: Wood e Marchbanks (2008).

2. Por que ministros saem do governo? Breve sistematização da literatura

Embora não haja praticamente trabalhos desse tipo para o Brasil[3], é tão importante estudar as razões pelas quais os chefes do Poder Executivo escolhem determinado ministro, como as condições que o levam a demiti-lo.

Se o estudo dos processos de recrutamento é um assunto recorrente para se entender a lógica de funcionamento de um sistema político, o estudo das saídas (perder a eleição, não se recandidatar ao parlamento, ser demitido do governo etc.) também o deveria ser. No presidencialismo brasileiro, a lógica da coalizão entre os partidos que apoiam o presidente é importante para se entender o recrutamento para os ministérios (Amorim Neto, 2000, 2007; Batista, 2015; Inácio, 2013). Essa lógica afeta o processo de demissão? Caso a resposta a essa questão seja positiva, isso poderia reforçar o modelo explicativo sobre o presidencialismo de coalizão (Abranches, 1988).

Além disso, pesquisas a respeito das chances de sobrevivência dos ministros em um determinado governo e das razões de suas saídas inesperadas permite testar tanto o peso de *variáveis individuais* (como atributos de formação superior, perfil da carreira política e tipo de ocupação profissional), como de *variáveis institucionais* ou *sistêmicas* na demissão dos titulares dos portfólios. Se conseguirmos mostrar que são mais importantes na definição da saída dos ministros, então seria possível extrapolar que elas devam funcionar, também, como balizas limitadoras da capacidade de escolha de ministros (ou do presidente do Banco Central) pelo chefe do Poder Executivo[4].

---

[3] Três exceções são (Araújo, Costa e Fittipaldi, 2016; Palotti, 2017) e (Perissinotto, Codato e Gené, 2020).

[4] Há uma forma de análise que não conseguimos fazer aqui e que diz respeito à importância relativa de cada ministério para o governo como um todo. Pesquisa sobre Noruega, Dinamarca e Suécia, utilizando a mesma metodologia que empregamos, descobriu que demissões ministeriais são menos propensas a ocorrer quanto maior a saliência atribuída ao portfólio ministerial (Hansen,

Há, resumidamente, três perspectivas disponíveis para se analisar as razões de saídas bruscas do gabinete.

Em primeiro lugar está a preocupação em identificar e descrever as razões visíveis da demissão, cujo objetivo é categorizar os diferentes motivos e identificar o predominante. Em segundo lugar, há os que se preocupam menos com as razões de saída alheias à vontade do chefe de governo e mais com os constrangimentos que levam o presidente ou o primeiro-ministro a demitir seus colaboradores. Por fim, há autores que pretendem identificar as variáveis (institucionais, políticas, sociais, de carreira) que afetam as chances de sobrevivência de ministro em governos, sem detalhar causas ou motivos específicos (Berlinski, Dewan e Dowding, 2007; González-Bustamante e Olivares, 2016; Huber e Martinez-Gallardo, 2008).

O Quadro 1 sistematiza alguns determinantes de demissão da primeira e da segunda variantes da literatura a partir de alguns países selecionados.

As referências foram eleitas tendo em vista a diversidade de sistemas de governo vigentes (parlamentarismos, presidencialismos e semipresidencialismos). A fim de destacar as concordâncias e as discordâncias entre os estudos disponíveis, países foram colocados nas colunas e as razões de saída nas linhas. Células em branco indicam que os autores não identificaram aquela razão de demissão na pesquisa que fizeram para aquele caso específico. As razões mais recorrentes podem ser identificadas pelas coincidências nas linhas. Há dezesseis tipos de fatores que condicionam as dispensas de ministros de Estado. O mais comum, ao que parece, são conflitos internos entre os membros do gabinete (cinco estudos dos seis selecionados indicaram essa razão), seguidos de escândalos (em geral por corrupção). "Baixo desempenho" na função é uma causa muito pouco frequente para destituição de ministros (apenas dois estudos utilizam essa categoria). O Quadro 1 servirá de parâmetro para categorizar as razões de mudanças de ministros da

Klemmensen, Hobolt e Bäck, 2013). Considerando que Bancos Centrais são instituições fundamentais de governo, chama a atenção o alto *turnover* na sua direção até 2003 no Brasil.

Quadro 1. **Razões de saída mais comuns dos ministros de Estado em diferentes países conforme a literatura selecionada**

Países estudados	**França**	**Grã-Bretanha**	**Portugal**	**Irlanda**	**Leste europeu***	**Argentina**
Autores	(Kam e Indridason, 2009)	(Berlinski, Dewan e Dowding, 2009)	(Pinto e Almeida, 2009)	(O'Malley, 2009)	(Fettelschoss e Nikolenyi, 2009)	(Camerlo, 2013)
Razões de saída	Reforma ministerial				Reorganização do gabinete	Rearranjos internos
		Desacordo político	Dissensão dentro dos partidos do governo	Disputas políticas	Insatisfação ou conflitos com outros agentes políticos	Conflitos internos
		Choque de personalidade				
			Falta de apoio parlamentar	Ruptura da coalizão		Conflitos com o congresso
		Outra controvérsia			Insatisfação com a função	
				Divisão no partido		
			Intervenção do presidente			
		Baixo desempenho				Baixo desempenho
			Eleições (fim do mandato)		Fim do governo	Eleições
		Escândalo financeiro		Escândalo	Escândalo	Escândalos
		Escândalo sexual				
	Pedido de demissão		Renúncia voluntária	Outra carreira	Razões pessoais	
	Fim da nomeação provisória					
	Renúncia do gabinete sem nova nomeação		Eleições (antes do tempo)			
	Renúncia do gabinete seguida de nova nomeação					
	Morte	Aposentadoria/ outra nomeação/ remodelação/ morte	Morte			Outros

* Bulgária, República Tcheca, Estônia, Hungria, Letônia, Lituânia, Polônia, Romênia, Eslováquia e Eslovênia.

Fonte: elaboração dos autores

equipe econômica para o caso do Brasil. Como se verá adiante, conflitos internos ao gabinete são a causa principal de demissões de ministros brasileiros em todo esse largo período estudado.

Não há, como se vê, um consenso mínimo sobre quais são as variáveis fundamentais para as demissões. As categorizações, porque construídas indutivamente, tendem a ser um tanto *ad hoc*. Teoricamente, governos de partido único e governos de coalizão deveriam ter razões diferentes para a dispensa de ministros (já que são diferentes as condições políticas de nomeação). O Quadro 1, apesar da variedade de causas, ou por causa delas, sugere que as contingências políticas, como descobriu Martínez-Gallardo (2014), contam possivelmente mais do que determinantes puramente institucionais[5].

3. Materiais, fontes e métodos do estudo

As fontes utilizadas nesta pesquisa foram os perfis dos ministros publicados no *Dicionário Histórico-Biográfico Brasileiro* (Abreu, Beloch, Lattman-Weltman e Niemeyer, 2001)[6], as biografias disponíveis no sítio do Ministério da Fazenda e os currículos dos presidentes do Banco Central protocolados junto ao Senado Federal para a sabatina que antecede o processo de nomeação. De forma complementar, utilizamos as *webpages* dos ministérios, livros de memória e biografias, além de

[5] Este é um problema ainda em aberto. Camerlo e Pérez-Liñán resumem assim a questão: "[...] investigações da mídia e a mobilização social afetam a estabilidade do gabinete em diferentes pontos do ciclo político. Na mesma linha, é possível que diferentes tipos de protestos (por exemplo, aqueles relacionados às condições de vida ou aos direitos civis) afetem diferentes tipos de ministérios, ou que choques de natureza diferente (por exemplo, aumentos súbitos da inflação ou do desemprego) prejudiquem ministros de diferentes convicções ideológicas. Descompactar essa ampla categoria é uma das tarefas pendentes para os estudos dos sistemas presidencialistas e parlamentaristas" (Camerlo e Pérez-Liñán, 2013, pp. 22-23).

[6] Que podem ser acessadas neste endereço: http://www.fgv.br/cpdoc/acervo/arquivo.

relatórios governamentais e listagens oficiais, em especial para o Banco Central do Brasil (2016).

O critério utilizado para definir os participantes desse universo foi a permanência de pelo menos 30 dias no cargo, contando titulares e interinos e excluindo substitutos oficiais que ficaram abaixo desse limite. É importante notar que a documentação dos ministérios brasileiros registra dois tipos de interinos à frente da pasta: os que assumem interinamente, em geral por curtas temporadas, na ausência do ministro titular (são substitutos eventuais durante viagens ou licenças); e os que permanecem, por razões desconhecidas, com *status* de interino nos registros oficiais por longos períodos (às vezes mais de um ano), mas são, *de fato*, titulares das pastas. Apenas esses últimos "interinos" foram efetivamente contados[7].

As variáveis referentes ao tempo de permanência dos ministros no cargo, assim como os dados relativos às razões de saída em cada exoneração, foram codificadas por nós e são apresentadas por ministério e por regime político: *ditadura militar* (de 1964 a 1985) e *democracia liberal* (1985-2016). Mais adiante discutimos as chances de sobrevivência dos ministros nos seus cargos e mobilizamos variáveis que descrevem atributos individuais e variáveis sistêmicas a fim de testar seu impacto sobre o tempo de permanência no cargo. As variáveis do primeiro tipo são: carreira política, experiência legislativa, campo de atuação profissional antes do mandato, formação acadêmica e tempo de carreira até a investidura[8]. As variáveis sistêmicas referem-se à presença ou não de crises econômicas e ao tipo de regime político.

---

[7] No caso, são eles: Ailton Barcelos Fernandes, Angelo Calmon de Sá, Mauro Borges Lemos, Murilo Badaró, Nelson Machado, Paulo Egydio Martins, Roberto Cardoso Alves e Sergio Amaral.

[8] Essas são variáveis-padrão em estudos convencionais sobre elites políticas. Elas compreendem *perfil social* (formação e profissão) e *perfil político* (se possui ou não carreira na política ou na burocracia, se possui/possuiu mandato parlamentar e tempo de carreira (em anos) até a nomeação como ministro de Estado). Na seção 5 do capítulo esses critérios estão bem detalhados. Na recensão bibliográfica que Fischer, Dowding e Dumont fizeram da literatura sobre duração dos ministros no cargo e durabilidade dos gabinetes, eles mostram que outros estudos incluem

O período analisado neste trabalho se deve a duas razões. Embora o Ministério da Fazenda tenha sido criado em 1808, é somente a partir de 1965 que se consolida a tríade de "ministérios econômicos" brasileiros: Fazenda, Planejamento e Banco Central. Dependendo da conjuntura, o ministério (e o ministro) do Desenvolvimento, Indústria e Comércio possui maior ou menor integração com esses três outros aparelhos. Ele foi incluído na análise, pois a pasta superintende alguns instrumentos de política econômica. Uma segunda justificativa diz respeito às mudanças políticas que ocorreram durante esse largo período. Em 1964, instalou-se uma ditadura militar. Generais ocuparam a Presidência da República até 1985, quando toma posse um presidente civil. Abre-se então um período de transição política com a promulgação de uma nova Carta Constitucional em 1988 e com eleições diretas para presidente em 1989. A partir do primeiro governo Cardoso (1995-1998) inicia-se, de fato, o processo de consolidação da democracia.

Embora a denominação do Ministério da Fazenda e a do Banco Central do Brasil tenha permanecido a mesma no período considerado, os nomes dos ministérios do Planejamento e do Desenvolvimento mudaram bastante, assim como as suas atribuições. Durante o governo Collor, por exemplo, Fazenda, Planejamento e Indústria e Comércio foram fundidos numa única pasta, o "Ministério da Economia, Fazenda e Planejamento" (Lei nº 8.028, de 12 de abril de 1990, Art. 17). As várias reformas administrativas desde 1964 alteraram também o *status* desses ministérios: o Planejamento, por exemplo, foi transformado em secretaria da Presidência da República (SEPLAN) em 1974 (Lei nº 6.036, de 1º de maio de 1974, Art. 6º). Com a reforma implementada no governo Fernando Henrique, a SEPLAN foi transformada em Ministério do Planejamento e Orçamento (MPO), conforme Medida Provisória nº 813, de 1º de janeiro de 1995. Outras mudanças seriam feitas no governo Lula. O Ministério do Desenvolvimento, Indústria e Comércio Exterior foi criado pela Lei nº 3.782 de 22 de julho de 1960 ao final do governo de Juscelino Kubitschek como Ministério da Indústria e Comércio e conservou esse nome até 1988. A partir daí

idade e sexo (2012, pp. 514-515).

ele teve uma série de denominações. Transformou-se em Ministério do Desenvolvimento Industrial, Ciência e Tecnologia (1989-1990), foi extinto no governo Collor, recriado na administração Itamar Franco como Ministério da Indústria, do Comércio e do Turismo, em 1992. No segundo governo Fernando Henrique, transformou-se em Ministério do Desenvolvimento, Indústria e Comércio (em janeiro de 1999) e, logo depois, em Ministério do Desenvolvimento, Indústria e Comércio Exterior (em julho de 1999). A fim de adotar uma denominação única padronizamos os nomes em: *Banco Central, Ministério da Fazenda, Ministério do Desenvolvimento* e *Ministério do Planejamento*.

Os dados aqui apresentados referem-se a 88 indivíduos que ocuparam as pastas mencionadas de 1964 até março de 2016. Desse total, 23 ministros serviram exclusivamente no período ditatorial e 65 exclusivamente durante a democracia liberal, compondo, assim, dois grupos bem distintos. O banco de dados compreende, contudo, 109 nomeações para os ministérios, assim distribuídas: 29 mandatos de presidentes do Banco Central do Brasil, 26 mandatos de ministros da Fazenda, 28 mandatos de ministros do Desenvolvimento, Indústria e Comércio Exterior e 26 de ministros do Planejamento, Orçamento e Gestão.

A *unidade de observação* são os ministros dos cinco governos militares (Castello Branco, Costa e Silva, Médici, Geisel, Figueiredo) e os dos nove governos civis (Sarney, Collor, Itamar, FHC I e FHC II, Lula I e Lula II, Dilma I e Dilma II). Porém, nossa *unidade de análise* são os mandatos ministeriais. Isso significa que se um mesmo indivíduo ocupou a mesma pasta ao longo de dois mandatos presidenciais diferentes, ele estará duplicado em nosso banco de dados e será contado duas vezes (por exemplo, Alexandre Tombini foi presidente do Banco Central em Dilma I e Dilma II). Isso vale para o mesmo ministro que dirigiu duas agências diferentes em governos também diferentes (Ernane Galvêas foi Ministro da Fazenda no governo do general Figueiredo e presidente do BC na administração Médici). Da mesma forma, foram somados aqueles indivíduos que chefiaram mais de uma pasta durante um mesmo mandato presidencial (Guido Mantega foi, primeiro, Ministro do Planejamento e, depois, Ministro da Fazenda no governo Lula I). Disso resulta que computamos os mandatos cumpridos nos ministérios econômicos, e não os agentes individuais. Os resultados dos testes estatísticos foram feitos então para 109 casos, assim distribuídos:

Tabela 1. **Ministros da área econômica por pastas ministeriais e por regime político (1965-2016)**

Ministério		Democracia	Ditadura	Total
Banco Central	Nº	20	9	29
	%	25,3	30,0	26,6
Ministério da Fazenda	Nº	20	6	26
	%	25,3	20,0	23,9
Ministério do Desenvolvimento	Nº	19	9	28
	%	24,1	30,0	25,7
Ministério do Planejamento	Nº	20	6	26
	%	25,3	20,0	23,9
Total	Nº	79	30	109
	%	100,0	100,0	100,0

Fonte: Observatório de elites políticas e sociais do Brasil (UFPR)

4. Quanto tempo ficam e por que saem do governo os ministros da área econômica?

4.1. Tempo de permanência dos ministros da economia no cargo

Uma primeira aproximação dos dados revela uma semelhança e algumas diferenças importantes, como se pode ver na Tabela 2.

Quando os dados são olhados independentemente do regime político, verificamos que as médias de tempo em dias de um ministro à frente das diferentes pastas econômicas são muito próximas entre si, assim como as medianas (641 dias em média de permanência de um presidente do Banco Central e 642 dias de um ministro do Desenvolvimento). Neste caso, como há valores muito discrepantes (por exemplo, um ministro do Desenvolvimento permaneceu apenas 33 dias, enquanto outro, 1.986 dias; no Banco Central, Gustavo Franco ficou, no segundo governo Fernando Henrique, apenas 62 dias e Paulo Lira, no governo Geisel, 1.822 dias), as medianas, em torno dos 500 dias, fazem mais sentido. Isso poderia indicar que a duração de um ministro da área econômica dos governos brasileiros é indiferente ao tipo do regime e ao ministério considerado, pois tanto médias como medianas são semelhantes entre si.

Tabela 2. **Número de ministros da área econômica e tempo de permanência no cargo em dias, por regime político e por ministério (1965-2016)**

Por Ministérios	**Nº**	**Média**	**Mediana**	**Desvio padrão**	**Coeficiente de variação**
Banco Central	29	640,72	499,00	534,499	83,42%
Ministério da Fazenda	26	728,35	466,00	616,722	84,67%
Ministério do Desenvolvimento	28	642,18	507,50	492,962	76,76%
Ministério do Planejamento por regime político	26	686,77	583,50	577,922	84,15%
Ditadura + Democracia	109	672,98	511,00	549,077	81,59%
Ditadura	30	997,00	900,00	638,636	64,06%
Democracia por ministérios e por regime político	79	549,94	427,00	458,355	83,35%
Banco Central (ditadura)	9	799,22	557,00	627,373	78,50%
Banco Central (democracia)	20	569,40	474,00	487,889	85,68%
Ministério da Fazenda (ditadura)	6	1262,00	1328,00	616,608	48,86%
Ministério da Fazenda (democracia)	20	568,25	333,00	532,436	93,70%
Ministério do Planejamento (ditadura)	6	1261,50	1328,00	699,614	55,46%
Ministério do Planejamento (democracia)	20	514,35	328,00	418,398	81,34%
Ministério do Desenvolvimento (ditadura)	9	841,78	764,00	604,225	71,78%
Ministério do Desenvolvimento (democracia)	19	547,63	485,00	415,812	75,93%

Fonte: Observatório de elites políticas e sociais do Brasil (UFPR)

No entanto, quando diferenciamos o universo conforme os dois regimes políticos – ditadura militar e democracia –, percebe-se que a média de permanência nos cargos durante a ditadura militar (997 dias) é quase o dobro da encontrada na democracia (550 dias). É provável que isso retrate menos a instabilidade das coalizões políticas do presidencialismo brasileiro e mais as sucessivas crises da própria economia nacional, com repercussões sobre a "área econômica" do governo, do que uma altíssima estabilidade dos gabinetes no período ditatorial-militar. 997 dias são apenas dois anos e sete meses e os generais Geisel e Figueiredo tiveram mandatos de cinco e seis anos, respectivamente[9].

As diferenças são mais marcantes quando desagregamos o tempo de permanência por ministérios e comparamos as pastas entre si nos dois regimes. A divergência entre ditadura e democracia se reproduz como mostram as medianas nos cargos em questão (ficando os ministros da ditadura com um tempo de permanência no cargo sempre acima dos da democracia). Mas duas especificidades merecem destaque.

Em primeiro lugar, consideremos os casos dos Ministérios do Planejamento e da Fazenda. Se durante o período democrático houve 20 titulares à frente de cada uma das pastas, na ditadura foram apenas seis trocas em ambos os ministérios e praticamente todas elas em função do fim do mandato do presidente[10]. Esses foram os ministérios menos sujeitos a mudanças em todos os governos ditatoriais. O maior contraste está, no entanto, nos valores das medianas. Para exemplificar, o titular do Planejamento teria cumprido 1.328 dias nos governos

---

[9] Apesar de haver até aqui poucos estudos sobre a duração dos mandatos ministeriais sob regimes autoritários e totalitários, sabe-se que sob o comunismo o tempo de permanência no cargo era consideravelmente alto. Já os mandatos ministeriais nos regimes militares tendiam a ser curtos, como no caso do Chile. Ver Blondel (1985) *apud* Fischer, Dowding e Dumont (2012, p. 510).

[10] São cinco indivíduos no Planejamento (Delfim Netto, Hélio Beltrão, Reis Velloso, Mario Henrique Simonsen e Roberto Campos), mas computamos seis mandatos, porque Reis Velloso serviu nos governos Médici e Geisel. Igualmente, são cinco indivíduos na Fazenda (Delfim Netto, Ernane Galvêas, Karlos Rischbieter, Simonsen e Bulhões), e Delfim Netto serviu na pasta nas administrações Costa e Silva e Médici.

militares contra apenas 328 dias nos governos civis (nesse último caso, o menor valor de toda a série).

A segunda especificidade a ser destacada é o caso do Banco Central do Brasil, em princípio uma instituição mais burocrática, menos partidária e, portanto, mais "insulada" dos conflitos políticos dos governos se comparada com um ministério ordinário. A proximidade das medianas entre os dois regimes é notável (557 dias na ditadura contra 474 na democracia. Seria possível cogitar que como o número de substituições de presidentes do Banco Central (20) e de ministros da Fazenda (20) é exatamente o mesmo depois do fim da ditadura, o destino do primeiro estaria ligado ao do segundo, sendo ambas substituições simultâneas. Mas não é isso o que acontece. No momento de sucessão de presidentes da República, cinco ministros da Fazenda saem juntamente com os respectivos presidentes do Banco Central. Em outras oportunidades, há mais cinco coincidências entre as saídas de um e de outro. Mas em dez oportunidades não. A intensa rotatividade dos comandantes do BC é notável e ela está associada possivelmente a crises inflacionárias.

Até aqui cotejamos o tempo no cargo conforme os regimes políticos e comparamos os ministérios entre si levando em conta cada contexto político. Seria, contudo, interessante saber se há grandes diferenças entre os tempos de permanência dos diferentes ministros na mesma pasta ou não e, se há, quais as mais discrepantes internamente.

Assim, é útil notar o coeficiente de variação (CV) dos diferentes ministérios em cada regime. O coeficiente de variação de Pearson mede a dispersão dos dados numa série. Ele é obtido pela razão entre o desvio-padrão e a média expresso em porcentagem. Quanto menor o CV, mais homogêneo será o conjunto de dados. Quando não houver variabilidade entre os dados seu valor será zero (*e.g.*, todos os ministros da Fazenda permanecendo o mesmo tempo à frente da pasta em todos os governos). Um conjunto de dados será razoavelmente homogêneo quando o coeficiente de variação for menor ou igual a 25%. Essa é uma medida muito útil na comparação de grupos que, pela sua heterogeneidade, não são, em princípio, comparáveis, como é o caso aqui de 109 ministros de Estado à frente de quatro pastas ao longo de 14 governos em um intervalo de tempo de mais de 50 anos.

Os valores extremamente altos dos desvios-padrão já indicam que os tempos de permanência de cada ministro estão espalhados por uma grande gama de valores. Os CV das pastas por regime político confirmam isso, sendo uma medida mais segura quando as médias, como vimos na Tabela 2, são tão diferentes entre si.

Os quatro gráficos a seguir comparam o tempo de permanência médio dos ministros de cada pasta separadamente com o total de dias do mandato do presidente da República ao longo de todo o intervalo de tempo.

Quanto mais próxima é a linha que mede a permanência dos ministros da área que representa o total de dias do mandato presidencial, menos substituições houve, ou mais estável será aquele ministério. Para cada pasta calculamos também o coeficiente de correlação entre o prazo médio do mandato do ministro (V1) e o prazo do mandato do presidente (V2). A correlação só é significativa entre as duas variáveis para os casos do ministério da Fazenda e o do Planejamento.

Apesar de esses dados expressarem o mesmo que as frequências apresentadas na Tabela 2, eles são interessantes porque nos permitem distribuir a informação de forma mais detalhada por mandato presidencial e não por regimes políticos, permitindo assim levar em maior consideração os contextos históricos e as determinações conjunturais de cada governo.

Tanto a Fazenda como o Planejamento possuem um comportamento praticamente idêntico durante o mandato dos quatro primeiros presidentes da ditadura militar. Ambas as pastas são centrais para o projeto econômico do regime. O Ministério da Fazenda era a instituição responsável pela política macroeconômica (inflação, taxa de desemprego, balanço de pagamentos) e o Ministério do Planejamento era um importante instrumento institucional, durante o governo Geisel (1974-1979), para a condução da política de desenvolvimento dos militares (Codato, 1997). Supomos que essa centralidade sirva para explicar, ao menos em parte, a forte estabilidade constatada pelos nossos dados.

No entanto, a partir do governo Figueiredo, em grande parte em função da crise de endividamento do Estado, do advento da "década perdida" em termos de crescimento econômico (os anos 1980) e da virada neoliberal no início dos anos 1990, o Ministério do Planejamento passa a ser cada vez menos importante para o processo decisório de política econômica. Essa decadência política do MP talvez permita explicar a maior rotatividade de seus titulares, sem que grandes consequências para a gestão macroeconômica pudessem advir desse fato. O Ministério da Fazenda, embora também passe por uma maior rotatividade nos anos 1980 e início dos anos 1990, recupera o seu protagonismo no primeiro governo de Fernando Henrique Cardoso, o que ajudaria, por outro lado, a entender a maior estabilidade dos seus titulares a partir de então.

Mas como explicar o caráter errático dos dados referentes ao Banco Central do Brasil e a sistemática instabilidade no Ministério do

Gráficos 1, 2, 3 e 4

Comparação entre o tempo médio do mandato ministerial com o tempo total do mandato do presidente da República por governos em dias (1964-2016)

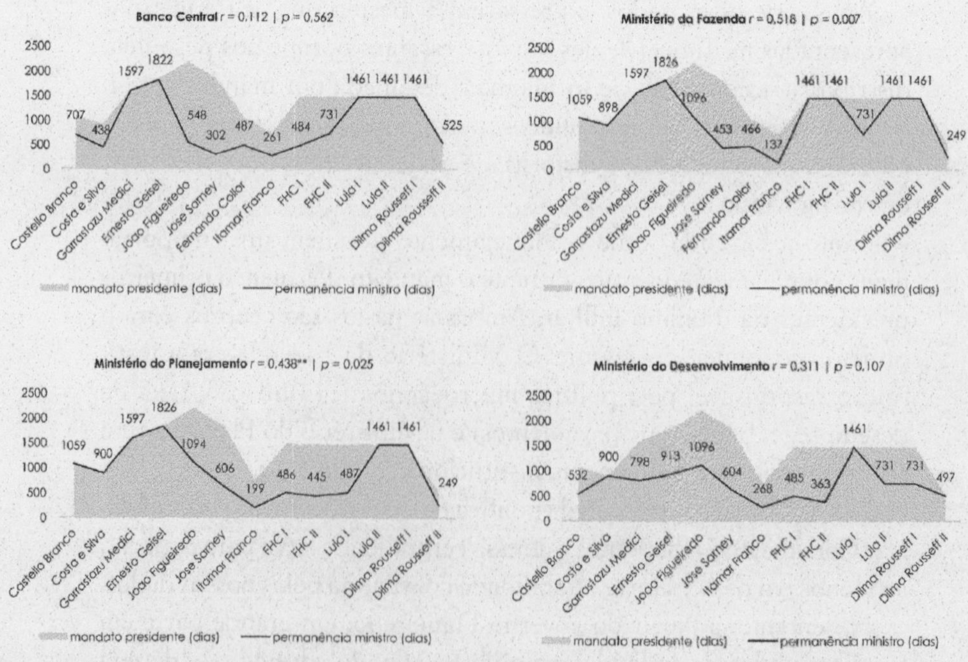

Fonte: Observatório de elites políticas e sociais do Brasil (UFPR)

Desenvolvimento? Seria lícito sugerir que os governos Castelo Branco e Costa e Silva são momentos de institucionalização do BC, o que provavelmente se refletia na escolha dos seus presidentes. Ademais, o Banco Central só obtém protagonismo a partir do governo de Fernando Henrique Cardoso, quando a política monetária para a manutenção do tripé macroeconômico (metas de inflação, *superávit* primário e câmbio flutuante) passa a ser fundamental. Isso, aliás, também deve ser entendido à luz da virada neoliberal no Brasil e, por conseguinte, da hipervalorizarão da política monetária por essa matriz econômica. Como se percebe, é a partir de FHC I que o tempo de permanência do titular do BC sobe sistematicamente, voltando a cair apenas durante o governo Dilma II, já em plena crise econômica e política. Entre Sarney e Itamar Franco, o baixo tempo de permanência no Banco Central deve ser explicado fundamentalmente pelos escândalos que acometeram os titulares da pasta, como veremos no próximo item.

O Ministério do Desenvolvimento, por sua vez, nunca foi muito significativo para a formulação de políticas de desenvolvimento. Durante a ditadura, essa política ficava sob controle do Ministério do Planejamento ou sob comando de outros órgãos, como o Conselho de Desenvolvimento Econômico nos anos de Geisel. Somente no governo Lula I, quando se ensaiou uma política industrial, esse ministério passou a ser o centro do desenho institucional mais amplo (Stumm, 2016). No entanto, não só a política industrial aí desenhada não foi implementada, como, e talvez exatamente por isso, o desenho institucional a ela vinculado se revelou totalmente ineficaz. Isso reduziu significativamente a importância política de um então promissor Ministério implicado de forma explícita no desenvolvimento industrial, com prováveis efeitos sobre a estabilidade dos seus titulares.

4.2. Razões de saídas antecipadas

As razões pelas quais os ministros da área econômica deixam os seus cargos variam bastante. Compilamos nove motivos diferentes em nosso banco de dados ao longo do período de 51 anos.

Os ministros brasileiros deixaram o cargo que ocupavam em razão do fim do mandato do presidente (43,1%), de embates dentro do governo com outros ministros ou com o próprio presidente (23,9%), de escândalos de corrupção (10,1%), para disputar eleições (5,5%), por reformas promovidas pelo presidente em seu gabinete (5,5%), do *impeachment* do chefe de governo (5,5%), de transferência para outros cargos no setor público ou para outras pastas ministeriais (3,7%), do baixo desempenho na função (1,8%) e do término do seu período como interino no cargo (0,9%).

A fim de compreender as causas de saída prematura, retiramos do cálculo aqueles que saíram ao fim do mandato do presidente e os interinos[11]. A Tabela 3 resume esses dados e dá também a informação para os dois regimes, para que se tenha uma ideia da diferença da dinâmica política de ambos.

Tabela 3. **Razões de saída dos ministros da área econômica do cargo por regime político (1965-2016)**

Razões de saída	Todo o período		Democracia		Ditadura	
	Nº	%	Nº	%	Nº	%
Embate	26	42,6	18	36,0	8	72,7
Escândalo	11	18	10	20,0	1	9,1
Eleições	6	9,8	5	10,0	1	9,1
Impeachment	6	9,8	6	12,0	0	0,0
Reforma do gabinete	6	9,8	6	12,0	0	0,0
Transferência	4	6,6	3	6,0	1	9,1
Desempenho	2	3,3	2	4,0	0	0,0
Total	61	99,9	50	100,0	11	100,0

Fonte: Observatório de elites políticas e sociais do Brasil (UFPR)

[11] Fim do mandato e término da interinidade foram retirados dos dados porque não podem ser entendidos como saídas antecipadas do cargo. Juntas, essas variáveis representam 48 casos (geral: 44%); 19 (ditadura: 63,3%) 29 (democracia: 36,7%).

O motivo principal de saída de um ministério da área econômica é o conflito com a política do presidente ou com a linha de política econômica dos outros membros do gabinete (quase 43% do total, independentemente do regime político). A segunda razão, menos da metade desse valor (18%), são escândalos nos quais os ministros são ou estão diretamente implicados. Um dado surpreendente e que chama a atenção por sua insignificância estatística é saída por mau desempenho no cargo: registramos apenas dois casos nessa categoria (Dílson Funaro e Bresser Pereira, ambos no governo Sarney).

Na ditadura militar há predominância de ministros que saíram do posto ao fim do mandato do presidente (19 em 30 casos). O que é notável, por outro lado, é que entre todos os demais que deixaram o cargo antes, 73% o fizeram porque se envolveram em algum conflito, ou político ou sobre a orientação da política econômica[12]. Durante a democracia, o maior percentual de razões de saída se deve também a esses conflitos internos ao gabinete (36%) seguido de escândalos (20%). O dado inesperado fica por conta das saídas para concorrer a eleições (apenas 10%). Seria esperável que a posição de ministro impulsionasse, em boa medida, a carreira política, ao menos no período democrático[13]. Mas é possível que esse número baixo se deva ao fato de estarmos lidando com ministros da área da economia estrito senso.

A Tabela 4 desagrega esses dados por pastas ministeriais conforme o regime político. Isso permite mostrar se os conflitos políticos impactam mais um ministério do que outro.

Na ditadura militar, tanto o Banco Central como o Ministério do Desenvolvimento concentram as demissões em função de embates com outros membros do gabinete. O número é pequeno (são somente 3 casos em cada pasta), mas é bem representativo do que ocorre.

Na democracia, o Banco Central concentra a grande maioria dos casos de saída por escândalo (5 dos 10 registrados), o que talvez tenha

---

[12] Carlos Brandão, Carlos Langoni e Ruy Leme (do Banco Central), Fabio Yassuda, Camilo Penna e Severo Gomes (do antigo Ministério da Indústria e Comércio), Karlos Rischbieter (Fazenda) e Mario Henrique Simonsen (Planejamento).

[13] Os candidatos foram Antônio Kandir, Fernando Pimentel, Fernando Henrique Cardoso, Francisco Dornelles e José Serra.

a ver com a proximidade dos indivíduos desta instituição com o mundo financeiro – os episódios envolveram Elmo Camões (Sarney), Ibrahim Eris (Fernando Collor), Gustavo Loyola e Pérsio Arida (primeiro governo Fernando Henrique) e Gustavo Franco (segundo governo Fernando Henrique).

Tabela 4. **Razões de saída dos ministros da área econômica por regime político e por ministério (1965-2016)**

	Democracia								Ditadura							
	BC		Fazenda		Desenvolvimento		Planejamento		BC		Fazenda		Desenvolvimento		Planejamento	
	Nº	%	Nº	%	Nº	%	Nº	%	Nº	%	Nº	%	Nº	%	Nº	%
Embate	6	46,2	5	38,5	5	45,5	2	15,4	3	60	1	100	3	75	1	100
Escândalo	5	38,5	3	23,1	1	9,1	1	7,7	1	20						
Impeachment	2	15,4	2	15,4	1	9,1	1	7,7								
Desempenho			2	15,4												
Eleições			1	7,7	2	18,2	2	15,4					1	25		
Reforma do gabinete					2	18,2	4	30,8								
Transferência							3	23,1	1	20,0						
Total	13	100	13	100	11	100	13	100	5	100,0	1	100	4	100	1	100

Fonte: Observatório de elites políticas e sociais do Brasil (UFPR)

Mas a principal razão que motiva as demissões dos presidentes do Banco Central do Brasil nos governos civis (46%) são os conflitos ocorridos no interior das respectivas equipes econômicas. Quase todos eles ocorreram na administração de José Sarney (Antônio Carlos Lemgruber, Fernando Milliet, Fernão Bracher e Francisco Gros) ou Itamar Franco (Gustavo Loyola e Paulo Cesar Ximenes).

Durante o regime democrático, o ministério menos impactado por cizânias na equipe de governo foi o Planejamento: mais de 50% das alterações no comando da pasta resultaram ou de reformas no gabinete (Alexis Stepanenko, Nelson Machado, Paulo Haddad e Pedro Parente) ou promoção a outros cargos.

5. Chances de sobreviver até o fim do mandato presidencial

No teste a seguir, mobilizamos algumas variáveis para testar quais delas afetam as chances de sobrevivência dos ministros analisados. Para tanto, usamos as curvas de Kaplan-Meier e os testes correspondentes. Para a realização desse teste, é preciso identificar os casos censurados. Os casos censurados são os que permaneceram no governo por todo o tempo dos respectivos mandatos presidenciais em que atuaram e perfazem um total de 48 mandatos (44%); os demais 61 mandatos (56%) são os que sofreram o evento a ser explicado (a saída do cargo durante o mandato presidencial). Com isso, criamos uma variável *dummy* codificada em 1 = os que foram exonerados do cargo e 0 = os que não foram exonerados.

As variáveis utilizadas no teste estão resumidas no Quadro 2.

Quadro 2. **Definição das variáveis e estatística descritiva**[14]

	Variável	Descrição	N	%
Variáveis pessoais	Político profissional	1 = Sim 0 = Não	32 77	29,4 70,6
	Experiência legislativa	1 = Sim 0 = Não	19 90	17,4 82,6
	Origem profissional	1 = Mercado 0 = Setor público/universidade	20 89	18,3 81,7
	Formação	1 = É economista 0 = Não é economista	54 55	49,5 50,5
	Tempo de carreira*	1 = Acima de 26 anos (mediana) 0 = Abaixo de 26 anos	57 50	52,3 45,9
Variáveis sistêmicas	Regime político	1 = Democracia 0 = Ditadura	79 30	72,5 27,5
	Crise econômica	1 = Sim 0 = Não	62 47	56,9 43,1

* Sem informação = 2 (1,8%)

Fonte: Observatório de elites políticas e sociais do Brasil (UFPR)

14 A variável "partido político", que nos permitiria analisar questões relativas ao presidencialismo de coalizão, não foi incluída porque nos obrigaria a desconsiderar os dados referentes ao período da ditadura militar que estrutura todo o capítulo.

As variáveis foram assim definidas:

1. *político profissional*: ministros de Estado que ocuparam nos últimos quatro postos majoritariamente (ou seja, 50% ou mais): *i*) cargos de natureza eletiva (vereador, prefeito, deputado, senador, governador), *ii*) cargos partidários (membros, secretários e presidentes de diretórios regionais e nacionais, assim como executivas municipais, estaduais e nacionais de partidos políticos) e *iii*) cargos de nomeação em primeiro escalão (secretário municipal, secretário, ministro de Estado);
2. *experiência legislativa*: indivíduos que passaram ao menos por um cargo de natureza legislativa (Câmara de Vereadores, Assembleias Legislativas Estaduais, Congresso Nacional);
3. *origem profissional*: definida a partir da última ocupação antes de ser nomeado para o cargo;
4. *formação*: definida a partir do primeiro diploma de graduação informado pela fonte consultada;
5. *tempo de carreira*: definida pela diferença entre o ano de ocupação do primeiro cargo da carreira e o ano de ocupação do último cargo antes da nomeação para a pasta;
6. *regime político*: se ocupou cargo durante a ditadura ou durante a democracia;
7. *crise econômica*: leva em conta taxas de crescimento, medidas pelo PIB, e taxas de inflação. Foi feita uma média dos critérios por governo individualmente, mas desprezando especificidades conjunturais. Um governo que dura quatro anos pode ser afetado por crise econômica nos dois primeiros, mas nos dois últimos, não. Definimos como governos em crise econômica severa os seguintes: João Figueiredo, José Sarney, Fernando Collor, Itamar Franco, FHC II e Dilma Rousseff II. Definimos como governos sem crises econômicas muito graves que afetaram todo o seu desempenho (crescimento e inflação) os seguintes: Castello Branco, Costa e Silva, Garrastazu Médici, Ernesto Geisel, FHC I, Lula I, Lula II e Dilma Rousseff I.

O teste de *log rank* para todas as variáveis acima listadas revelou haver relação estatisticamente significativa apenas entre as chances de sobrevivência dos ministros, os diferentes regimes políticos e a presença de crise econômica. Para a variável regime político temos 48 casos censurados (44% do total de casos). Desses, 19 casos são referentes ao regime ditatorial (aqui codificado como 0) e 29 casos se referem ao período democrático (codificado como 1). O teste de *log rank* se revelou significativo com p valor < 0,001, indicando haver associação estatística significativa entre regime político e chances de sobrevivência no cargo. Essa relação fica visualmente clara na Figura 1.

Figura 1. **Teste de igualdade de distribuições de sobrevivência para os diferentes níveis de regime político (ditadura e democracia)**

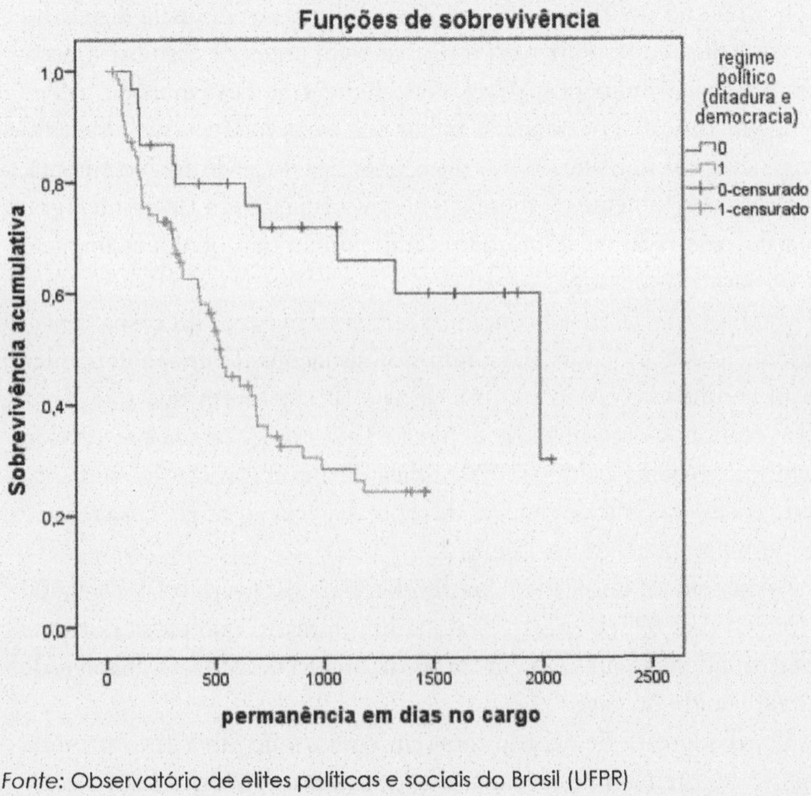

Fonte: Observatório de elites políticas e sociais do Brasil (UFPR)

Confirmando as informações já apresentadas, esse teste revela que as chances de sobrevivência no cargo de um ministro da área da economia eram maiores durante a ditadura militar do que são atualmente na democracia. O modelo de Regressão Cox revelou para essa variável *Sig* = ,035 e *Exp*(B) de 2,176, o que indica que um ministro da área econômica do período democrático tem em torno de duas vezes mais chances de ser exonerado do cargo.

Como já comentamos, é bastante esperado esse padrão de sobrevivência nos dois regimes dada a configuração, sobretudo, do governo de coalizão da democracia brasileira em que o número de partidos efetivos é extremamente alto. Os dados revelam que nem mesmo os ministérios econômicos, normalmente tidos como "técnicos", escapam dessa lógica, pelo menos se compararmos a dinâmica de nomeação e exoneração com os tempos da ditadura.

Ser ou não político profissional, ter ou não experiência legislativa prévia e mesmo possuir uma longa carreira antes de assumir a pasta não produzem influência sobre suas chances de ficar mais ou menos tempo na função. Poderíamos cogitar que essas variáveis são alheias às exigências dos ministérios da área econômica do governo. No entanto, ter vindo diretamente do mercado ou ter formação em Economia (graduação, mestrado ou doutorado) também não têm qualquer impacto no evento considerado.

Para a variável crise econômica temos os mesmos 48 casos censurados. Desses, 17 casos passaram por situações de crise econômica (aqui codificadas como 0) e 31 casos a situações em que não havia crise econômica (codificadas como 1). O teste de *log rank* se revelou significativo com *p* valor < 0,000, indicando haver associação estatística entre crise econômica e chances de sobrevivência no cargo. Essa relação fica visualmente clara na Figura 2.

O modelo de Regressão Cox revelou para essa variável *Sig* = 0,000 e *Exp*(B) de 3,922, o que indica que um ministro que passa por uma crise econômica tem algo em torno de quatro vezes mais chances de ser exonerado do cargo.

O achado está de acordo também com o que Silva encontrou na análise de sistemas presidenciais de dez países da América Latina entre

Figura 2. **Teste de igualdade de distribuições de sobrevivência para os diferentes níveis de crise econômica**

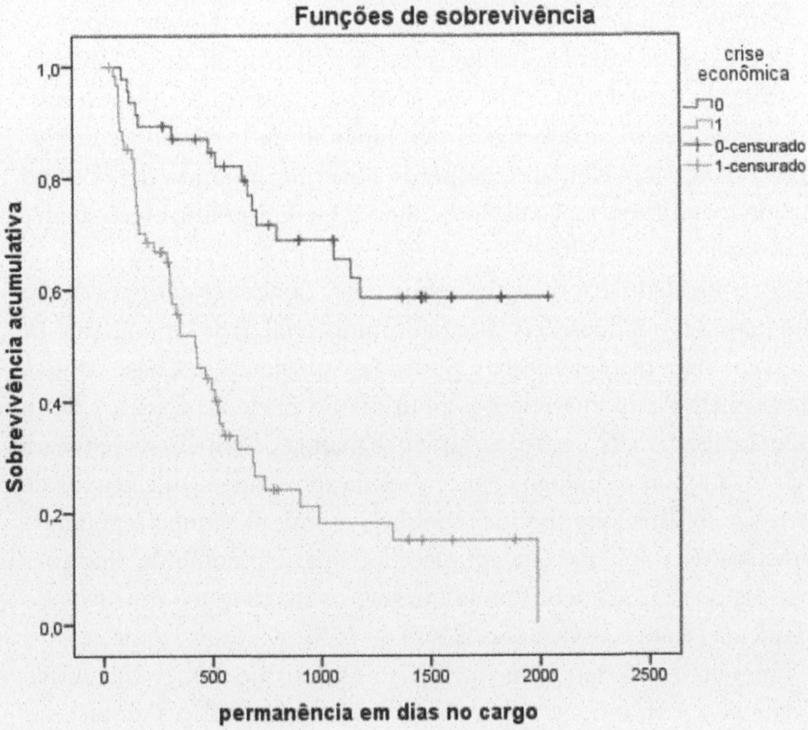

Fonte: Observatório de elites políticas e sociais do Brasil (UFPR)

1978 e 2007, com o Brasil incluído. A durabilidade dos gabinetes dependeu de três fatores: inflação, desemprego e a fragmentação partidária da coalizão de governo (Silva, 2016). Warwick (1992), estudando a sobrevivência do governo em 16 democracias parlamentares europeias do pós-guerra destacou dois fatores determinantes: taxas de inflação e nível de desemprego.

Conclusões

Razões de saída são *proxies* tão importantes quanto razões de entrada no gabinete. Por sua vez, o tempo de permanência dos ministros não deve ser visto como um dado em si mesmo, mas como a expressão de fatores políticos muitas vezes contraditórios, já que um nível alto de instabilidade ministerial pode ser considerado tanto negativo quanto positivo.

Por um lado, demissões constantes podem indicar a perda de controle do presidente sobre sua gestão administrativa (sendo uma das expressões disso um baixo desempenho do indicado), conflitos internos inconciliáveis na equipe de governo ou ainda divisões no partido majoritário na coalizão quando à melhor política (econômica no nosso caso) a seguir.

Por outro lado, exonerações ministeriais também são uma solução para impasses políticos. A rotatividade ministerial pode ser uma válvula de escape para disputas entre o partido do presidente e a base política aliada, melhorando as relações políticas do chefe de Estado com o Poder Legislativo. Nomeações durante o mandato também servem para abrir ou ampliar o diálogo com setores da sociedade civil e grupos de interesses, redirecionar políticas públicas ou mesmo anular o poder de ministros/partidos que lançam mão do cargo em nome de ambições políticas que extrapolem (ou até mesmo contrariem) os objetivos do presidente (Kam e Indriđason, 2005).

Frequentes mudanças no primeiro escalão do Poder Executivo podem acarretar a interrupção não planejada de políticas ambiciosas – como políticas industriais ou monetária, por exemplo – que precisariam de maior tempo para surtirem efeitos, ou podem ser vistas como um sinal de enfraquecimento político do chefe de Estado. Todavia, governos com equipes muito estáveis podem apresentar dificuldades para resolver problemas devido à falta de oxigenação de seus quadros (Praça, Freitas e Hoepers, 2012). Por isso, o presidente da República lança mão, conscientemente, através da reacomodação de ministros e do rodízio de pessoal em postos da burocracia, de pontes informais de comunicação entre as diferentes áreas do governo. Tais mudanças poderiam até facilitar a implementação e a gestão de políticas ou programas mais complexos, de caráter interministerial (Schneider, 1992).

Este é um trabalho sobre as equipes econômicas ainda exploratório cujo objetivo foi descrever alguns achados empíricos. Três aspectos foram evidenciados pelos dados aqui apresentados.

As diferenças encontradas em termos de tempo de permanência no posto de ministro revelam o contraste entre o período ditatorial e o democrático: sem que o primeiro seja completamente estável, esse último é marcado por alta instabilidade. Seria tentador imaginar que o poder discricionário dos presidentes para nomearem suas equipes econômicas durante a ditadura militar deveria produzir um time harmônico e, com isso, mais pacificação. Ocorre, contudo, que a grande razão de demissões nesse caso são os conflitos entre os titulares das pastas ministeriais (8 de 11 casos). O que nos conduz ao segundo achado.

No regime da Constituição de 1988, reordenações do gabinete seriam, teoricamente, a razão principal da saída dos ministros e teriam a ver com o presidencialismo de coalizão, que obriga o presidente a periodicamente reorganizar sua equipe em função de mudanças na base de apoio parlamentar. Como os ministérios econômicos tendem a ser mais "técnicos" e insulados da política quotidiana, eles estariam, em boa medida, mais protegidos. Isso é correto, já que embates no interior da área econômica entre os próprios decisores (36% dos casos) e escândalos (20%) foram o critério dominante de demissão. As duas evidências apontam assim para um grau elevado de conflito interno na área econômica do governo brasileiro.

Por último, nenhuma variável de perfil profissional (setor de origem, tempo de carreira, formação em Economia) ou perfil político (ser político profissional, ter experiência legislativa) foi estatisticamente significativa para as chances de sobrevivência do ministro no cargo. Assim, não foram atributos ligados aos indivíduos, mas variáveis sistêmicas – *tipo de regime político* e *ocorrência ou não de crise econômica* – que se mostraram relevantes para explicar a rotatividade. Esse achado contraria a percepção segundo a qual *experts* com perfil técnico ou peritos em Economia seriam menos sujeitos à demissão do que os titulares com *background* político.

Ao evidenciarmos as taxas de sobrevivência e as razões de demissões de ministros, abre-se, a partir de uma perspectiva pouco usual, uma agenda promissora para o estudo do Estado, da burocracia e das políticas públicas.

Ao menos três assuntos podem ser mais bem estudados quando se considera com mais atenção o *turnover* ministerial: (*i*) o quanto tudo isso repercute sobre a estabilidade das burocracias ministeriais – isto é, sobre a taxa de permanência das assessorias e do corpo técnico – e se isso seria um elemento perturbador ou não para as estruturas e as rotinas desses ministérios/Banco Central; (*ii*) o quanto ministérios mais politizados – isto é, mais sujeitos à barganha do presidente com os partidos da base do governo no Legislativo – seriam mais instáveis e o quanto isso comprometeria suas capacidades de formulação e implementação de políticas públicas; e (*iii*) o quanto a questão da instabilidade/estabilidade do ministro tem a ver com permeabilidade/impermeabilidade a demandas, gestões e pressões de atores extra-estatais sobre um determinado ministério ou Banco Central.

Referências

Abranches, S. "Presidencialismo de coalizão: o dilema institucional brasileiro". *Dados – Revista de Ciências Sociais*. Rio de Jnaieor, ano 31, nº 1 (1988), pp. 5-34. Disponível em: <https://edisciplinas.usp.br/pluginfile.php/4251415/mod_resource/content/1/AbranchesSergio%281988%29_PresidencialismodeCoalizao.pdf>. Acesso em: 28 out. 2022.

Abreu, A. A., Beloch, I., Lattman-Weltman, F. e Niemeyer, S. T. (ed.). *Dicionário histórico-biográfico brasileiro*. Rio de Janeiro: Centro de Pesquisa e Documentação de História Contemporânea do Brasil/Fundação Getúlio Vargas, 2001.

Akhtari, M., Moreira, D. e Trucco, L. "Political Turnover, Bureaucratic Turnover, and the Quality of Public Services". *In*: *SSRN Electronic Journal*. Elsevier: [*S.l.*], ano 617 (2017), pp. 1-89. Disponível em: <https://doi.org/10.2139/ssrn.2538354>. Acesso em: 28 out. 2022.

Amorim Neto, O. "Gabinetes presidenciais, ciclos eleitorais e disciplina legislativa no Brasil". *Dados*. Scielo Brasil: [*S.l.*], ano 43, nº 3 (2000), pp. 479-519. Disponível em: <https://doi.org/10.1590/S0011-52582000000300003>. Acesso em: 28 out. 2022.

Amorim Neto, O. "Algumas consequências políticas de Lula: novos padrões de formação e recrutamento ministerial, controle de agenda e produção legislativa". *In*: Nicolau, J. e Power, T. J. (ed.). *Instituições representativas no Brasil: balanço e reforma*. Belo Horizonte: Editora da UFMG, 2007. pp. 55-73.

Araújo, C. M., Costa, S. F. e Fittipaldi, Í. "Boa noite, e boa sorte: determinantes da demissão de ministros envolvidos em escândalos de corrupção no primeiro governo Dilma Rousseff". *Opinião Pública*. Scielo Brasil: Campinas, ano 22, nº 1 (2016), pp. 93-117. Disponível em: <https://doi.org/10.1590/1807-019120162219>. Acesso em: 28 out. 2022.

Banco Central do Brasil. *Composição Histórica da Diretoria – por gestão dos presidentes – desde 1965*. Disponível em: <http://www.bcb.gov.br/pre/historia/comp_historica_BCB_gestao.pdf>. Acesso em: 28 out. 2022.

Batista, M. "A Conexão Ministerial: governo de coalizão e viés partidário na alocação de emendas parlamentares ao orçamento (2004-2010)". *Revista Ibero-Americana de Estudos Legislativos*. FGV SB: Rio de Janeiro, ano 4, nº 1 (2015), pp. 3-16. Disponível em: <https://doi.org/10.12660/riel.v4.n1.2015.49202>. Acesso em: 28 out. 2022.

Berlinski, S., Dewan, T. e Dowding, K. "The Length of Ministerial Tenure in the United Kingdom, 1945–97". *British Journal of Political Science*. Cambridge University Press: [*S.l.*], ano 37, nº 2 (2007), pp. 245-262. Disponível em: <https://doi.org/10.1017/S0007123407000129>. Acesso em: 28 out. 2022.

Berlinski, S., Dewan, T., Dowding, K. e Subrahmanyam, G. "Choosing, moving and resigning at Westminster, UK". *In*: Dowding, K. e Dumont, P. (ed.). *The Selection of Ministers in Europe: Hiring and Firing* . Abingdon: Routledge, 2009. pp. 58-78.

Blondel, J. *Government ministers in the contemporary world*. Thousand Oaks: Sage, 1985.

Boyne, G. A., James, O., John, P. e Petrovsky, N. "Does political change affect senior management turnover? An empirical analysis of top-tier local authorities in England". *Public Administration*. Wiley Online Library: [*S.l.*], ano 88, nº 1 (2010), pp. 136-153. Disponível em: <https://doi.org/10.1111/j.1467-9299.2009.01751.x>. Acesso em: 28 out. 2022.

Camerlo, M. "Gabinetes de partido único y democracias presidenciales. Indagaciones a partir del caso argentino". *América Latina Hoy*. Ediciones Universidad de Salamanca: Salamanca, ano 64 (2013), pp. 119-142.

Disponível em: <http://revistas.usal.es/index.php/1130-2887/article/view/10245>. Acesso em: 28 out. 2022.

Camerlo, M. e Pérez-Liñán, A. "Minister turnover, critical events, and the electoral calendar in presidential democracies". *The Journal of Politics*. The University of Chicago Press: [*S.l.*], ano 77, nº 3, (2015), pp. 608-619. Disponível em: <https://doi.org/10.1086/681028>. Acesso em: 28 out. 2022.

Codato, A. *Sistema estatal e política econômica no Brasil pós-64*. São Paulo; Curitiba: Hucitec; ANPOCS; Ed. UFPR, 1997.

Fettelschoss, K. e Nikolenyi, C. "Learning to rule: Ministerial careers in post-communist democracies". *In*: Dowding, K. e Dumont, P. (eds.). *The selection of ministers in Europe: hiring and firing*. Abingdon: Routldge, 2009. pp. 204-227

Fischer, J., Dowding, K. e Dumont, P. "The duration and durability of cabinet ministers". *International Political Science Review*. Sage journlas: [*S.l.*], ano 33, nº 5 (2012), pp. 505-519. Disponível em: <https://doi.org/10.1177/0192512112462971>. Acesso em: 28 out. 2022.

González-Bustamante, B. e Olivares, A. "Cambios de gabinete y supervivencia de los ministros en Chile durante los gobiernos de la Concertación (1990-2010)". *Colombia Internacional*. Universidad de los Andes: [*S.l.*], ano 87(87) (2016), pp. 81-108. Disponível em: <https://doi.org/10.7440/colombiaint87.2016.04>. Acesso em: 28 out. 2022.

Hansen, M. E., Klemmensen, R., Hobolt, S. B. e Bäck, H. "Portfolio saliency and ministerial turnover: dynamics in scandinavian postwar cabinets". *Scandinavian Political Studies*. Wiley Online Library: [*S.l.*], ano 36, nº 3 (2013), pp. 227-248. Disponível em: <https://doi.org/10.1111/1467-9477.12004>. Acesso em: 28 out. 2022.

Huber, J. D. "How does cabinet instability affect political performance? Portfolio volatility and health care cost containment in parliamentary democracies". *The American Political Science Review*. Cambridge University Press: [*S.l.*], ano 92, nº 3 (1998), pp. 577-591. Disponível em: <https://doi.org/10.2307/2585482>. Acesso em: 28 out. 2022.

Huber, J. D. e Lupia, A. "Cabinet Instability and Delegation in Parliamentary Democracies". *American Journal of Political Science*. Midwest Political Science Association (MPSA): [*S.l.*], ano 45, nº 1 (2001), pp. 18-33. https://doi.org/10.2307/2669357

Huber, J. D. e Martinez-Gallardo, C. Replacing Cabinet Ministers: Patterns of Ministerial Stability in Parliamentary Democracies. *American Political Science Review*. Cambridge University Press: [*S.l.*], ano 102, nº 2 (2008), pp. 169-180. Disponível em: <https://doi.org/10.1017/S000305540808012X>. Acesso em: 28 out. 2022.

Inácio, M. "Escogiendo ministros y formando políticos: los partidos en gabinetes multipartidistas". *América Latina Hoy*. USAL Revistas – Gestor online: [*S.l.*], ano 64 (2013), pp. 41-66. http://revistas.usal.es/index.php/1130-2887/article/view/10231

Iyer, L. e Mani, A. "Traveling Agents: Political Change and Bureaucratic Turnover in India". *Review of Economics and Statistics*. MIT Press Direct: [*S.l.*], ano 94, nº 3 (2012), pp. 723-739. https://doi.org/10.1162/REST_a_00183

Kam, C. e Indridason, I. Cabinet dynamics and ministerial careers in the French Fifth Republic. In: Dowding, K. e Dumont, P. (eds.). *The selection of ministers in Europe: hiring and firing*. Abingdon: Routledge, 2009. pp. 41-57.

Kam, C. e Indriđason, I. "The Timing of Cabinet Reshuffles in Five Westminster Parliamentary Systems". *Legislative Studies Quarterly*. Jstor: [*S.l.*], ano 30, nº3 (2005), pp. 327-363. Disponível em: <https://www.jstor.org/stable/pdf/3598639.pdf>. Acesso em: 28 out. 2022.

Lewis, D. E. "Testing Pendleton's premise: Do political appointees make worse bureaucrats?". *The Journal of Politics*. The University of Chicago Press: [*S.l.*], ano 69, nº 4 (2007), pp. 1073-1088. Disponível em: <https://doi.org/10.1111/j.1468-2508.2007.00608.x>. Acesso em: 28 out. 2022.

Lopez, F., Bugarin, M. e Bugarin, K. "Turnover of Political Appointments in Brazil, 1999 to 2012 – Key Indicators". *International Journal of Cooperation Studies*. [*S.l.*], ano 22, nº 1 pp. 109-120.

Martínez-Gallardo, C. "Designing Cabinets: Presidential Politics and Ministerial Instability". *Journal of Politics in Latin America*. Sage journals: [*S.l.*], ano 6, nº 2 (2014), pp. 3-38. Disponível em: <https://doi.org/10.1177/1866802X14006002>. Acesso em: 28 out. 2022.

O'Malley, E. "Constructing and maintaining Irish governments". *In*: Dowding, K. e Dumont, P. (ed.). *The Selection of Ministers in Europe: Hiring and Firing*. Abingdon: Routledge, 2009. vol. 179-193.

Palotti, P. L. de M. *Estratégias de seleção e substituição de ministros de Estado no presidencialismo de coalizão brasileiro: perfil, alocação e rotatividade*. Brasília: Universidade de Brasília, 2017.

Perissinotto, R., Codato, A. e Gené, M. "Quando o contexto importa: análise do turnover ministerial na Argentina e no Brasil após a redemocratização". *Revista Brasileira de Ciências Sociais*. Scielo Brasil: [*S.l.*], ano 35, nº 104 (2020), e3510412. Disponível em: <https://doi.org/10.1590/3510412/2020>. Acesso em: 28 out. 2022.

Pinto, A. C. e Almeida, P. T. "Portugal: the Primacy of "Independents"". In: Dowding, K. e Dumont, P. (eds.). *The selection of ministers in Europe: hiring and firing*. Abingdon: Routledge, 2009. pp. 147-158

Praça, S., Freitas, A. e Hoepers, B. "A rotatividade dos servidores de confiança no governo federal brasileiro, 2010-2011". *Novos Estudos CEBRAP*. Scielo Brasil: [*S.l.*], ano 94 (2012), pp. 91–107. https://doi.org/10.1590/S0101-33002012000300004

Schneider, B. R. *Politics within the State: Elite Bureaucrats and Industrial Policy in Authoritarian Brazil*. Pittsburgh: University of Pittsburgh Press, 1992.

Silva, T. How long will it last? Cabinet termination in presidential systems. *In*: AMERICAN POLITICAL SCIENCE ASSOCIATION ANNUAL MEETING, 12., 2016, Philadelphia. *Anais* [...]. Philadelphia: American Political Science Association (APSA), 2016. pp. 1-49.

Stumm, M. G. Poder político de ideias econômicas: desenvolvimentismo e política industrial nos governos Lula e Dilma. *In:* ENCONTRO DA ABCP, 10, 2016, Belo Horizonte. *Anais eletrônicos* [...]. Belo Horizonte: Associação Brasileira de Ciência Política (ABCP), 2016.

Warwick, P. "Economic Trends and Government Survival in West European Parliamentary Democracies". *The American Political Science Review*. Cambridge University Press: [*S.l.*], ano 86, nº 4 (1992), pp. 875-887. https://doi.org/10.2307/1964341

Wood, B. D. e Marchbanks, M. P. "What determines how long political appointees serve?". *Journal of Public Administration Research and Theory*. Oxford Academic: [*S.l.*], ano 18, nº 3 (2008), pp. 375-396. https://doi.org/10.1093/jopart/mum019

8.

A POLÍTICA DOS ESPECIALISTAS: O CASO DO BNDES[1]

Alessandro Tokumoto; Rodolfo Dias; Renato Perissinotto; Eric Gil Dantas

O Banco Nacional de Desenvolvimento Econômico e Social (BNDES) foi criado em 1952, ainda durante o segundo governo de Getúlio Vargas, como instituição responsável pelo planejamento, captação de recursos e fomento de um amplo projeto de industrialização no Brasil. O Banco, que historicamente se notabilizou pelo papel desempenhado durante o Plano de Metas de Juscelino Kubistchek, atualmente é uma das principais agências de fomento no mundo e o braço operacional do governo brasileiro como provedor de recursos ao investimento.

O presente capítulo tem como objeto o BNDES entre os anos de 1995 e 2016, abrangendo os dois governos de Fernando Henrique Cardoso (FHC I e FHC II), os dois governos de Luiz Inácio Lula da Silva (Lula I e Lula II) e os dois governos de Dilma Rousseff (Dilma I e Dilma II). São duas as perguntas que pretendemos responder: a) por quais instituições passam os presidentes e diretores do BNDES no período analisado antes de chegarem às suas posições dentro do

---

[1] Publicado originalmente como: Tokumoto, A., Dias, R., Dantas, E. G. e Perissinotto, R. "Specialists and Politics: The Recruitment of Presidents and Directors of BNDES in the PSDB and PT Administrations". *Brazilian Political Science Review*, vol. 15, nº 2 (2021), pp. 1-30. Disponível em: <https://doi.org/10.1590/1981-3821202100020005>. Acesso em: 30 out. 2022.

Banco?; b) há, quanto a este ponto, diferenças entre os governos do PSDB e do PT?

Para responder a essas duas questões, o capítulo está estruturado da seguinte forma. Além desta apresentação, temos uma primeira parte em que discutimos a literatura especializada sobre a natureza do BNDES como instituição e situamos o nosso trabalho perante ela. Em seguida, apresentamos os dados por nós coletados e a metodologia utilizada para a análise da estrutura da carreira prévia de todos os dirigentes e presidentes do BNDES ao longo do período estudado. Na terceira parte, concentramos as nossas análises apenas nos presidentes e diretores do Banco durante os dois governos de Fernando Henrique Cardoso (sociograma 1). Posteriormente, analisamos a carreira dos presidentes e diretores do BNDES durante os governos do PT. Os governos Lula (sociograma 2) e os governos Dilma (sociograma 3) foram apresentados separadamente devido à mudança da chefia do Poder Executivo. Em uma última parte, analisamos a rede de diretores e presidentes (sociograma 4) no que diz respeito à sua origem externa ou interna ao BNDES com vistas a fortalecer a nossa tese quanto ao papel político dos presidentes na conformação das diretorias do Banco. Por fim, a título de conclusão, fazemos algumas considerações finais sobre os dados apresentados neste capítulo, enfatizando que a oposição entre "técnica" e "política", recorrentemente utilizada para caracterizar não apenas o BNDES, mas também outras instituições do Estado brasileiro, deve ser qualificada.

1. O BNDES na literatura: do insulamento ao recrutamento

Nessa seção pretendemos apresentar de forma resumida a literatura que estuda o BNDES. A nosso ver, podemos dividir tais trabalhos em três grupos. O primeiro deles enfatiza o Banco como entidade insulada em relação à política e procura explicar como essa condição se formou historicamente; o segundo conjunto de trabalhos enfatiza o lugar do Banco no sistema financeiro e sua capacidade de adaptação às mudanças no nosso desenvolvimento econômico; por fim, o terceiro conjunto de trabalhos foca sua atenção na relação entre o Banco e o Poder Executivo e, por extensão, no processo de recrutamento dos seus dirigentes. Essa divisão, como dissemos, é uma questão de ênfase, já que esses dois últimos grupos de trabalho reconhecem ser a autonomia do quadro técnico do Banco uma de suas características mais marcantes. No entanto, ao lado desse tema clássico, tais trabalhos adicionam outras questões que enriqueceram a análise da instituição.

O primeiro conjunto de trabalhos sobre o BNDES é o mais conhecido, sendo formado por estudos que, ao se preocuparem essencialmente com aspectos organizacionais da instituição, atribuem lugar central à autonomia do Banco frente às injunções, necessariamente instáveis, da vida política brasileira. Segundo essa tese, o BNDES é exemplo de organização burocrática e moderna que, ao se institucionalizar, conseguiu criar barreiras perante as pressões políticas e patrimonialistas oriundas da luta eleitoral e partidária. Essa capacidade de proteger a lógica interna de funcionamento da instituição é vista como característica fundamental de um tipo ideal de relações entre governo e instituições políticas, predominante em alguns ramos do aparelho estatal brasileiro construído depois dos anos 1930, consagrada na literatura por meio da locução “insulamento burocrático” (Nunes, 1997, p. 34).

Sob a condição de insulamento, a legitimidade da instituição estaria em grande parte associada à sua autonomia perante a política e à capacidade técnica dos burocratas no seu comando. A existência de “ilhas de excelência” no aparelho estatal brasileiro foi ressaltada por várias outras importantes interpretações sobre a burocracia do país, em que normalmente se associa o insulamento burocrático ao relativo sucesso do planejamento estatal e da política econômica nas décadas de 1950, 1960 e 1970 (Bresser-Pereira, 2014; Geddes, 1994; Leopoldi, 1992; Jaguaribe, 1977; Lafer; 1975). Nesses estudos, o insulamento burocrático é, ele próprio, um projeto político que, em função de condições históricas determinadas vigentes a partir dos anos 1930, sai vitorioso, ao menos em parte, afetando determinadas dimensões do Estado brasileiro e deixando outras à mercê do velho patrimonialismo da política nacional.

Tendo em vista o problema do "insulamento burocrático", alguns estudos buscaram identificar quais aspectos institucionais viabilizaram a construção de uma administração vista como de "excelência" no interior do BNDES, revelando o surgimento histórico de um modelo de gestão inovador dentro do aparelho estatal brasileiro, com ferramentas de recrutamento pautadas pela meritocracia, desde os anos iniciais do banco até períodos mais recentes (Klüger, 2015; Willis, 1995; Sikkink, 1998). Buscando explicar esse processo de expansão da máquina estatal brasileira, Geddes (1990) argumenta que reformas com o objetivo de aumentar a capacidade estatal e a condição de insulamento somente ocorrem quando essa estratégia proporciona maiores vantagens aos líderes do Poder Executivo em relação à via alternativa da patronagem política. Deste modo, para a autora, a construção de agências como o BNDES foi resultado da estratégia assumida principalmente pelo segundo governo Vargas e de Juscelino Kubistchek.

O segundo grupo de trabalhos reconhece no Banco uma instituição formada por corpo técnico qualificado e com elevado grau de autonomia, mas ao mesmo tempo chama a atenção para o fato de a instituição conseguir se readequar às novas etapas do desenvolvimento nacional e, por isso, capaz de se manter como instituição relevante ao longo de sua existência. O trabalho de Luciano Martins (1985) é o primeiro a enfatizar a capacidade do BNDES de expandir seu escopo de atuação num ambiente de constante competição entre agências públicas. Buscando aumentar a captação de recursos, o Banco passou da condição de financiador público para posição de principal agência de fomento do setor privado, em meados dos anos 1960. Colby (2013) argumenta que a capacidade técnica dos quadros do banco foi aspecto central para a manutenção de sua relevância e de seu elevado nível de autonomia, mesmo com as diferentes orientações governamentais macroeconômicas ao longo da sua história institucional. No entanto, como ressalta Dias (2017), a continuidade da centralidade do BNDES está também associada à capacidade do banco de preservar seu espaço de atuação no sistema financeiro nacional. Em linhas gerais, estes trabalhos associam o desenvolvimento institucional do BNDES com o próprio desenvolvimento do ambiente financeiro e com as etapas do desenvolvimento econômico nacional[2]. Enfatiza-se aqui a importância que o banco assume ao preencher a lacuna histórica da ausência de créditos de longo prazo no nosso sistema financeiro e de se readequar a novos momentos históricos.

Parte dessa literatura também chama a atenção para a relevância do Poder Executivo com sua capacidade de definir as diretrizes macroeconômicas do Banco. A relação do BNDES com o Poder Executivo, aliás, continua sendo problema central de estudos mais recentes. Quanto a este ponto, Schapiro (2017), utilizando da abordagem legal-administrativa, defende a existência de dois níveis de discricionariedade no BNDES. No primeiro nível, com relação aos fins, a agenda política é definida a partir de um diálogo constante das autoridades do Banco com o Poder Executivo, que tem amplas ferramentas para definir os objetivos finais da instituição. No segundo nível, o da escolha das estratégias e dos projetos a serem financiados, atua o corpo técnico do BNDES, definindo as opções de ação do Banco. Ou seja, como já destacado pela tradicional literatura sobre o insulamento burocrático do BNDES, a instituição possui algum grau de autonomia na tomada de decisões, no entanto, como é de se imaginar, suas diretrizes mais amplas são definidas pelo Presidente da República.

Tendo em vista a discussão quanto ao papel exercido pelo BNDES, um terceiro conjunto de trabalhos buscou identificar variáveis políticas que impactam no funcionamento do banco, com foco nas modificações de suas diretrizes quando mudanças de governo ocorrem. Costa (2011), por exemplo, argumenta que o BNDES teve sua capacidade de pautar a agenda governamental reduzida durante os governos Collor, Itamar e Fernando Henrique Cardoso. Segundo essa autora, isso foi consequência da fragilidade da política industrial e de desenvolvimento defendida durante esses governos. Essa "redução" pode ser interpretada como uma mudança de papel do Banco, onde o BNDES se tornou

---

[2] Uma extensa literatura apresenta discussões de natureza econômica e o impacto do banco em relação ao sistema financeiro. Ver, por exemplo, os trabalhos de Stallings e Studart (2006), Musacchio e Lazzarini (2014) e Ferraz e Coutinho (2017).

instrumento de uma política de estabilização, como agente financiador de privatizações[3].

Esse papel também sofreu alterações no período posterior. Almeida, Oliveira e Schneider (2014) e Bugiato (2016) concentram suas análises nos anos do governo Lula. Basicamente, demonstram como o governo petista reage ao descontentamento de setores industriais brasileiros com a política dos governos anteriores formulando uma nova política de fomento. Nesse contexto, o BNDES atuou como agência central de um projeto que buscava retomar uma política de desenvolvimento, dessa vez focada na aliança com grandes empresas[4].

Esse tipo de interpretação é bastante condizente com os testemunhos de diretores importantes ao longo da história do BNDES. Tomando como base entrevistas com alguns ex-dirigentes da instituição (BNDES, 2016, pp. 247-499), é possível encontrar abertas referências ao modo como as mudanças de governo se constituem em fator relevante para compreender a variação na lógica de recrutamento do diretório do Banco, desde as primeiras décadas de sua existência.

Maria da Conceição Tavares (BNDES, 2007, p. 162-192), ex-diretora do Banco (1958), por exemplo, revela a existência de lutas ideológicas no interior da instituição. Segundo a autora, nestas disputas *interna corporis*, a aproximação política e ideológica de cada grupo com o governo do momento era uma variável significativa do processo decisório. Em outra entrevista, Carlos Lessa (BNDES, 2016, p. 273),

---

[3] De acordo com os dados de Barboza, Furtado e Gabrielli (2019), a maior redução dos desembolsos da instituição ocorreu no quinquênio 1990-1994, quando o apoio total do BNDES correspondeu à 0,6% do PIB Nacional.

[4] Barboza, Furtado e Gabrielli (2019) elaboraram uma análise a partir dos documentos oficiais do BNDES com o objetivo de demonstrar a evolução histórica da atuação da instituição. Entre as contribuições do trabalho, os autores revelam como falsa a ideia de que o banco atuou exclusivamente, durante os anos de Lula e Dilma, como promotor de grandes empresas. O BNDES realizou a chamada "escolha dos campeões" com a expansão de sua capacidade de fomento, processo acompanhado também pelo crescimento da política de desembolsos para micro, pequenas e médias empresas, que atingiram a marca de 33,4% no triênio 2015-2017.

ex-presidente do Banco (2003-2004), relata o processo de formação da nova diretoria sob seu comando, ainda no recém-empossado governo Lula. De acordo com Lessa, o objetivo de reorientar a missão do Banco em sentido significativamente diferente daquele prevalecente no governo anterior o obrigou a formar uma diretoria com perfil muito distinto daqueles que dirigiam o BNDES nos anos do governo do PSDB. Foi tentando formatar uma nova política creditícia, mais intervencionista, que Lessa indicou a reformulação completa da diretoria, em 2003.

Essas reformulações de diretoria orientadas por um projeto condizente com a tendência ideológica do governo de plantão colocam necessariamente a questão do recrutamento dos dirigentes do banco e de seus critérios. Nesse sentido, são exemplares alguns poucos trabalhos que buscaram identificar as alterações de perfil dos dirigentes do BNDES. Um exemplo de análise que procura contribuir para esse tipo de interpretação é o de Klüger (2017), um estudo concentrado em variáveis sociais da elite da instituição. Para esta autora, a variação de atuação do banco, ao longo de sua história, pode ser vista também, e não apenas, como reflexo da disputa ideológica no campo dos economistas e das redes de relações em que esses atores se inserem. Os laços sociais são vistos pela autora como a variável independente a explicar o discurso adotado pela direção do Banco e a variação dos objetivos proclamados por ela ao longo do tempo.

Esta, de resto, não é uma proposição nova, e dialoga com algo que vem sendo feito na literatura internacional focada nos bancos centrais de diversas nações. Trabalhos recentes na área de Ciência Política e Sociologia Política têm mostrado que o perfil dos dirigentes de Bancos Centrais importa para entender a *policy* da instituição, sendo a explicação mais comum aquela centrada na socialização profissional dos indivíduos, como é o caso de Adolph (2013). Segundo essa perspectiva, os burocratas trazem as concepções desenvolvidas em seus locais de origem para dentro do Estado. Autores como Göhlmann e Vaubel (2007) e Lebaron (2010) mostram, utilizando-se de pesquisas empíricas sobre dirigentes de Bancos Centrais de vários países, que o perfil tanto profissional quanto educacional destes indivíduos impacta diretamente no tipo de *policy* adotada pelas suas respectivas instituições.

Em suma, o que este último conjunto de trabalhos aqui recenseados mostra é que a estrutura institucional e burocrática de uma instituição, e, em particular, do BNDES, apesar de ser fundamental, não explica completamente a *policy* do Banco. Tanto as orientações político-ideológicas do governo de plantão quanto a formação estratégica do corpo diretivo a partir de trajetórias cuidadosamente escolhidas são fundamentais para entender plenamente as escolhas feitas pela instituição.

Este capítulo dialoga preferencialmente com esse último corpo de trabalhos. Não pretendemos, é claro, negar a tese do "insulamento burocrático" do BNDES. No entanto, acreditamos que os nossos dados tornam lícito sugerir que o Banco, apesar de ser uma instituição fortemente estruturada com base em critérios meritocráticos de recrutamento, sofre o impacto de fatores políticos que acabam por afetar a sua "missão" em governos distintos. Nesse sentido, como já dissemos, o capítulo pretende mostrar dois aspectos inextrincavelmente ligados: que o perfil da composição da direção do Banco muda dependendo do governo de plantão e que essa mudança se expressa na trajetória profissional daqueles que são alçados à condição de dirigentes da instituição.

2. A análise de redes aplicada ao estudo das trajetórias profissionais dos dirigentes do BNDES

Os dados apresentados ao longo deste texto dizem respeito aos diretores e presidentes do BNDES ao longo do período que vai de 1995 a 2016. Houve alterações no número de diretorias do Banco ao longo desses anos. Eram apenas cinco diretorias no início do período aqui analisado, passando para seis em 2008 e sete em 2013[5]. Os ocupantes dessas diretorias são todos indicados pelo Conselho de Administração do BNDES e, em seguida, nomeados pelo Presidente da República. Os presidentes do Banco, por sua vez, são de livre nomeação do Presidente da República. O nosso universo de análise conta com

[5] Para maiores detalhes quanto as alterações das pastas e diretorias do BNDES, ver o Decreto n° 4.418 de 2002.

51 indivíduos que assumiram cargos nas instâncias superiores do BNDES, 38 como membros de diretorias, dois como membros da vice-presidência e onze como presidentes do Banco.

Para reconstruir a trajetória profissional desses indivíduos *antes* de chegarem às posições de direção do Banco (de presidentes e de diretores), coletamos dados em diversas fontes. As duas principais procedências foram os currículos individuais e acadêmicos dos dirigentes, no formato *Lattes*, colocados à disposição do público na página do BNDES, e os verbetes do *Dicionário Histórico-Biográfico Brasileiro* (DHBB), publicado pelo Centro de Pesquisa e Documentação da FGV (CPDOC). Esses dados foram complementados com consultas realizadas em portais de currículos empresariais, tais como as plataformas da Bloomberg e do LinkedIn. Além disso, coletamos informações em jornais da época, como *Folha de São Paulo* e *Valor Econômico*. A partir dessas fontes, tabulamos os dados biográficos com vistas a traçar toda a trajetória profissional anterior desses agentes e a montagem das redes a serem analisadas a seguir.

Por que utilizar, para esse tipo de investigação, a metodologia de análise de redes sociais (ARS)[6]? A maior parte dos estudos sobre a trajetória ocupacional de dirigentes de bancos públicos tende a enfatizar a sua instituição de origem *imediatamente anterior* à ocupação do cargo. Por exemplo, trabalhos como os de Loureiro (1997) e Olivieri (2007), sobre o Banco Central do Brasil (BC), tratam dos setores profissionais de origem dos diretores e presidentes daquela instituição, mas o fazem levando em consideração apenas a posição ocupada imediatamente antes de assumirem a sua condição de dirigente do BC. O objetivo deste capítulo é ultrapassar esta abordagem, englobando todas as instituições pelas quais os dirigentes do BNDES passaram durante suas vidas profissionais antes de assumirem uma diretoria ou a presidência

[6] ARS é uma perspectiva analítica que tem como grande vantagem incluir na análise as relações entre as unidades observadas e não apenas seus atributos. Cf. Wasserman e Faust (1994, pp. 4-6). Uma revisão da aplicação deste método nos últimos anos nas pesquisas acadêmicas brasileiras foi realizada por Marques, Bichir e Moya (2014).

do Banco. Isso permitirá uma visão integral e, por conseguinte, mais complexa das trajetórias desses agentes. Além disso, a análise de redes permite superar uma exemplificação meramente frequencial dessas posições. Dito de outra forma, em vez de tratarmos essas posições de trajetória separadamente para, depois, identificarmos sua frequência na carreira dos diversos indivíduos tomados isoladamente, a análise de redes nos fornece uma imagem global e integrada de suas trajetórias, visualmente mais simples e mais informativa. Assim, o principal ganho analítico propiciado pelo uso da ARS é oferecer essa visão integrada do contexto institucional que compõe a trajetória profissional de todos os dirigentes do BNDES, revelando uma "estrutura de posições institucionais" em cada governo analisado e não apenas posições de carreira justapostas.

Trata-se, é importante dizer, de um uso da metodologia que não indica pertencimento simultâneo dos agentes a uma determinada instituição. Nesse sentido, as instituições não seriam espaços de interação direta entre agentes. O que o resultado da análise aponta é a recorrência desses espaços na trajetória profissional prévia dos diretores e presidentes do BNDES. A diferença da ARS para um registro da frequência de instituições em tabela é a possibilidade de avaliar de forma mais ponderada a importância das organizações presentes nessas trajetórias. Instituições com frequências semelhantes poderão ter suas medidas de centralidade distintas dependendo do caráter da trajetória dos diretores nas quais tais instituições estão presentes (sua centralidade, por exemplo, poderá ser maior dependendo do tamanho da trajetória profissional do diretor ou da importância, na rede, das instituições nas quais tal diretor transitou). Além da importância ponderada das instituições individualmente, a ARS possibilita a identificação de agrupamentos, possibilidade essa ausente com o mero registro de frequências.

A construção de nosso banco de dados gerou uma matriz *two-mode*, formada por um conjunto de indivíduos que apenas se conectam a instituições e instituições que se conectam apenas a indivíduos. A visualização dessa rede completa pode ser observada no anexo do capítulo. Através do método *Affiliations* oferecido no programa Ucinet6 (Borgatti, Everett, Freeman, 2002), transformamos essa rede *two-mode* em dois tipos de redes *one-mode*: a primeira, composta apenas de instituições, que se conectam pelo pertencimento simultâneo à trajetória de um indivíduo (apresentada ao longo do capítulo por governo); e a segunda, uma rede apenas de diretores e presidentes, que se conectam por compartilharem alguma empresa em suas trajetórias (apresentada no sociograma 4).

O nosso objetivo, como dissemos, é apresentar como as trajetórias profissionais desses indivíduos, *antes* de chegarem às posições de dirigentes do Banco, conectam os mundos público, privado e acadêmico, bem como a centralidade de determinadas instituições públicas, empresariais e acadêmicas para a construção das carreiras dos dirigentes do Banco Nacional de Desenvolvimento Econômico e Social (BNDES). O programa utilizado para a análise dos dados foi o Ucinet 6 (Borgatti, Everett, Freeman, 2002), no qual foi produzido as principais métricas de análise de redes usadas em nossa pesquisa. Para uma visualização mais limpa, transportamos tais dados para o programa Gephi 0.9.2. O único dado produzido no próprio Gephi foi o *degree,* utilizado para definir o tamanho dos nós e dos nomes dos nós nos próprios sociogramas. Todos os outros dados (inclusive o algoritmo Girvan-Newman e o *degree* exposto nas tabelas) foram retirados do Ucinet 6 e importados para o Gephi 0.9.2.

A organização da rede no Gephi 0.9.2. utilizou o algoritmo de distribuição "*Force Atlas*", que se fundamenta em mecanismos de força de repulsão, força de atração e gravidade (Cherven, 2015, pp. 72-73). Nesse algoritmo, selecionamos as opções de "função de estabilização", "distribuição de atração" e "ajustar pelos tamanhos", apesar de que, ainda assim, alguns nós permaneceram sobrepostos. No sentido de facilitar a visualização, fizemos algumas alterações de distâncias e posições tentando ao máximo preservar a distribuição orientada pelo algoritmo.

A partir desse procedimento, fazemos dois tipos de análise dos sociogramas apresentados: primeiro, uma análise de agrupamento, e, em um segundo momento, análises de centralidade. A análise de agrupamento foi realizada a partir do algoritmo chamado Girvan-Newman. Através da identificação das centralidades *betweenness* (que será explicada a seguir) de todas as conexões (*edges*) do sociograma, o algoritmo utiliza a conexão com mais alta centralidade como marcador para dividir a rede em duas; a partir daí o algoritmo recalcula as centralidades dos *edges* e utiliza a próxima conexão de centralidade mais elevada como marcador para separar a rede em mais elementos, formando o que os criadores do algoritmo chamaram de "estruturas comunitárias" (Girvan, Newman, 2002, p. 1), que, ao longo do texto, chamaremos de *clusters*. A "clusterização" das redes é importante para visualizarmos os grupos profissionais que, por assim dizer, mais pesam nas trajetórias profissionais dos dirigentes, governo a governo. Ela permite, assim, gerar uma espécie de "tipologia" de trajetórias profissionais encontradas ao longo do período. É importante destacar que o número de partes em que determinado sociograma será fragmentado fica a critério da arbitrariedade do pesquisador. Buscando diminuir essa arbitrariedade, resolvemos, como método de definição da quantidade de estruturas, iniciar com um número exageradamente alto e, a partir de sua diminuição, eliminarmos os casos muito reduzidos até que todas as estruturas com apenas dois nós[7] fossem absorvidas pelas demais.

O segundo tipo de análise realizada na pesquisa foram as medidas de centralidade. Estas, ao invés de identificar agrupamentos de atores, medem a importância de determinado nó dentro da rede. A primeira medida de centralidade que destacamos se chama *betweenness*. Esta medida, traduzida pelo termo "intermediação", é produzida através de um algoritmo que calcula o número total de caminhos mais curtos entre todos os nós (distâncias geodésicas) e atribui determinado valor a cada nó (e no caso do algoritmo Girvan-Newman citado acima, também para cada *edge*) pela frequência com que estes aparecem nesses caminhos (Scott, 2000, pp. 86-87). Instituições com alto *betweenness* constituem-se em *brokers*, isto é, espaços nos quais diretores com diferentes trajetórias e/ou com trajetórias em várias instituições passam preferencialmente antes de chegar à condição de dirigente do Banco.

[7] No caso da rede *one-mode* do período de Dilma, em função do número reduzido de nós, permitimos a existência de duplas formando estruturas comunitárias.

Junto com a "intermediação", usamos outra medida de centralidade, a saber, o *degree*, que definiu o tamanho dos nós nos sociogramas. Este se refere ao somatório das conexões que determinado nó possui na rede. Tratando da rede *one-mode* composta por instituições, o *degree* não irá revelar o número de vezes que uma instituição aparece nas trajetórias profissionais[8]. O alto *degree* é fruto de duas situações possíveis. Primeiro, em função do pertencimento da instituição na trajetória de vários diretores; segundo, pelo pertencimento da instituição na trajetória de um diretor que teve uma carreira em várias empresas, o que conectaria a instituição com várias outras. Por exemplo, se uma instituição "A" aparece apenas uma vez na trajetória de um único indivíduo, mas esse mesmo indivíduo passou por cinco outras instituições, então o *degree* de "A" seria 5. Já se uma instituição aparece na trajetória de dois diretores diferentes com carreiras curtas, em que cada um tenha participado apenas de uma outra instituição em sua trajetória profissional, seu *degree* seria de apenas 2.

Tais medidas de centralidade serão apresentadas em seus índices normalizados. A normalização em análise de redes é produzida a partir da divisão do valor completo de centralidade que determinado nó da rede recebeu pelo valor máximo que este poderia receber em uma rede com aquele número de nós. É gerado um valor entre 0 e 1, no qual 1 significa, no caso do *degree*, que o nó estaria conectado com todos os outros nós e, no caso do *betweenness*, que o nó estaria presente em todas as geodésicas.

3. As redes do PSDB: Estado e mercado

Vejamos primeiro quais são as características da rede de conexões dos presidentes e diretores do BNDES durante os dois governos de FHC.

---

[8] Esse indicador poderia ser obtido através do *degree* da rede *two-mode*.

Figura 1. **Sociograma *one-mode* das instituições pertencentes às trajetórias dos diretores e presidentes do BNDES nos governos do PSDB**

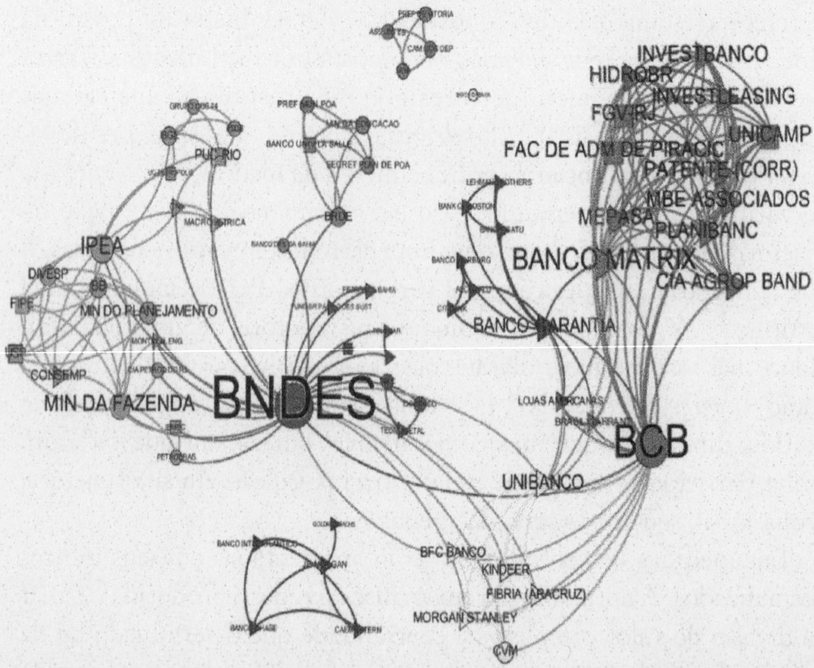

OBS.: Os círculos representam o setor "governo", os triângulos representam o setor "mercado" e os quadrados representam o setor "acadêmico". Cores representam "estruturas comunitárias" identificadas pelo algoritmo Girvan-Newman particionado em 9 estruturas. Tamanho dos nós e dos *labels* são definidos pelas medidas de grau (*degree*).

Fonte: elaboração própria

Esta é a rede menos densa de todas[9], para a qual o índice de densidade é de 0,089, indicando que a rede preenche apenas 9% das

[9] O índice de densidade de uma rede é calculado a partir da divisão do número efetivo de conexões que os nós estabelecem uns com os outros pelo número total do máximo possível de conexões que podem existir em uma rede, isto é, se todos os nós se conectassem entre si. O resultado dessa razão é um número entre 0 e 1, no qual 1 representa uma rede totalmente conectada (todos os nós se conectam com todos) e 0 representa uma rede sem conexão nenhuma (Scott, 2000, p. 71).

conexões potenciais. Do ponto de vista das posições das instituições na rede, a primeira característica que salta aos olhos é a centralidade do próprio BNDES na carreira dos indivíduos que chegam às posições de presidente e diretores do Banco. O tamanho do nó, representativo do seu *degree* dentro da rede, expressa que o próprio Banco é um local importante de passagem para as posições de diretor e presidente da instituição. Essa informação reitera as avaliações sobre o caráter insulado do Banco, já que é muito difícil chegar à sua diretoria sem desempenhar uma carreira dentro da própria instituição.

O único nó que compete em tamanho com o BNDES, no setor "governo", é o Banco Central, que, por sua vez, no caso dos dois governos de FHC, permite a conexão do BNDES a uma extensa rede de instituições do setor "mercado". A maior parte delas, é importante frisar, vinculadas ao setor financeiro, a saber, Banco Matrix, Planbanc, MBE Associados, Investbanco, Investleasing e Brasil Warrant, no que diz respeito ao *cluster* azul, e Unibanco, BFC Banco e Morgan Stanley, no *cluster* roxo. Também no *cluster* azul, chama a atenção o lugar de destaque da FGV-RJ.

O predomínio do mercado passa a ser quase absoluto nos *clusters* branco e roxo, ambos quase que totalmente dominados pelo setor financeiro. Quanto a este ponto, vale observar que Aracruz e Fibria são controladas, em sua maior parte, pelas empresas Votorantim, Safra e BNDESPar. Isso significa que, apesar de atuarem no setor primário, essas empresas têm estreitas conexões com o setor financeiro (Dias, 2018).

O *cluster* amarelo representa uma conexão com um conjunto de instituições predominantemente estatais, como IPEA, Ministério da Fazenda e Ministério do Planejamento, que permitem conexões com a academia (USP) e com empresas estatais (Petrobras, Companhia Petroquímica do Rio de Janeiro e Banco do Brasil).

O *cluster* verde mostra uma conexão com instituições financeiras de governos estaduais e com agências estaduais e municipais, sem grande destaque na rede. O *cluster* cinza, por sua vez, é bastante heterogêneo, mas tem como destaque a PUC-Rio. Por fim, temos dois *clusters* desconectados da rede: um, o preto, que é essencialmente "político", revelando a pouca importância dessas instituições no recrutamento de diretores e presidentes do BNDES, como já apontado amplamente pela literatura; e o outro, laranja, formado exclusivamente pelo mercado, com predomínio do setor financeiro.

Vejamos a seguir, como tais posições se revelam em medidas de centralidade.

Tabela1. **Medidas de grau (*degree*) e medidas de intermediação (*betweenness*) normalizados (governos FHC, 10 primeiros colocados).**

Instituição	*degree*	Instituição	*betweenness*
BNDES	0,102113	BNDES	52,15292
BC	0,084507	BC	27,32394
Instituto de Pesquisa Econômica Aplicada (IPEA)	0,084507	Banco Garantia	13,64185
Ministério do Planejamento	0,066901	Banco Regional de Desenvolvimento do Extremo Sul (BRDE)	9,175051
CONSEMP	0,06338	UNIBANCO	7,847083
Banco Matrix	0,059859	Instituto de Pesquisa Econômica Aplicada (IPEA)	7,686117
Ministério da Fazenda	0,056338	Pontifícia Universidade Católica do Rio de Janeiro (PUC-Rio)	5,251509
UNIBANCO	0,042254	Ministério da Fazenda	4,064386
Cia. Agrop. Band.	0,042254	Ministério do Planejamento	2,88397
Faculdade de Administração de Piracicaba	0,042254	Banco Matrix	2,21328

Fonte: elaborada pelos autores

Como visto no sociograma, BNDES e BC são as instituições com a mais alta quantidade de conexões que, ao mesmo tempo, fornece-lhes a mais alta capacidade de conectar pontos na rede. Por isso ocupam os primeiros dois lugares de *degree* e de *betweenness*. Outros dois pontos chamam a atenção das duas medidas. Tanto no *degree* quando na *betweenness*, o mercado se faz claramente presente na rede que descreve a trajetória dos diretores e presidentes do BNDES nos governos de FHC, combinado com instituições do próprio Estado. Por fim, a PUC-Rio, que já se revelou importante no Banco Central do Brasil durante os mesmos governos de FHC (Perissinotto, Cavalieri, M., Dantas e Dias, 2017), mostra-se aqui como importante instituição de intermediação de contatos.

Os dados sobre os dois governos FHC mostram, portanto, duas coisas importantes. Primeiro, identifica a presença de instituições do mercado financeiro na trajetória profissional desses diretores. Isso se revela na presença de muitas instituições desse tipo na coluna do *degree*. Em segundo lugar, as instituições estatais são os nós mais importantes (em *degree* e *betweenness*), mostrando que nas trajetórias existe uma combinação de participação em empresas não específicas do mercado financeiro com a entrada em determinadas instituições públicas (em especial o BNDES e BC, observável pelo grande salto existente entre o segundo e o terceiro lugar em *betweenness* na rede). Assim, no caso do governo FHC, é fundamental passar pelo mercado e pelo Estado para se chegar à direção do BNDES.

4. As redes do PT

Vejamos como se configuram as redes nos governos do PT, analisando primeiro os dois governos Lula e, em seguida, os dois governos Dilma.

Figura 2. **Sociograma *one-mode* das instituições pertencentes às trajetórias dos diretores e presidentes do BNDES nos governos Lula**

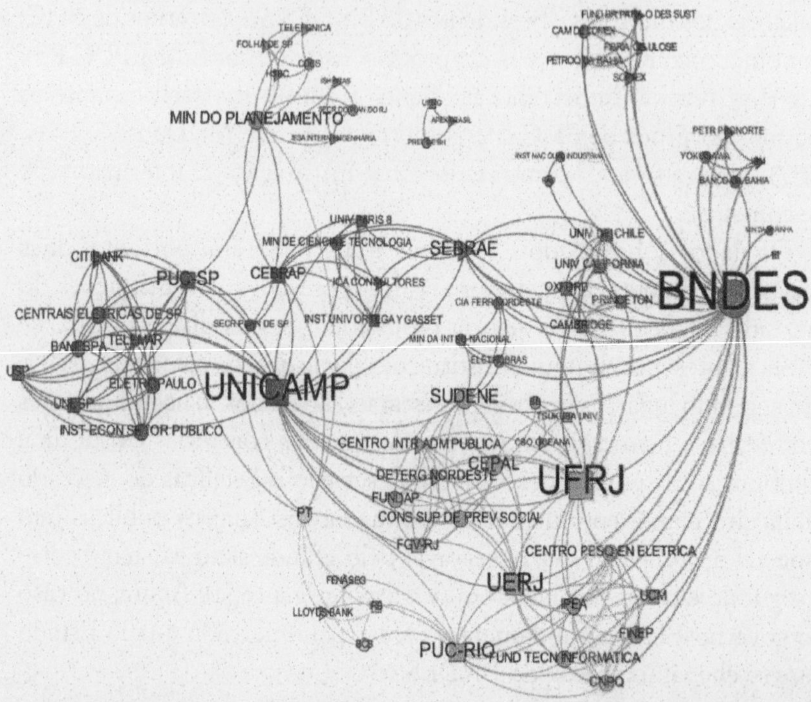

OBS.: Os círculos representam o setor "governo", os triângulos representam o setor "mercado" e os quadrados representam o setor "acadêmico". Cores representam "estruturas comunitárias" identificadas pelo algoritmo Girvan-Newman particionado em 9 estruturas. Tamanho dos nós e dos *labels* são definidos pelas medidas de grau (*degree*).

Fonte: elaboração própria

Nas redes do governo Lula, temos uma densidade de 0,10, o que representa 10% das conexões potenciais. A mais significativa diferença da rede que sintetiza os dados dos dois governos Lula é que o setor "mercado" se enfraquece muito e, nesse processo, o setor financeiro em particular praticamente perde importância. A conexão com o mercado, quando aparece, se dá, sobretudo, com o setor produtivo. Como veremos, porém, nenhuma dessas empresas aparece com medidas de centralidade significativas, exceto pelo Sebrae. A rede do governo

Lula para o recrutamento dos diretores e presidentes do BNDES é, praticamente, uma rede acadêmico-estatal. Observe-se, nesse sentido, a presença contundente de instituições de pesquisa e universidades nos *clusters* vermelho e azul, com destaque para a UFRJ, a PUC-Rio e a UERJ. Os números corroboram essa avaliação visual da rede.

Tabela 2. **Medidas de grau (*degree*) e medidas de intermediação (*betweenness*) normalizados (governos Lula, 10 primeiros colocados)**

Instituição	*degree*	Instituição	*betweenness*
BNDES	0,226027	BNDES	35,56063
Universidade Federal do Rio de Janeiro (UFRJ)	0,19863	Universidade Estadual de Campinas (UNICAMP)	22,51015
Universidade Estadual de Campinas (UNICAMP)	0,164384	Ministério do Planejamento	17,23744
Universidade do Estado do Rio de Janeiro (UERJ)	0,123288	Universidade Federal do Rio de Janeiro (UFRJ)	15,28539
Pontifícia Universidade Católica do Rio de Janeiro (PUC-Rio)	0,09589	Pontifícia Universidade Católica do Rio de Janeiro (PUC-Rio)	12,88559
Serviço Brasileiro de Apoio às Micro e Pequenas Empresas (SEBRAE)	0,089041	Serviço Brasileiro de Apoio às Micro e Pequenas Empresas (SEBRAE)	11,84044
Pontifícia Universidade Católica de São Paulo (PUC-SP)	0,089041	Centro Brasileiro de Análise e Planejamento (CEBRAP)	9,817351
Superintendência do Desenvolvimento do Nordeste (SUDENE)	0,089041	Partido dos Trabalhadores	9,468544
Comissão Econômica para a América Latina e o Caribe (CEPAL)	0,089041	Pontifícia Universidade Católica de São Paulo (PUC-SP)	6,80619
Ministério do Planejamento	0,075342	Universidade do Estado do Rio de Janeiro (UERJ)	5,379249

Fonte: elaborada pelos autores

Nos dois casos, mais uma vez, o BNDES ocupa lugar central, revelando que ele é um caminho importante na carreira dos diretores e presidentes também nos governos de Lula. Mas a partir daí as semelhanças com os dois governos de FHC desaparecem. Instituições de pesquisa e planejamento passam a ser centrais no *degree* (UFRJ, Unicamp, UERJ, PUC-Rio, PUC-SP, Sudene e Cepal) e na *betweenness* (Unicamp, UFRJ, PUC-Rio, CEBRAP, PUC-SP e UERJ).

Há ainda uma diferença muito importante. A rede dos governos Lula, dizíamos, é estatal-acadêmica. É possível acrescentar ainda outro qualificativo. Ela é estatal-acadêmico-partidária. Somente aqui o partido do Presidente (PT) adquire tamanha centralidade, sendo muito importante na capacidade de criar intermediação no interior da rede. Na rede de FHC, o PSDB aparece com um valor de *betweenness* de apenas 0,01 contra os 9,4 do PT na rede de Lula. Vejamos a seguir se tais características se mantêm na rede dos governos Dilma.

Figura 3. **Sociograma *one-mode* das instituições pertencentes às trajetórias dos diretores e presidentes do BNDES nos governos Dilma Rousseff**

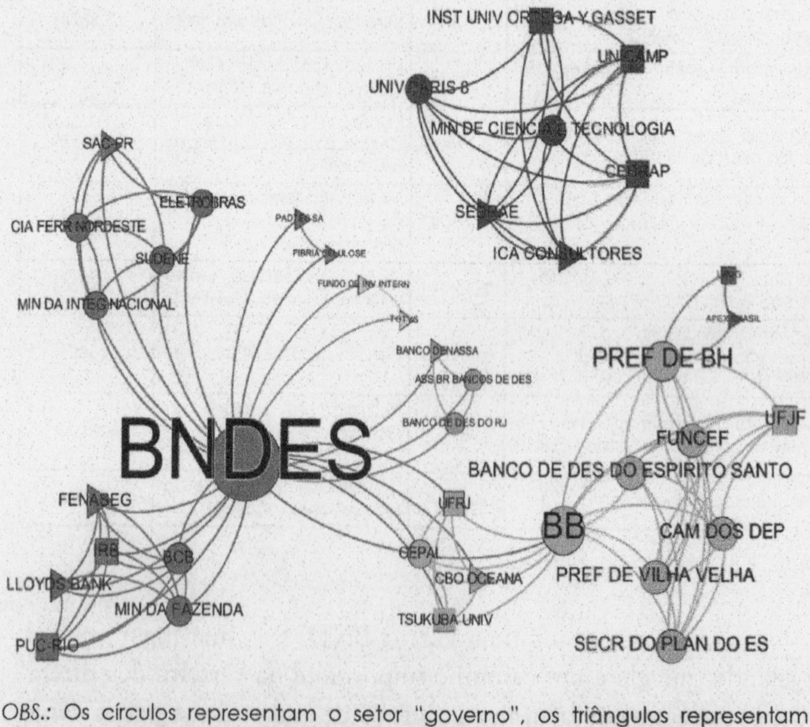

OBS.: Os círculos representam o setor "governo", os triângulos representam o setor "mercado" e os quadrados representam o setor "acadêmico". Cores representando "estruturas comunitárias" identificadas pelo algoritmo Girvan--Newman particionado em 9 estruturas. Tamanho dos nós e dos *labels* são definidos pelas medidas de grau (*degree*).

Fonte: elaboração própria

A rede do governo Dilma tem densidade de 0,147, isto é, quase 15% das conexões possíveis. Esses dados revelam que a rede da presidente se mostra como a mais coesa e, como se pode ver, fortemente concentrada em algumas instituições, mostrando a maior proximidade da trajetória profissional dos diretores e presidentes neste governo. Mesmo com apenas seis anos de duração, a rede de diretores e presidentes do BNDES dos governos Dilma é surpreendentemente "enxuta" (além de um período mais curto, a rotatividade dos diretores nesse governo era menor[10]), o que explica a sua alta densidade (já que em uma rede com tão poucos agentes é mais fácil preencher as conexões latentes como conexões reais). Se a rede de FHC é fortemente centrada no mercado e a de Lula é uma mistura de Estado, instituições de ensino e pesquisa e partido, a rede de Dilma é basicamente estatal. Há, como se vê, instituições vinculadas ao mercado, mas muito poucas. As instituições acadêmicas e de pesquisa também estão presentes, mas, novamente, em condições de clara inferioridade. A única similaridade com os demais é a presença importante do BNDES. A partir daí, encontramos na rede de Dilma um predomínio quase total de agências estatais, o que é corroborado pelos números, como se vê na tabela 3.

Como se percebe, o BNDES joga, como nas outras redes, o papel de liderança nas conexões e nas intermediações. Em segundo lugar, temos outro banco estatal, o Banco do Brasil, cabendo ao BC uma posição bem menos importante do que no caso de FHC. As demais instituições importantes na rede, em termos de *degree*, ou são poderes executivos municipais ou agências estaduais (banco ou secretaria). Nota-se a presença da Câmara dos Deputados, com indivíduos que

---

[10] Durante o governo FHC houve 26 diretores e presidentes do BNDES; durante o governo Lula houve 20, e durante o governo Dilma 13. Se ponderarmos pela extensão do governo, perceberemos que houve 3,25 dirigente/ano no governo FHC; 2,5 dirigentes/ano no governo Lula, e 2,16 dirigentes/ano no governo Dilma; indicando assim uma diminuição progressiva da rotatividade dos dirigentes do BNDES ao longo do tempo. A baixa rotatividade de diretores no governo Dilma pode ser explicada pela manutenção do presidente do Banco, Luciano Galvão Coutinho, que exerceu o cargo de 2007 até 2016.

Tabela 3. ***Degree* e *Betweenness* normalizados (governos Dilma, 10 primeiros colocados)**

Instituição	***degree***	**Instituição**	***betweenness***
BNDES	0,589744	BNDES	50,60729
Banco do Brasil (BB)	0,307692	Banco do Brasil (BB)	27,93522
Prefeitura de Belo Horizonte (PREF. DE BH)	0,230769	Prefeitura de Belo Horizonte (PREF. DE BH)	8,097166
Banco de Desenvolvimento do Espírito Santo	0,179487	Banco de Desenvolvimento do Espírito Santo	0
Câmara dos Deputados (CAM DOS DEP)	0,179487	Câmara dos Deputados (CAM DOS DEP)	0
Fundação dos Economiários Federais (FUNCEF)	0,179487	Fundação dos Economiários Federais (FUNCEF)	0
Prefeitura de Vila Velha (PREF. DE VILA VELHA)	0,179487	Prefeitura de Vila Velha (PREF. DE VILA VELHA)	0
Secretaria do Planejamento do Espírito Santo (SECR DO PLAN DO ES)	0,179487	Secretaria do Planejamento do Espírito Santo (SECR DO PLAN DO ES)	0
Universidade Federal de Juiz de Fora (UFJF)	0,179487	Universidade Federal de Juiz de Fora (UFJF)	0
BC	0,153846	BC	0

Fonte: elaborada pelos autores

ocuparam cargos de assessoria, como o caso de Guilherme Narciso de Lacerda, ex-presidente da Fundação dos Economiários Federais (FUNCEF). Por fim, a capacidade de intermediação da rede de Dilma concentra-se apenas em três instituições, todas elas ligadas ao Estado.

5. Diretores técnicos e presidentes técnico-políticos

Como vimos acima, em todas as redes aqui analisadas, de todos os governos, o BNDES ocupa, na trajetória profissional dos seus diretores, um lugar de liderança nas duas medidas de centralidade. Ou seja, em todas as redes, o BNDES se constitui como a instituição que mais conexões estabelece com os demais pontos da rede e com maior capacidade de intermediação de nós na rede. Isso sugere que passar pelo BNDES é condição importante para se chegar à posição de diretor. Nesse sentido, como já dissemos, os dados mostram que o recrutamento dos diretores do Banco segue a lógica do insulamento burocrático e, por isso, é de se esperar a ausência de indivíduos que usem "entradas laterais" (indicação política, por exemplo) para chegarem a essa posição. Enfim, o Banco recruta e promove o seu próprio corpo de funcionários.

No entanto, isso não funciona para os presidentes. Para tanto, vejamos o sociograma 4 a seguir.

Figura 4. **Sociograma *one-mode* dos presidentes e diretores do BNDES de 1995 a 2016**

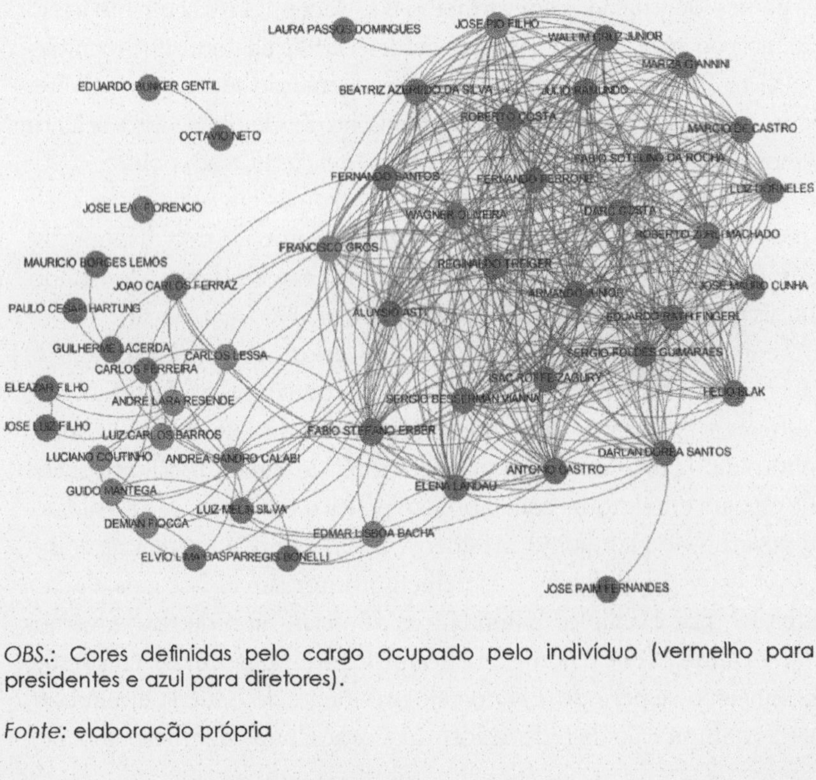

OBS.: Cores definidas pelo cargo ocupado pelo indivíduo (vermelho para presidentes e azul para diretores).

Fonte: elaboração própria

A rede acima é formada, diferentemente das demais, apenas de indivíduos, contendo todos os diretores e presidentes do Banco ao longo do período analisado. Nessa rede, é possível ver um intenso emaranhado de conexões entre os diretores do Banco (identificados pela cor azul), indicando, como dissemos, que eles tendem a passar por um mesmo local que os conecta a todos, isto é, o próprio BNDES. Ao contrário, os presidentes do Banco (identificados pela cor vermelha) aparecem como nós externos a esse emaranhado de conexões que caracteriza o universo dos diretores, indicando serem recrutados tendencialmente fora do Banco. Isso, como dissemos, aponta para a confirmação da tese do insulamento burocrático da instituição no que diz respeito ao lugar central do BNDES na admissão dos seus diretores, pois eles vêm de dentro do próprio Banco. Já os presidentes, vindos de fora, são indicações políticas.

Que sejam indicações políticas, no entanto, não quer dizer que não dominem o conhecimento técnico atinente à atividade do Banco. Os nomes identificados em vermelho não deixam dúvida quanto a isso. São, ao contrário, o que Ben Schneider (1995) chamou de "técnicos-políticos", isto é, indivíduos com clara formação técnica na sua área de atuação, mas que também têm plena noção de que a aprovação de determinados projetos depende de apoio (e de indicação) político. Pode ser que esse indivíduo não dispute eleições, mas circula sempre entre o mundo político e técnico. Como sugere o autor, ele não disputa eleições, não tem eleitorado, mas tem contatos pessoais dentro do Estado, que são politicamente poderosos (Schneider, 1995, pp. 60-61).

Se lembrarmos dos comentários de Carlos Lessa (BNDES, 2016) e Conceição Tavares (BNDES, 2007) reproduzidos na Apresentação a este texto, podemos dizer que o presidente do Banco tem a função política de, a partir do universo de diretores do Banco, recrutar aqueles que estejam em sintonia com o projeto político e a orientação ideológica do governo de plantão. O presidente seria, assim, a correia de transmissão entre a política e o insulamento burocrático. Isso nos ajuda a entender, por exemplo, as mudanças de perfil na rede dos governos Lula e Dilma, já que o nome de Luciano Coutinho permaneceu à frente do Banco nesse período. O fato de o presidente do Banco permanecer, mas a configuração da rede de instituições se alterar significativamente, reforça nossa tese de que é o Presidente da República o ator fundamental no processo de definição da composição da diretoria e dos objetivos mais amplos do Banco, sendo o presidente do BNDES aquele que conduz o processo de formação das diretorias de acordo com o projeto econômico do novo governo. Isso está de acordo tanto com os comentários de Tavares e Lessa como com as análises de Schapiro (2017), citadas na revisão bibliográfica, sobre a capacidade do Poder Executivo de definir os objetivos finais da instituição.

Conclusão

Este capítulo usou análise de redes sociais a fim de produzir um retrato panorâmico da estrutura de posições institucionais previamente ocupadas pelos presidentes e diretores do BNDES. Essa estratégia apresentou duas vantagens. A primeira delas foi nos permitir ir além dos estudos que se limitam a identificar a *última posição* dos agentes antes de atingirem suas posições de dirigentes como evidência de suas conexões com setores exteriores a ele. A segunda vantagem refere-se ao fato de a análise de redes permitir uma visão de conjunto das trajetórias prévias dos atores e, mais importante, do lugar privilegiado que certas instituições assumem nela. A apresentação de sociogramas e de medidas de centralidade torna mais fácil a observação do fenômeno do que em tabelas de frequência, viabilizando, a identificação rápida, por meio de informações visuais e numéricas precisas, a importância de determinados caminhos em direção às posições de mando dentro do Banco.

Ao utilizarmos essa estratégia, a análise de redes nos permitiu os seguintes achados empíricos quanto às trajetórias e conexões dos diretores e presidentes do BNDES entre os anos que vão de 1995 a 2016.

Em todos os governos, o recrutamento dos dirigentes do BNDES não pode prescindir do caráter altamente institucionalizado do Banco ou, numa palavra, do seu insulamento. Seja qual for a orientação ideológica do governo, a massa de diretores é formada por indivíduos que têm sua carreira, integral ou parcialmente, feita dentro da própria instituição. Esse achado está em total acordo com grande parte da literatura que chama a atenção exatamente para a sua estrutura burocrática e sua autonomia no que diz respeito ao grau de controle que o BNDES tem sobre o processo de recrutamento de seus membros. No entanto, diferenças importantes foram detectadas quando se consideram ora os governos do PSDB, ora os do PT.

Nos governos FHC, o recrutamento para a diretoria e presidência do BNDES foi fortemente marcado pela presença de setores ligados ao mercado, notadamente instituições financeiras. Nos governos de Lula, a mudança é significativa, pois os pontos dominantes da rede vêm de dentro do Estado e de instituições de pesquisa (universidades e centros de pesquisa). Ademais, o recrutamento é também partidarizado, sendo o PT um ponto de intermediação importante na rede dos governos Lula. Por fim, a rede de Dilma é acentuadamente estatal, sem vínculos significativos com instituições de pesquisa, com o partido da presidente nem, muito menos, com o mercado. Que considerações teóricas poderíamos fazer a partir desses achados empíricos?

Com a natureza dos dados apresentados, é difícil ir com segurança além das constatações descritas acima. Poderíamos especular com alguma pertinência em três direções. Em primeiro lugar, é sempre muito difícil estabelecer uma relação direta e clara entre a origem (profissional, social) dos agentes e o seu comportamento decisório numa dada instituição, sobretudo se não fazemos, como foi o caso deste capítulo, uma análise detida das decisões concretas tomadas pela direção do Banco ao longo do período aqui analisado. De qualquer forma, acreditamos que os nossos dados apontam para alguma coerência entre a estrutura das posições institucionais identificadas e a natureza do projeto político dos governos analisados. A privatização levada adiante pelos governos de FHC, com o apoio do financiamento do BNDES, casa-se bem com diretores com um viés orientado para o mercado; os projetos econômicos de Lula, com suas reminiscências desenvolvimentistas, tendem a ser preferencialmente executados por indivíduos oriundos de instituições universitárias, como Unicamp e UFRJ, com claras simpatias por essa orientação e que basicamente não passam pelas instituições do mercado; por fim, as características da rede de Dilma parecem expressar a conhecida perspectiva tecnocrática e estatista da presidente.

Em segundo lugar, podemos dizer algo sobre a homologia entre a estrutura das trajetórias aqui analisadas e a natureza da instituição que estudamos. O BNDES é uma instituição do Estado Brasileiro, estruturada segundo os critérios típicos da burocracia moderna. Ao mesmo tempo, é uma instituição com uma função manifesta evidente, isto é, produzir políticas de desenvolvimento, lançando mão de instrumentos diversos para tanto, desde a concessão de créditos de longo prazo até a participação direta na gestão de determinadas empresas. Nesse sentido, trata-se de instituição com evidente conexão funcional com o mundo das empresas privadas, desde a sua fundação, e, por extensão, com aqueles que atuam nesse setor. Nesse sentido, fica difícil não analisar os três tipos preferenciais de trajetórias identificados por nós – o mercado, as instituições universitárias e o próprio Estado – também como efeitos da posição objetiva do próprio Banco no sistema de instituições do Estado brasileiro. Como parte deste Estado, o Banco tem que se constituir como organização pública, criar quadros administrativos e, por conseguinte, viabilizar carreiras internas até o topo. No entanto, como instrumento da política econômica, que necessariamente varia de acordo com o projeto do governo de plantão, o Banco não pode simplesmente ignorar grupos de atores fora de seus muros, seja no mercado, seja nas universidades ou indivíduos oriundos de outros setores do Estado.

Por fim, os nossos dados são importantes para reiterar algo trivial, mas quase sempre esquecido, se não em artigos acadêmicos, ao menos pelo senso comum: não há qualquer incompatibilidade lógica, teórica e empírica entre a qualificação técnica de uma instituição e o seu uso por governantes a fim de realizarem seus projetos políticos. É claro que uma instituição pode não se burocratizar porque está à disposição de políticos que usam seus cargos como moeda de troca em relações de patronagem. Isso não quer dizer, no entanto, que a plena burocratização de uma instituição a tornaria imune às injunções da política. Esse sonho tecnocrático não se realiza, como vimos, nem mesmo numa das mais insuladas instituições do Estado brasileiro. O saber técnico pode, nesse sentido, manter-se intacto e, ao mesmo tempo, emprestar sua *expertise* para a realização eficiente de projetos distintos.

ANEXO 1

Figura 5. **Sociograma *2-mode* entre instituições e presidentes e diretores do BNDES**

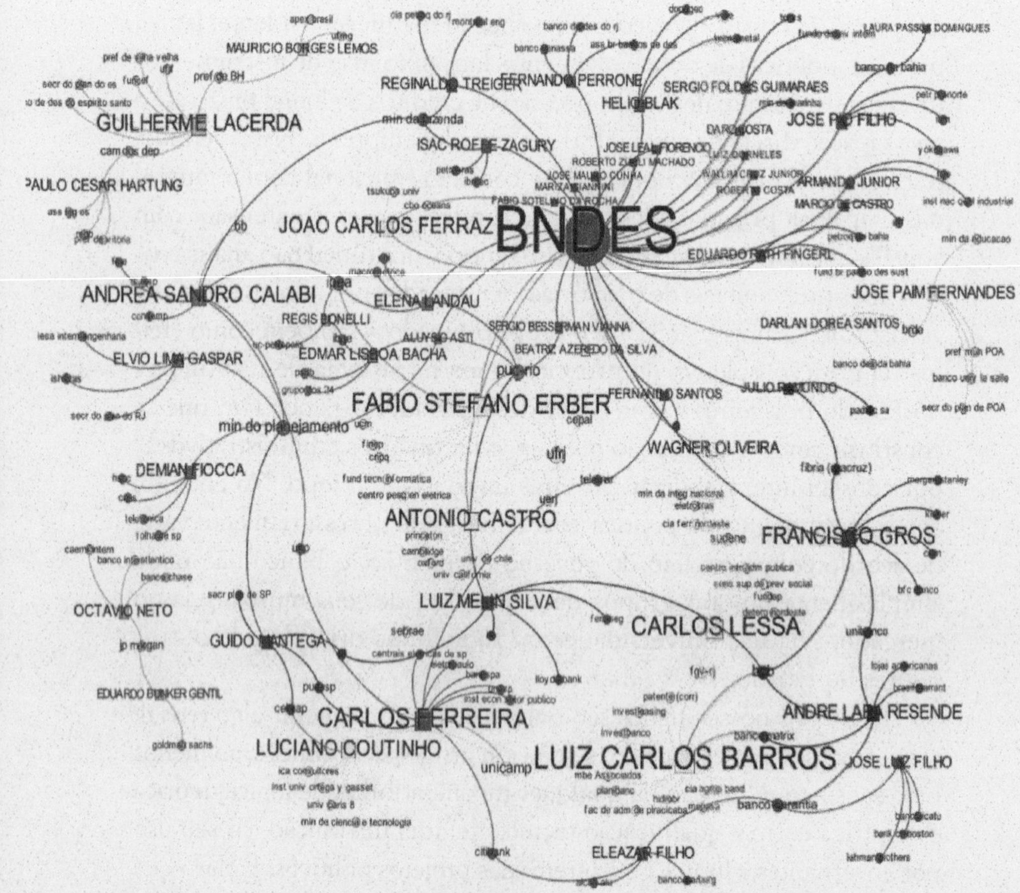

OBS.: Quadrados representam pessoas e círculos representam instituições. Cores representam "estruturas comunitárias" identificadas pelo algoritmo Girvan--Newman particionado em 9 estruturas. Tamanho dos nós e dos *labels* são definidos por medidas de grau (*degree*).

Fonte: elaboração própria.

Referências

Adolph, C. *Bankers, Bureaucrats, and Central Bank Politics: The Myth of Neutrality*. Cambrige: Cambridge University Press, 2013.

Almeida, M., Oliveira, R. L. e Schneider, B. R. *Política industrial e empresas estatais no Brasil: BNDES e Petrobras*. Brasília: Instituto de Pesquisa Econômica Aplicada (IPEA), 2014.

Borgatti, S. P., Everett, M. G. e Freeman, L. C. *Ucinet 6 for Windows: Software for Social Network Analysis*. Harvard: Analytic Technologies, 2002.

Bresser-Pereira, L. C. *A construção política do Brasil: sociedade, economia e Estado desde a Independência*. São Paulo: Editora 34, 2014.

Bugiato, C. A política de financiamento do BNDES e a burguesia brasileira. *Cadernos do desenvolvimento*. Rio de Janeiro: ano 9, nº 14 (2014), pp. 83-103. Disponível em: <http://www.cadernosdodesenvolvimento.org.br/ojs-2.4.8/index.php/cdes/article/view/125>. Acesso em: 28 out. 2022.

Cherven, K. *Mastering Gephi network visualization: produce advanced network graphs in Gephi and gain valuable insights into your network datasets*. Birmingham: Packt, 2015.

Colby, S. S. *Searching for institutional solutions to industrial policy challenges: A case study of the Brazilian development bank*. Baltimore: The Johns Hopkins University, 2013.

Costa, K. F. *Metamorfoses: o papel do BNDES na reordenação da economia brasileira*. 2011. Tese (Doutorado em Ciência Política) – Universidade Estadual de Campinas, Instituto de Filosofia e Ciências Humanas, Campinas, SP, 2011. Disponível em: <https://doi.org/10.47749/T/UNICAMP.2011.790583>. Acesso em: 28 out. 2022.

Daland, R. T. *Brazilian planning: Development Politics and Administration*. Chapel Hill: University of North Carolina Press, 1967.

Barboza, R. M., Furtado, M. e Gabrielli, H. "A atuação histórica do BNDES: o que os dados têm a nos dizer?". *Revista de Economia Política*. Scielo Brasil: [*S.l.*], ano 39, nº 3 (2019), pp. 544-560. Disponível em: <https://doi.org/10.1590/0101-35172019-2910>. Acesso em: 28 out. 2022.

Dias, E. C. *Rédeas do estado e do investimento: as trajetórias dos bancos nacionais de desenvolvimento*. 2017. Tese (Doutorado em Ciência Política) – Universidade de São Paulo, São Paulo, 2017. Disponível em: <https://

www.teses.usp.br/teses/disponiveis/8/8131/tde-09112017-151041/pt-br.php>. Acesso em: 28 out. 2022.

Dias, R. P. *A burguesia financeira em rede: as relações acionárias dos grupos financeiros privados nacionais no Brasil (2002-2014)*. 2018. Tese (Doutorado em Sociologia Política) – Universidade Federal de Santa Catarina (UFSC), Florianópolis, 2018. Disponível em: <https://repositorio.ufsc.br/handle/123456789/198289>. Acesso em: 28 out. 2022.

Ferraz, J. C. e Coutinho, L. "Investment policies, development finance and economic transformation: Lessons from BNDES". *Structural Change and Economic Dynamics*. Elsevier: [*S.l.*], ano 48, (2017), pp. 86-102. Disponível em: <https://doi.org/10.1016/j.strueco.2017.11.008>. Acesso em: 28 out. 2022.

Geddes, B. *Politician's dilemma: building state capacity in Latin America*. Berkeley: University of California Press, 1994.

Girvan, M. e Newman, M. E. J. "Community structure in social and biological networks". *Proceedings of the national academy of sciences*. PNAS: [*S.l.*], ano 99, nº 12 (2002), pp. 7821-7826. Disponível em: <https://doi.org/10.1073/pnas.122653799>. Acesso em: 28 out. 2022.

Göhlmann, S. e Vaubel, R. "The educational and occupational background of central bankers and its effect on inflation: An empirical analysis". *European Economic Review*. Elsevier: [*S.l.*], ano 51, nº 4 (2007), pp. 925-941. Disponível em: <https://doi.org/10.1016/j.euroecorev.2006.05.001>. Acesso em: 28 out. 2022.

Jaguaribe, H. *Implicaciones políticas del desarrollo de Latinoamérica. Poder y Desarrollo en América Latina*. Ciudad de México: FCE, 1977.

Klüger, E. *Meritocracia de laços: gênese e reconfigurações do espaço dos economistas no Brasil*. 2017. Tese (Doutorado em Sociologia) – Universidade de São Paulo, São Paulo, 2017. Disponível em: <https://www.teses.usp.br/teses/disponiveis/8/8132/tde-06022017-113838/publico/2017_ElisaKluger_VCorr.pdf>. Acesso em: 28 out. 2022.

Klüger, E. "Construindo uma burocracia econômica de excelência: concursos de seleção para o Banco Nacional de Desenvolvimento Econômico e Social (BNDES), de 1955 a 2012". *Plural-Revista de Ciências Sociais*. São Paulo, ano 22, nº 2 (2015), pp. 81-114. Disponível em: <https://doi.org/10.11606/issn.2176-8099.pcso.2015.112451>. Acesso em: 28 out. 2022.

Klüger, E. "Mapping the Inflections in the Policies of the Brazilian National Economic and Social Development Bank during the 1990s and 2000s within Social Spaces and Networks". *Cologne: Historical Social Research/ HistorischeSozialforschung.* SSOAR: [*S.l.*], ano 43, nº 3 (2018), pp. 274-302. Disponível em: <https://doi.org/10.12759/hsr.43.2018.3.274-302>. Acesso em: 28 out. 2022.

Lafer, C. *O sistema político brasileiro: estrutura e processo.* São Paulo: Perspectiva, 1975.

Lebaron, F. "European Central Bank leaders in the global space of central bankers: A Geometric Data Analysis approach". *French Politics,* Springer: [*S.l.*], ano 8, nº 3 (2010), pp. 294-320. Disponível em: <https://doi.org/10.1057/fp.2010.15>. Acesso em: 28 out. 2022.

Leopoldi, M. A. P. *Burocracia, empresariado e arenas decisórias estratégicas: trajetórias do neocorporativismo no Brasil (1939-1955).* Rio de Janeiro: Ed. Rio Fundo/Anpocs – Ciências Sociais Hoje, 1992.

Loureiro, M. R. *Os economistas no governo: gestão econômica e democracia.* Rio de Janeiro: Fundação Getulio Vargas Editora, 1997.

Marques, E., Bichir, R. e Moya, E. "Notas sobre el análisis de redes sociales en Brasil". *Redes: Revista Hispana para el Análisis de Redes Sociales.* Raco – Revistes Catalanes amb Accés Obert: [*S.l.*], ano 25, nº 1 (2014), pp. 85-93. Disponível em: <https://raco.cat/index.php/Redes/article/view/289510>. Acesso em: 28 out. 2022.

Martins, L. *Estado capitalista e burocracia no Brasil pós-64.* Rio de Janeiro: Paz e Terra, 1985.

Musacchio, A. e Lazzarini, S. G. *Reinventing State Capitalism – Leviathan in Business, Brazil and Beyond.* Harvard: Harvard University Press, 2014.

Nunes, Edson. *A gramática política do Brasil.* Rio de Janeiro: Jorge Zahar, 1997.

Perissinotto, R. M., Cavalieri, M. A. R., Dantas, E. G. e Dias, R. P. "Redes sociais e recrutamento: o caso dos diretores e presidentes do Banco Central do Brasil (1994-2016)". *Tempo Social.* São Paulo, ano 29, nº 3 (2017), pp. 61-82. Disponível em: <https://doi.org/10.11606/0103-2070.ts.2017.125881>. Acesso em: 28 out. 2022.

Schapiro, M. G. "Legalidade ou discricionariedade na governança de bancos públicos: uma análise aplicada ao caso do BNDES". *Revista de Administração Pública-RAP.* Scielo Brasil: Rio de Janeiro, ano 51, nº 1 (2017), pp. 105-128. Disponível em: <http://dx.doi.org/10.1590/0034-7612155828>. Acesso em: 28 out. 2022.

Schneider, B. R. "A conexão da carreira: uma análise comparativa de preferências e insulamento burocrático". *Revista do Serviço Público*. Brasília: ano 119, nº 1 (1995), pp. 9-43. Disponível em: <https://doi.org/10.21874/rsp.v46i1.726>. Acesso em: 28 out. 2022.

Scott, J. *Social network analysis: a handbook*. Newberry Park: Sage Publications, 2000.

Sikkink, K. A. (1988). *Developmentalism and Democracy: Ideas, Institutions, and Economic Policy Making in Brazil and Argentina (1955-1962)*. Tese de Doutorado. New York: Columbia University.

Stallings, B. e Studart, R. *Financiamiento para el desarrollo: América Latina desde una perspectiva comparada*. Santiago: United Nations Publications, 2006.

Wasserman, S. e Faust, K. *Social network analysis: Methods and applications*. Cambridge: Cambridge University Press, 1994.

Willis, E. J. "Explaining bureaucratic independence in Brazil: The experience of the national economic development bank". *Journal of Latin American Studies*. Cambridge University Press: ano 27, nº 3, (1995), pp. 625-661. Disponível em: <https://doi.org/10.1017/S0022216X00011639>. Acesso em: 28 out. 2022.

Outras fontes

Banco Nacional de Desenvolvimento Econômico e Social. *Um Banco de ideias: 50 anos refletindo o Brasil*. Rio de Janeiro Banco Nacional de Desenvolvimento Econômico e Social, 2002.

Bloomberg. Disponível em: <https://www.bloomberg.com/qt/series/profiles >. Acesso em: 10 nov. 2022.

BNDES. *Memórias do Desenvolvimento*. Ano 1, nº 1, Rio de Janeiro: Centro Internacional Celso Furtado de Políticas para o Desenvolvimento, 2007. Disponível em: <http://www.centrocelsofurtado.org.br/interna.php?ID_M=136>. Acesso em: 28 out. 2022.

BNDES. *Memórias do Desenvolvimento*. Ano 5, nº 5, Rio de Janeiro: Centro Internacional Celso Furtado de Políticas para o Desenvolvimento, 2016. Disponível em: <http://www.centrocelsofurtado.org.br/interna.php?ID_M=1531>. Acesso em: 28 out. 2022.

Centro de Pesquisa e Documentação de História Contemporânea do Brasil (CPDOC) *Dicionário Histórico-Biográfico Brasileiro*. Disponível em: <https://cpdoc.fgv.br/acervo/dhbb>. Acesso em: 28 out. 2022.

Folha de São Paulo. *Acervo*. Disponível em: <https://acervo.folha.com.br/index.do>. Acesso em: 28 out. 2022.

Linkedin. *Página inicial*. Disponível em: <https://www.linkedin.com/>. Acesso em: 28 out. 2022.